罗马人的故事

XII

迷途帝国

[日] 盐野七生◎著　朱悦玮◎译

ローマ人の物語

中信出版社·CHINACITICPRESS ·北京·

铜币故事

在我创作这一卷的时候，曾经前往卡拉卡拉浴场遗迹参观。当我亲眼见到那宏伟壮观的遗迹，并且查阅了将这座浴场充分利用起来的那个时代的相关资料之后，不由得被当时罗马人民所拥有的高超技术水平所震撼。但与此同时，我的心中也产生一种难以抑制的惋惜之情。

因为我认识到一个无比清晰的事实，那就是无论多么强大的经济实力和技术实力，都不一定和其所拥有的国力成正比。

就连当时的硬币也反映出同样的情况。虽然强大的铸造技术使其至今仍然保持完整，但是，在雕工精美的罗马帝国皇帝像的下方，能够看到虽然微小却十分明显的金属劣化的痕迹。

在雕像之上的卡拉卡拉皇帝，不知为何看上去给人一种烦躁不安的感觉。难道是这位年轻的皇帝因为急于要为这个处于危机之中的帝国做些什么而无意中露出的焦急之情吗？

盐野七生

2008 年夏于罗马

铜币故事

在古董收藏市场之中，硬币的价值是由以下两个条件所决定的：

第一，硬币不仅要做工精美，保存状态还要良好。

第二，稀有。也就是说硬币本身被制作出来的就少，流通到市场上的更少。

因此，那些当了很多年皇帝，或者赶上罗马帝国经济腾飞时代的皇帝的硬币，反倒可以以很低廉的价格买到。

前者最具代表性的人物是奥古斯都，而素以暴君闻名的尼禄的硬币也可以轻松搞定，就是因为他统治时期正好是罗马经济的繁荣期，市场上需要大量的硬币。

综上所述，在古董收藏市场中，价值最高的硬币当属“3 世纪危机”时期的罗马帝国皇帝硬币。因为随着帝国陷入危机之中，皇帝在位的时间也非常短，因此这些短期在位的皇帝硬币就变得非常稀有。在这些皇帝之中有很多都是被谋杀身亡，不过他们的硬币在两千年后的今天变得如此价值不菲，或许也算是对他们的一种慰藉吧。

盐野七生

2008 年夏于罗马

银币故事

因为公元3世纪的罗马皇帝大部分都继位不久便惨遭杀害，所以在位5年对当时的皇帝来说也算是比较长的时间了。不过，奥勒良的价值并非在于他统治时间的长短。关于这位皇帝，我没能找到像样的雕像，而硬币上面的肖像，则完全无法令我满意。

虽然奥勒良称不上是什么美男子，但是从硬币上的模样来看，铸造技术实在是退化得惨不忍睹。人常说国力的衰退首先就表现在货币上，这么说来，也难怪历史学家们都将当时称为“3世纪危机”。

奥勒良在短暂的统治时期一直为了帝国的重建而东奔西走，甚至连给自己建造雕像的时间都没有，一想到这里，难免为他感到有些难过。

尤里乌斯·恺撒以罗马的防线在边境之上为由，拆除了首都罗马的城墙。而时隔325年之后，奥勒良又将城墙重新建造了起来。其中的缘由，不得不引起我们的反思。

盐野七生

2008年夏于罗马

目录 Contents

推荐序1　为什么是罗马？

这是一部煌煌15册的巨著，作者盐野七生写了15年，我曾整整读了一年。读后，逢人就推荐。我读的是台湾出版的繁体横排本，当时感到奇怪：为什么这样的书，在大陆却看不到？没想到，现在就有了简体中文版。大概是因为此前我在各个场合不遗余力地推荐，中信出版社希望我能为之写篇序言。

过去我也读过罗马史，比如《罗马帝国衰亡史》，但这类史书，更多的是从政治、军事的角度来理解罗马帝国。盐野七生不同，她以现代史观的方法论来解读罗马，其间涉及国家与民族、君主与公民、宗教与人性、权力与秩序、科学与技术、领导与公关等方方面面，视野极广，见人所未见。正如她自己所说："别的研究者是写自己知道的，而我则是写我想知道的。"

我是从事房地产行业的，所以对书中所讲罗马帝国的城市与建筑极为关心。在第十册《条条大路通罗马》中，作者专门讲了罗马的道路建设：与其说"条条大路通罗马"，倒不如说"条条大路起罗马"。罗马是这个庞大帝国的心脏，而这些四通八达的国家公路，有如血管脉络，把政令和资源高效率地传输到帝国的每个角落。

盐野七生说，东方帝国在修建长城的时候，罗马人正在修建罗马大路。接着，她就告诉读者，2000 年过去了，罗马修的大路现在还在使用。这时，你会很自然地想：中国的长城，现在除了收门票之外，还有没有用？我们现在能看到的长城，主要是明朝修建的，而且从工程的角度讲，也有很多质量问题。同样是国家主导的巨型工程，哪一个对国家和人民更有用？

当然，这些都是我的联想。为什么罗马修的路现在还能用？作者展示了一张罗马大路的剖面图，告诉我们这条路是怎么修的，为什么能连续使用上千年。这样的图示还有很多。作者很愿意从科学与技术的角度解释，罗马帝国有其与众不同的力量，而建筑在其中占有相当重要的地位，因为建筑给市民和士兵带来极大的安全感。

在作者的描述之下，罗马帝国宛如一个强大的跨国企业，《罗马法》就好比这个企业的内部规章。这个企业有自己的核心价值、企业文化、思维惯性、话语系统、人力资源储备，甚至还有自己的保安系统。制度、人才、资源配置等等，都是罗马得以长盛不衰的原因。这也是为什么这部书会被国外一些研究者拿来当做领导者论、组织论、国家论的现成教材。

盐野七生贯穿始终地自我设问，并希望回答：为什么只有罗马人能成就如此大业？为什么只有罗马人能够建立并长期维持一个巨大的文明圈？一望而知，作者认为罗马帝国经久不衰的根本原因，与它所秉持的价值取向和施政目标有关。

作者认为：罗马的力量，来自保障国民安全的基础设施和贵族行为理应高尚的传统。国民最需要的是安全系统，其次是尊贵和快乐的生活。罗马皇帝努力满足了国民的需要。一切政令、公共设施、对外战争，都是为了满足国民的安全感和享受需要。

其次，罗马人智力不如希腊人，体力不如高卢人，经商的本事不如迦太基人，却能一一打败这些部族，而且在战后还能与这些部族有秩序地和睦共处。为什么？你会发现，罗马帝国的强大，归根结底是因为它的宽容开放，它的兼收并蓄。

罗马帝国是多神教的国家，罗马人把被帝国征服的民族的神，全部当做自己的神来供奉。这样的神有30万个。罗马甚至赋予被征服者公民权，历届罗马皇帝里有很多被征服者。试想，这在东方帝国，可能吗？

这些分析让我非常受启发。对于国家来说，自由与宽容，这才是罗马帝国的立国之本，对于跨国企业来说，宽容开放、兼收并蓄应当是它的核心价值观念。正是这些基本的价值取向和目标，赋予罗马帝国强大的力量，并成为西方文明的一个重要源头。这也是我向朋友们力荐这本书的原因。

作为一个先睹为快的中国读者，我只能谈一点浅见，算是对作者盐野七生的感谢。如果这篇小文又能够对读者有小小的帮助，会令我更加高兴。

是为序。

王石　万科集团董事长

2011年8月8日

推荐序2　向往古罗马文明的精神特质

多年前，在朋友处看到台湾出版的一本书，《我的朋友马基雅弗利》，借来后一口气看完。文笔的清美，布局的平实，让我印象深刻，特别是作者起笔的角度真是别开生面：

◇马基雅弗利看到了什么？由此展开了佛罗伦萨当时的历史背景和事件。
◇马基雅弗利做了什么？由此展示了马基雅弗利一生的经历和事变。
◇马基雅弗利想到了什么？由此发掘了马基雅弗利的成就和遗憾。

这是一本历史，也是一本游记，还是一本政论，更是一本优美的散文集。日本女作家盐野七生就这样让我铭记在心。她年轻时就爱上了意大利，一住就是大半生，写了很多书，获了很多文学奖，在日本有几百万的铁杆粉丝，近年来在英语世界也声名大振，大陆读者久闻大名，翘首以待。

感谢当年资深书友衣锡群兄专门从香港带回两大袋书，这便是台湾版的

《罗马人的故事》全集 15 本。我如饥似渴地读完。掩卷长思，深深敬佩。一位日本女人这样如痴如狂地写古罗马，发掘 2000 年前的往事，娓娓道来。她的细腻描写让你身临其境，她的逻辑铺陈促你遐思当下因缘。我读过许多不同作者的罗马史，只有盐野七生女士真正带我走进历史。

我去过意大利四次，也自驾游过西西里岛两次。曾带着盐野手绘的地图在佛罗伦萨四处寻觅马基雅弗利的故居。意大利作为政治国家的历史很短，不足 200 年，作为文化国家的历史却波澜壮阔地上溯到 3000 年前。在维罗纳的一个酒店里，看到一幅将意大利历史描绘为一棵盘根错节的古树，展示了几十个诸侯公国，几百个影响欧罗巴文明的政治、艺术、哲学、科学、军事等名流的来龙去脉。一瞬间，我体验到了卑微和崇拜，也叹服盐野女士把握历史的勇气与能力。

意大利有两个历史的骄傲：一个是古罗马的鼎盛，是当时世界上幅员辽阔的强盛帝国；一个是文艺复兴的辉煌，它直接启发并推动了全球现代文明的兴起，而这个复兴就是以回归古罗马为道德旗帜。此后一代代的意大利人梦寐以求地希望光荣历史得以重演，统一意大利的民族英雄马志尼如此期许自己，不到 40 岁便一举颠覆了民主政府的墨索里尼也这样激励自己。此外，法国的拿破仑和德国的俾斯麦都以古罗马的恺撒大帝自居。“条条大路通罗马”，地球上各个角落的部落都这样厘清自己的文明坐标。

古罗马成为意大利人的永远图腾，也成为欧罗巴大陆高度默契的文明血脉。继承希腊文明的古罗马的法典、礼仪、艺术、建筑等构成了当下西方世界主流价值的表达，也潜移默化地影响中华文明的演进。百年以来，中国知识界始终在希腊文明中捕捉思辨的知音，在印度文明中寻求失落的安慰，但却是在罗马文明中锲而不舍地吸收普世价值体系。我饶有兴趣地注意到，日本作家盐野女士不断用东方的思维来探寻古罗马的蛛丝马迹，体现了类似的精神焦虑。

阅读盐野笔下的罗马史与罗马人，时空穿越2000年，体验着人类文明中顽强生长并趋同的精神动力。尽管语言、宗教、习俗、体质和自然环境有千差万别，但内在的思辨、伦理、行为、愿景和组织制度可以彼此熟悉和理解的。现代人往往以仍然蓬勃发展的中华文明与曾经衰落的罗马文明进行比照，发掘出许多文明之谜和文化冲突的理念。不过，从更高的时空立场上看，罗马文明仍然在一波波地前行，荡涤着不同社会形态的隔阂。同样，中华文明也是从另一个角度进化成长，与前者共同汇成当下全球文明的主流。“青山遮不住，毕竟东流去。”

我读盐野的罗马人故事，看到了主导当时文明的精神特质，也是传承至今的进化基因，更是鞭策中华文明的动力。我也希望读者能与我一起用心体验至少这样几点：

◇自信与宽容：罗马人的生活态度和对异教对外族的接纳与吸收。

◇竞争与开放：罗马人的生存立场和对制度对风险的尝试与面对。

◇人性与权利：罗马人的生命价值和对快乐对自由的追求与捍卫。

去年在东京本来有机会见到盐野女士。索尼集团的前董事长出井伸之先生与她是好朋友，愿意安排见面。得知她正在赶下一系列关于十字军故事的书稿，我惶恐无知会浪费她的时间，借口推脱了。我有机会写上几句，真是非常荣幸的事情。期待我能将这部中文版亲手呈给盐野七生女士。

王巍　中国金融博物馆理事长

2011年8月6日

给中国读者的序

对于以超级大国为发展目标的当代中国，在欧洲历史上可作为借鉴的，唯有古罗马帝国了。

生活在当代中国的读者，如果读了我写的《罗马人的故事》，对书中的内容不知会作何感想呢？若细细品味读者的感受，必将看到中国未来的发展趋势。这也是作者我最关心的事情。

盐野七生

2011 年夏于罗马

致读者

托尔斯泰在小说《安娜·卡列尼娜》的开头处这样写道：

幸福的家庭都是一样的幸福，而不幸的家庭则各有各的不幸。

如果这个说法在历史中也适用的话，那么或许可以这么说：每个民族在兴盛时期都是一样的，而衰败的时期则呈现出各自不同的模样。

但实际上，作为家庭集合体的民族以及民族集合体的帝国，并不适用于以上的公式。我在《罗马人的故事 1·罗马不是一天建成的》到《罗马人的故事 5·恺撒时代（下)》之中所描写的罗马帝国兴盛期，是具有罗马特色的兴盛。而《罗马人的故事 6·罗马统治下的和平》到《罗马人的故事 10·条条大路通罗马》之中所描写的稳定期，其治理方式也非常具有罗马的独特风格。

就连《罗马人的故事 11·结局的开始》到最后的《罗马人的故事 15·罗马世界的终曲》之中所描写的从衰败到灭亡的时代，其产生的原因也和导致其他民族衰败与灭亡的原因有着很大的不同。当然，其中也包含有这样或那样的共同点，但最主要的因素具有十分明显的“罗马特色”。

因此，在我们阅读从《罗马人的故事 11·结局的开始》开始的罗马帝国衰亡史之时，与其寻找罗马帝国与其他民族衰亡的共同点，不如将目光集中在究竟是什么原因导致罗马人衰亡这个问题上。毕竟作为历史上生命周期最长的帝国，如果我们能够了解它的衰亡原因，那么在研究其他国家的衰亡原因之时，应该也会从中得到一些启示吧。

盐野七生

2003 年夏于罗马

“危机”性质的区别

在本书中，我们将看到罗马帝国从公元 211—284 年这 73 年间的历史。这段时期在罗马历史上专门被称为“3 世纪危机”而大书特书，正如本书第 193 页的浮雕所展示的那样，在这段时期甚至发生了罗马帝国皇帝被敌人生擒这样前所未闻的惨剧。但造成 3 世纪危机的原因却并非仅仅于此。虽然和罗马帝国以前所遇到的众多危机一样，3 世纪危机也被冠以“危机”（crisis）之名，但实际上这两者的性质完全不同：前者是能够克服的危机，后者则是只能疲于应对并终将导致灭亡的危机。从前的罗马人只要坚持发扬自己的特点就能够克服出现的危机，而这段时期的罗马人为了应对眼前的危机已经竭尽全力，甚至因此改变了自己的本质，结果只能导致危机愈发严重。从本卷开始，罗马帝国便很明显地走上了后者的道路。

后世的历史学家和研究学者，都将 3 世纪危机的原因归结为以下几个方面：

统治阶级的昏庸

蛮族的频繁入侵

经济的衰退

知识分子的愚钝

基督教势力的崛起

以上的分析都没有错。但是在罗马人漫长的历史之中，绝对不是第一次遇到这些问题。除了基督教势力的崛起之外，其他的那些问题他们多少都经历过。可是为什么之前都能够克服的问题，到了3世纪就变成无法逾越的鸿沟了呢？在本卷中，我将按照年代顺序依次为大家详细地解开这个疑问。为了使大家更清楚地了解到3世纪究竟是一个怎样的年代，请参照下表。通过这张表格我们立刻就可以看出，造成3世纪危机的最大原因，就是政局的不稳定。

政局不稳定，即便在通信手段十分发达的今天，也会对政策的连续性造成不可忽视的影响，更何况从广阔疆域的边缘向首都罗马传达信息，最快也要一个月左右时间的两千多年以前了。对于那个时代的罗马帝国来说，由于帝位频繁更迭所导致的政策无法延续，对帝国的统治造成了非常深远的影响。

公元1世纪的皇帝

	在位时间	皇帝（在位时间·死因）	所在丛书卷数
共128年，9位皇帝+内乱	公元前30年—公元14年	奥古斯都（44年·病死）	第六卷
	14—37年	提比略（23年·病死）	第七卷
	37—41年	卡利古拉（4年·谋杀）	
	41—54年	克劳狄乌斯一世（13年·谋杀）	
	54—68年	尼禄（14年·自杀）	
	68年	内乱期	第八卷
	69—79年	韦斯帕芗（10年·病死）	
	79—81年	提图斯（2年·病死）	
	81—96年	图密善（15年·谋杀）	
	96—98年	涅尔瓦（2年·病死）	

公元 2 世纪的皇帝

	在位时间	皇帝（在位时间 · 死因）	所在丛书卷数
共 113 年，6 位皇帝 + 内乱	98—117 年	图拉真（19 年 · 病死）	第九卷
	117—138 年	哈德良（21 年 · 病死）	
	138—161 年	安敦尼 · 庇护（23 年 · 病死）	
	161—180 年	马可 · 奥勒留（19 年 · 病死）	第十一卷
	180—192 年	康茂德（12 年 · 谋杀）	
	193 年	内乱期	
	193—211 年	塞普提米乌斯 · 塞维鲁（18 年 · 病死）	

公元 3 世纪的皇帝

	在位时间	皇帝（在位时间 · 死因）	所在丛书卷数
共 73 年，22 位皇帝	211—217 年	卡拉卡拉（6 年 · 谋杀）	第十二卷
	218—218 年	马克里努斯（1 年 · 谋杀）	
	218—222 年	埃拉伽巴路斯（4 年 · 谋杀）	
	222—235 年	亚历山大 · 塞维鲁（13 年 · 谋杀）	
	235—238 年	马克西米努斯 · 色雷库斯（3 年 · 谋杀）	
	238 年	戈尔迪安一世（半个月 · 自杀）	
		戈尔迪安二世（半个月 · 战死）	
		普皮恩努斯（3 个月 · 谋杀）	
		巴尔比努斯（3 个月 · 谋杀）	
	238—244 年	戈尔迪安三世（6 年 · 谋杀）	
	244—249 年	阿拉伯人菲利普（5 年 · 自杀）	
	249—251 年	德基乌斯（2 年 · 死于与蛮族的战斗）	
	251—253 年	加卢斯（2 年 · 谋杀）	
	253—260 年	瓦勒良（7 年 · 被俘，死于狱中）	
	253—268 年	加里恩努斯（15 年 · 谋杀）	
	268—270 年	克劳狄乌斯二世（2 年 · 病死）	
	270—275 年	奥勒良（5 年 · 谋杀）	
	275—276 年	克劳狄乌斯 · 塔西佗（8 个月 · 病死）	
	276—282 年	普罗布斯（6 年 · 谋杀）	
	282—283 年	卡鲁斯（1 年 · 意外）	
	282—283 年	努梅里安（1 年 · 谋杀）	
	282—284 年	卡里努斯（2 年 · 谋杀）	

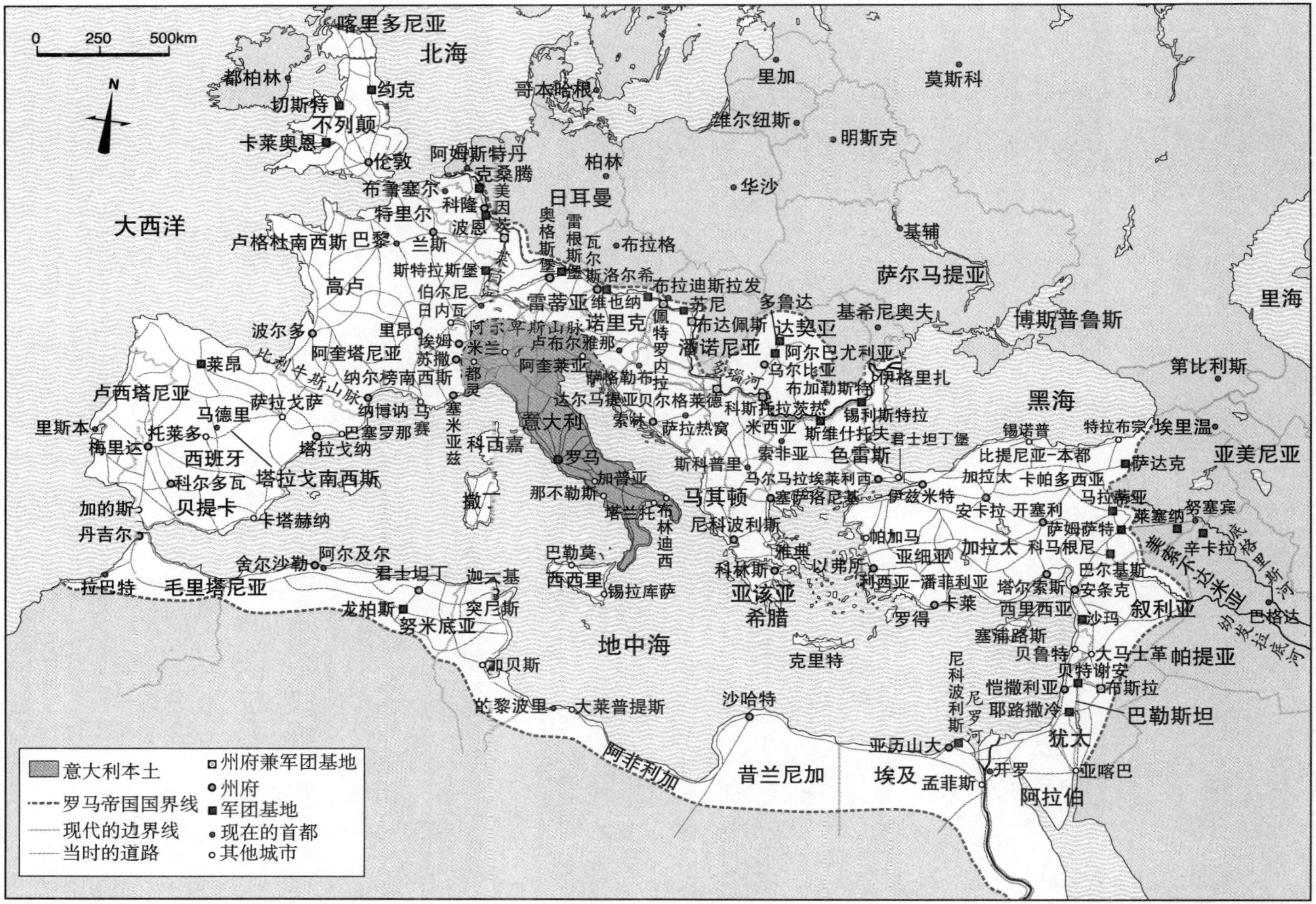

公元3世纪初期的罗马帝国版图

第一部分

3 世纪前期的罗马帝国

NON UNO DIE
ROMA AEDIFICATA EST

第一章　公元 211—218 年

皇帝卡拉卡拉（公元 211—217 年在位）

每到夏天甚至会在其中上演歌剧的卡拉卡拉浴场（意大利文为 Terme di Caracalla），大概可以称为罗马遗迹中最为著名的一个。虽然这座浴场因为其建造者卡拉卡拉大帝而得名，但实际上卡拉卡拉并非这位皇帝的本名。据说按照罗马皇帝的命名公式，他的全名是“皇帝·恺撒·马可·奥勒留·塞维鲁·安敦尼·庇护·奥古斯都”。

皇帝、恺撒和奥古斯都是每一位罗马皇帝都可以使用的敬称。塞维鲁是他的父亲即前任皇帝的姓氏，儿子继承这个姓名在古代来说是很正常的现象。他的问题在于将安敦尼·庇护和马可·奥勒留这两个与他没有任何血缘关系、并且在几十年前就已经去世的皇帝的姓名加在自己的名字之中。不过这实际上是他的父亲、前任皇帝塞维鲁的安排。

塞普提米乌斯·塞维鲁出身于北非的行省莱普提斯，身份属于在罗马社会地位仅次于元老院阶级的骑士阶级。行省出身的罗马皇帝自图拉真与哈德良之后，还接连出现过安敦尼·庇护以及马可·奥勒留等人，因此在当时的罗马帝国并不少见。虽然北非地区在 450 年前一直属于罗马帝国的死对头迦太基人的领地，但是对于一贯实行同化政策的罗马帝国来说，行省出身也算不上什么负面因素。不过即便如此，军团长和行省总督与皇帝还是不可相提并论的。正如图拉真作为第一位行省出身的皇帝而始终被后世所铭记一样，塞维鲁作为第一位北非出身的皇帝也不会被后世遗忘。

除此之外，塞维鲁还有另外一个不可忽视的负面因素。在公元2世纪的罗马帝国，有很多行省出身的人爬上统治阶级的地位，这些被罗马人称为“新贵”（Homo novus）的新兴精英阶级之所以能够在帝国之内身居要职，大部分都是因为迎娶了元老院议员的女儿为妻。但是塞维鲁的妻子尤利亚·多姆娜却只是一位叙利亚祭司的女儿。因此，她和塞维鲁生下的儿子卡拉卡拉，身上基本没有意大利本土出身的罗马人血统。

当塞维鲁决定将这个儿子作为自己的继承人之时，感觉到有必要为他增加一些特别的权威。所以他才将两位德高望重的皇帝——安敦尼·庇护和马可·奥勒留的名字加进儿子的全名之中，为的是使儿子能够像这两位明君一样治理好自己的国家。也就是说，他为年纪轻轻就将继承皇位的儿子镀了一层金。

因为哲学家皇帝马可·奥勒留是安敦尼·庇护的养子，因此“安敦尼”是这两位皇帝共同的姓氏。卡拉卡拉继承的也是这个姓氏。当卡拉卡拉登基之后，他的正式名称应该是安敦尼，所以大浴场的正式名称也是“安敦尼浴场”（Thermae Antoninianae）。至于卡拉卡拉这个名字，只是别人给他取的绰号，因为他在成为皇帝之后依然经常穿着高卢人传统的长袖大衣。虽然在天气寒冷的不列颠和高卢地区这种服饰十分常见，但是在气候温和的意大利，这种装扮却显得十分引人注目。这或许是因为他从小跟随父亲在驻地高卢生活，所以对孩提时代的服装情有独钟。不过，也有人认为这是由于23岁便继承皇位的卡拉卡拉具有非常强烈的自我展示欲望。

不管是后世还是当时都得到人们高度评价的塞维鲁和马可·奥勒留，都将自己的儿子作为皇位的继承人。但是如果将继承皇位的这两个人相比，康茂德和卡拉卡拉则有着非常明显的区别。身为皇帝的康茂德显得非常消极，而卡拉

卡拉卡拉

盖塔

卡拉则明显十分激进。也就是说，卡拉卡拉在继承皇位的时候干劲十足地想要闯出一番伟业。这位23岁的年轻皇帝的理想是能够成为像亚历山大大帝那样的伟人。

公元211年2月4日，皇帝塞普提米乌斯·塞维鲁在远征途中病逝于不列颠的罗马军团基地约克，享年64岁。皇帝的位置立刻被塞维鲁的两个儿子——23岁的卡拉卡拉和22岁的盖塔共同继承。因为塞维鲁很早便安排好他们兄弟二人共治，因此皇位继承进行得非常顺利。但是卡拉卡拉无法忍受和性格温厚的弟弟共同分享权力，甚至不顾当时母亲也在场就将自己的弟弟杀害了。公元212年2月12日，距离他的父亲去世仅一年时间，卡拉卡拉终于如愿以偿地独揽大权。因为元老院一直对盖塔的能力持怀疑态度，所以也没有追究卡拉卡拉谋杀弟弟的行为，并且承认了他的独裁统治。而就在此后不久，一项法令便贴满了罗马帝国的大街小巷和广场回廊。

在开始讲解卡拉卡拉皇帝的“公民权法”之前，希望读者朋友能够将自己的认识从现在的21世纪退回到2000年以前的古罗马帝国。虽然在现代社会每个人都理所当然地拥有平等的权利，但在2000多年以前的古代社会，这却并非那么“理所当然”。毕竟在1600年之后才出现人权宣言，在1800年之后才出现普通选举法。尤其是相比于因为“血缘”不同而没有公民权的雅典而言，不分人种与民族全部授予其平等权利的“公民权法”，在当时可以说是具有特殊意义的一大进步。

了解了这个历史背景之后，我们就可以更好地理解下面的内容。

每个人都是罗马公民！

罗马作为一个法治国家，所有的政策都是以法律的形式颁布的。这个被称为“安东尼努斯敕令”（Constitutio Antoniniana）的法令规定，凡是居住在罗马帝国范围之内的自由人，全都拥有罗马公民权。至于作出这项决定的原因，身为颁布者的卡拉卡拉在公告之中是这样解释的：

> 我不应该只让我的臣民们分担守护帝国的责任，也同样应该与他们分享帝国的荣誉。通过这项法令，曾经那些只有罗马公民才能够享受的荣誉，现在将平等地沐浴在每一个国民的身上。

从此之后，罗马帝国的特色之一——“罗马公民”（romanus）与“行省居民”（provincialis）之间的区别被彻底废除了。征服者与被征服者之间的差异，在公元212年，即罗马帝国建立250年之后，终于完全消失了。不仅仅是曾经胜利者与失败者之间的区别，在人种、民族、宗教以及文化等各个方面都不尽相同的罗马帝国之中的所有居民，将全都享有和罗马公民同等的权利。这完完全全是一项具有跨时代意义的法令，甚至可以说自从尤里乌斯·恺撒以来一直坚持同化政策的罗马帝国，至此终于宣告完成。就连对公元4世纪之前的罗马帝国的政策一向持反对态度的基督教会，都对这项法令从人道的角度给予了肯定。

可是，这样一项具有划时代意义的法令，却很少被那些研究罗马历史的专家和学者所提及。首先，关于这项法令的描述就非常少，也基本没有人正面提及此事。就算偶尔有人提到，对此也没有一个正面或者是负面的评价，最终使这项法令变成了一个鲜为人知的史实。

造成这种现象的原因，一是因为罗马时代的历史学家们鲜有留下关于这项法令的评价和文献史料，导致后世的历史学家和研究者们无从着手；二是为了尊重当时的学者对这项法令的看法。当时唯一对这项法令作出评价的历史学家卡西乌斯·狄奥认为，卡拉卡拉扩大公民权的目的只是为了增加税收罢了。而就是他的这个评价，对后世的历史学家造成了决定性的影响。时至今日仍然有很多人认为卡拉卡拉制定这项法令的目的就是为了增加税收。当然他们之所以会作出这种判断，在某种程度上也是有事实依据的。

罗马帝国的税制是由第一位皇帝奥古斯都确立的，根据他所制定的税制，像营业税和关税这样的间接税种，不管是罗马公民还是行省居民都要缴纳相同税率的税。但是在直接税种上，拥有保卫帝国义务的罗马公民不必缴纳税金，而没有这种义务的行省居民却要缴纳收入的 10% 作为行省税。哲学家西塞罗将行省税称为“被保护者向提供和平与安全保障的一方缴纳的税金”。

但是，并非所有的罗马公民都拥有进入军团服役 20 年的机会。奥古斯都时期军团兵的数量大概在 16 万人左右，但是拥有罗马公民权的人数在当时帝国刚刚建立的初期就超过 500 万人。也就是说，在 30 个拥有罗马公民权的人之中只有一个人能够履行保卫帝国的义务。

奥古斯都认为这种现象非常不公平，于是他决定向拥有罗马公民权的人追加两种直接税，分别是遗产税和奴隶解放税，税率都是 5%。但即便是这种程度的税款，对于胜者通吃思想根深蒂固的古代人，尤其是身为胜利者一方的古罗马人来说，也是非常难以接受的。因为考虑到这一点，奥古斯都巧妙地将这两种直接税设计成目的税，那就是将其作为军团兵满期退役之后的退役金。这样一来，那些同样拥有保卫帝国义务的罗马公民就无法对此提出任何反对的意见了。

而就是这种延续了200多年的罗马帝国税制，在卡拉卡拉统治时期得到了彻底的改变。由于公元212年颁布的“安东尼努斯敕令”，行省居民获得了和罗马公民一样的权利，从此他们不再需要缴纳行省税。但是，在他们从“行省居民”变成“罗马公民”的同时，需要承担缴纳遗产税和奴隶解放税的义务。不仅如此，卡拉卡拉还将这200年来被看做是“罗马公民税”而稳定在5%的税率一下子提升到了10%。这也是后世的历史学家将“安东尼努斯敕令”看做是增加税收政策的原因。

罗马帝国历代的皇帝，对税收政策都非常敏感，甚至可以说达到了神经质的程度。首先，罗马的税收制度一向简单明了。因为税制越复杂，需要从事这方面的人员也就越多，这样不仅会增加人工费用的支出，还会给税务相关的从业人员留下钻空子的机会。不管对此的惩罚多么严厉，仍然无法杜绝贪腐行为的发生。想要建立公平公正的税制环境，就必须将税制本身简化到无须专门安排人员管理的程度。

只有公正的税制才是善政的基础，所谓善政，除了要使社会中善良的民众得到公正的对待之外，将税率控制在尽可能低的范围内并且不再提升，也是实现善政的重要条件。人们对直接关系到自己利益的政策都会表现出非常激烈的反应，由此引发的暴动和叛乱最终只能通过武力手段进行镇压。对于幅员辽阔的罗马帝国来说，配置在国境附近的军团数量尚且不足，如果维持国内秩序还要出动军团的话，那么为了增强自己的军事力量势必需要增加军费，而如此一来就要继续增加税收，结果导致恶性循环。想要避免这种情况产生，就要将税率控制在一定程度，使纳税人不会感觉税率太重。

实际上，罗马帝国已经成功地将这一税制保持了200多年。行省居民缴纳的行省税为“十分之一”(decina)。关税除了从东洋舶来的奢侈品之外一律为“二十分之一”(vicesima)。营业税为“百分之一”(centesima)。只面向拥有罗马公民权的民众征收的遗产税和奴隶解放税都为“二十分之一”(vicesima)。从以上这些通称之中就可以看出，古罗马帝国的税制一直是非常稳定的。

后世的研究者们一致认为，罗马帝国所实行的广范围和低税率征收税金制度是非常成功的。这是因为确立了帝国税制的奥古斯都以及其后的众位皇帝，并不仅仅将税制看成经济问题，而是将其与政治问题结合在了一起。

正如前文所说，与卡拉卡拉法令同时代的历史学家卡西乌斯·狄奥批判这项法令只是为了增加税收的政策，如果他的观点正确的话，那么通过将行省居民全部纳入罗马公民范畴，应该会成功地增加大量税收。但令人感到奇怪的是，在历史资料上完全看不到与此相关的任何记载，就连卡西乌斯·狄奥都没有提到最后的结果。因此我个人认为，“安东尼努斯敕令”的颁布，虽然使卡拉卡拉改变了自奥古斯都以来延续了200多年的税制，但是非但没有为他增加税收，反而还起到了完全相反的效果。

首先，因为马可·奥勒留与塞普提米乌斯·塞维鲁坚持不懈的努力，入侵的北方蛮族终于在公元212年被成功击退，帝国的防线（limes）依旧发挥着应有的作用。也就是说，帝国还处于“罗马统治下的和平”状态之中。在防线保护之下的行省经济，呈现出一派欣欣向荣的景象。市场上的商品种类繁多，非常完美地诠释了罗马帝国广阔的疆域，就算你住在多瑙河沿岸，也一样能够买到北非的产品。行省税能够很好地反映出一个行省的经济实力，在这种情况下，占收益10%的行省税在帝国税收之中占据的重要位置自然不言而喻。但是卡拉卡拉将其完全废除了。而且，将行省居民全部升级为罗马公民所带来的影响并非只有行省税的损失。因为行省税是每年都会缴纳的稳定收入来源，而即便将原有的行省居民全部转变为罗马公民增加了课税对象，但遗产税和奴隶解放税所带来的收入却只是一次性的。就算将税率从5%提高到10%，也无法弥补完全废除行省税之后所造成的损失。

在卡拉卡拉统治下的罗马帝国，其前任塞维鲁皇帝的军事强化政策，导致在防卫上的支出大幅增长。军团数量也因为新编成了3个军团而增加到33个。同时，军团兵的年薪也在不断增长，到了塞维鲁时期已经从最初延续了百余年的300第纳尔增加到375第纳尔。总之，在这种状况下所实施的大规模减税政策，对帝国的财政造成了非常严重的影响。

不仅如此，在那些原本就拥有罗马公民权的人看来，一直稳定在5%的遗产税与奴隶解放税突然增加了一倍。古往今来没有任何一个正常人会对突然增加的税赋感到开心。而且就算征税对象扩大为全体民众，并且税率也增加了一倍，但是遗产税和奴隶解放税与行省税之间的不同，并不仅仅在于稳定性。罗马帝国之所以会向这两种行为征收税金，主要是由于罗马人具有下列特质：

首先，这和罗马人的性格有着非常重要的关系。对罗马人来说，即便没有血缘关系，也会将遗产的一部分赠送给那些未来充满希望的年轻人，或者自己一直以来尊敬的人。这种习惯曾经深深地根植于每一个罗马人的性格之中。奴隶解放税也是如此，使奴隶获得自由身的行为本身就是主人对奴隶的最大馈赠，就相当于给辛苦劳作了一辈子的奴隶发放一笔退役金。所以在奴隶获得自由的时候，需要向国家缴纳一定的税金。这个钱既可以是奴隶自己支付，也可以是主人支付，或者别人垫付。在罗马有一种被称为“解放奴隶”（libertus）的阶级存在，这在古代的其他任何地方，甚至标榜自由与民主的雅典都是没有的。当然，如果没有一定数量被解放的奴隶，肯定无法形成一个社会阶级，由此可见解放奴隶在当时的罗马是相当普遍的现象。

但是，罗马社会也在不断地发生着改变。罗马人逐渐地变得更加内向，而这种改变最终导致的结果，就是个人主义的产生。根据史料记载，早在马可·奥勒留的时代，志愿成为地方自治体议员的民众数量就已经开始呈下降趋势。这并非因为议员是不会获得报酬的公职，而是因为在罗马社会，担任地方自治体公职的人为了充实当地的社会资本，需要向政府进行捐赠。因此在遗产的继承上，人们不再愿意将自己的财产赠送给毫无关系的人。而需要说明的是，有血缘关系的人获得遗产是不需要缴税的。

另外，奴隶解放税没能取得预期的效果，提高财政收入也是出于同样的原因。不过，与其说奴隶主不愿意给予奴隶自由身，不如说在罗马社会之中的奴隶数量大幅减少。自从罗马帝国成立以来，在“罗马统治下的和平”局面下，基本上不再发动用于增加奴隶的侵略战争。从五贤帝时代制定的奴隶保护法案就可以看出，当时罗马社会中的奴隶数量已经大幅减少。另外，鼓励奴隶之间的婚姻，对奴隶生育下一代给予奖励的行为，更使得奴隶主不愿解放自己的奴隶。当时的人们完全无法想象如果没有奴隶罗马社会将变成什么样子，奴隶的重要性在这个时候逐渐显现出来。因为奴隶如此重要，所以奴隶主们自然也没有像西塞罗时代的罗马人那样好像支付退役金一样给予奴隶自由的心情。在这种情况下，仍然将遗产税和奴隶解放税作为税收的主要支柱，只能说卡拉卡拉不但对经济一无所知，身为一名统治者也过于缺乏经验。

事实上，被认为是增加税收政策的“安东尼努斯敕令”恶评如潮，在卡拉卡拉死后不到两年便被废除，遗产税和奴隶解放税都回到了 5% 的水平。但是赋予所有行省居民罗马公民权的内容被保留了下来。也就是说，恢复原状的只有税率，而“行省居民”和“罗马公民”之间的差别已经不复存在。同时被废除的还有行省税。由此可见，所谓的权利，一旦赋予之后再想要剥夺回去基本上是不可能的。

但是，卡拉卡拉颁布的“安东尼努斯敕令”给罗马社会造成的影响，不仅仅是废除了作为国税支柱的行省税，导致帝国的财政恶化，更关键的问题在于，这个法令动摇了罗马帝国的根基“罗马公民”存在的意义。

“既得权”与“期待权”

作为最早的城邦，罗马和希腊的雅典都属于同一类别。不管是宗教、风俗还是文化，后世都将这段时期称为“希腊罗马时代”，给人一种先有雅典再有罗马，就好像两个民族直接连续下来的感觉。但是在公民权这个问题上，两者有着截然不同的看法。我们可以将公民权看成现代的国籍。

雅典的“公民权”，只有在父母双亲都是雅典公民的前提下，他们生下来的孩子才会被承认为雅典公民。就算母亲同属于希腊民族，但只要出生在雅典以外的城邦，那么仅凭这一点她的孩子便永远无法取得雅典的公民资格。更不用说双亲都出生在希腊北部地区的情况了，还有在意大利南部众多由希腊人建设的殖民城市出生的人，不管这个人对雅典作出了多么重大的贡献，他的身份都永远是外国人。苏格拉底和柏拉图都是雅典人，尽管亚里士多德创办了闻名于世的吕克昂学园，为雅典文化的进步作出了卓越的贡献，但是雅典依然没有授予这位伟大的哲学家雅典公民的身份。不，应该说在雅典人的头脑之中，根本就没有将公民权授予外国人的想法。因为对雅典人来说，“公民权”是以“血缘”关系为基础的。

另外，雅典社会的构成方式，也加强了这种封闭的倾向。雅典城邦经历了从王权到贵族制最后到民主制的转变，是被后世称为“伯里克利时代”的民主制时代之中最为繁荣的国家。民主主义最早就是由这个时代的雅典人所创立的政治体制，在2500多年之后的今天，已经成为我们每个人都非常熟悉的常识。

但是，民主政体需要拥有权力的所有公民享有同等的地位。因为虽然每个人的能力不尽相同，但是每个人所拥有的权力是平等的。也就是说，不管拿在谁手里的选票，所具有的功能都是一致的。

对于一个全民平等的社会来说，那些外来者即外国人很难融入其中。就好像一个素不相识的家伙，却在一夜之间成为你的家人，这种事情想必任何人都接受不了吧！所以说全民平等是外来者融入雅典的最大障碍。甚至就连帮助他们打败了宿敌波斯的亚历山大大帝，雅典都没有授予其公民权。

反观罗马，自从在台伯河沿岸建国开始，罗马人对于“公民权”的认识就和雅典人完全不同。

罗马在建国初期与周边各部族战争不断，但是就算罗马人取得了战斗的胜利，也不会将对方作为自己的奴隶，更不会像斯巴达那样将战败者当做农奴使用。只要对方承认罗马的胜利并且缔结和平协议，那么这些战败者从领袖到平民都可以移居罗马，并获得罗马公民权，其中有能力的人甚至还会获得罗马元老院的席位。罗马最初将其作为一种增加人口的政策，虽然在共和政体成形之后不再强制人民向首都迁徙，但这种同化政策仍然保留了下来。如果没有同化政策，那么也就不会有后来的尤里乌斯·恺撒、奥古斯都以及克劳狄乌斯一世。追溯他们的家谱，可以发现这些人的祖先都是曾经的战败者。事实上不仅上述的这些皇帝，就连组成罗马领导阶级的大部分人，其祖先也都是曾经的战败者。但是，对于这个问题，罗马人毫不在意。这一点实在是非常有趣。

罗马人的“公民权”并不像雅典人那样以“血缘”为基础，而是由“志同道合”联系在一起的。因此，就算是那些曾经被打败的人，只要愿意为守护罗马这个“共和国”贡献自己的力量，那么便可以和其他的罗马公民一样，拥有同等的资格和权利。

尤里乌斯·恺撒在他担任军团总指挥的时候，就以高卢战役需要帮助为由，赋予居住在意大利北部的所有人以及居住在法国南部和西班牙之中的有能力者罗马公民权。而且，当他打败高卢之后，不仅赋予高卢的有能力者罗马公民权，还向强大部族的族长提供了元老院的席位。当恺撒成为帝国全境的实际领导人之后，他还向教师和医生这些从事教育和医疗行业的人，不分人种、民族与肤色，全部授予罗马公民权。如果亚里士多德出生于罗马的话，那么他一定会是最早获得罗马公民权的人吧。

作为罗马第一位皇帝的奥古斯都，不但忠实地延续了恺撒的这种开放路线，甚至还确立了一种更大规模提供罗马公民权的系统。这个决定就是行省出身的人如果作为预备兵加入罗马军队，那么在25年服役期满之后，就算这个人一直都没有得到任何晋升也一样会被授予罗马公民权。而且通过这种方式获得的罗马公民权和教师以及医生获得的罗马公民权不同之处在于，前者拥有可以继承的权利。那些获得罗马公民权的行省居民，他们的孩子一出生就拥有罗马公民权。就算他们的孩子身上没有一丁点罗马人的血统，也可以和在本土意大利出生的罗马公民享有完全同等的权利和义务。

虽然前面只列举了几个例子，但实际上罗马人对“公民权”的看法如此开放，并非出于人道主义之类的感情。应该说同化政策对于罗马人来说，相当于帝国运营上的“政略”。在帝国创建初期恺撒和奥古斯都制订的这条开放式路线，之所以会被随后的皇帝们沿用下来，是因为这是最适合罗马帝国统治广阔疆域的政治系统。甚至可以说从罗马建国初期便实行的开放路线，正因为符合罗马人自身的特点，所以才会被贯彻下来。因为人类只有在进行基于自己本质的行为之时，成功率才是最高的。

因为创作了《希腊罗马名人传》而闻名于世的普鲁塔克，将罗马强大的原因归结于同化政策。这位生于五贤帝时期的希腊人，深知希腊之前连同盟都市的居民都不会获得公民权的历史，所以从他口中说出的这句话显得更有一番深意。

对于希腊人来说，公民权是一出生就享有的“既得权”。而对于罗马人来说，公民权是可以通过自身的意愿和努力而获得的“期待权”。因此罗马自然更容易对外人敞开门户。虽然“血缘”自己无法改变，但“意愿”完全可以由自己决定。

从罗马社会的构成上来看，更容易使外来者融入他的社会体系之中。

希腊时期最具代表性的城邦雅典，自上而下分为领导者、市民、奴隶三个阶级，而罗马帝国的社会各阶层则更为细致地分为以下几个阶级：皇帝、元老院、骑士、一般市民、解放奴隶、奴隶。之所以能够划分得如此细致，是因为罗马并没有采用民主政体，因此不必特意去维持全体公民的平等性。同时，这种阶级的细化，也更加方便外来者融入罗马社会之中。因为只要社会各阶级之间保持良好的流动性，那么对于不同种类社会之间的融合也会起到积极的作用。对于外国人这样的不同种类社会分子，想要融入罗马社会的话，首先就将其排在社会最底层，至于接下来的发展就要看其个人的能力和奋斗了。

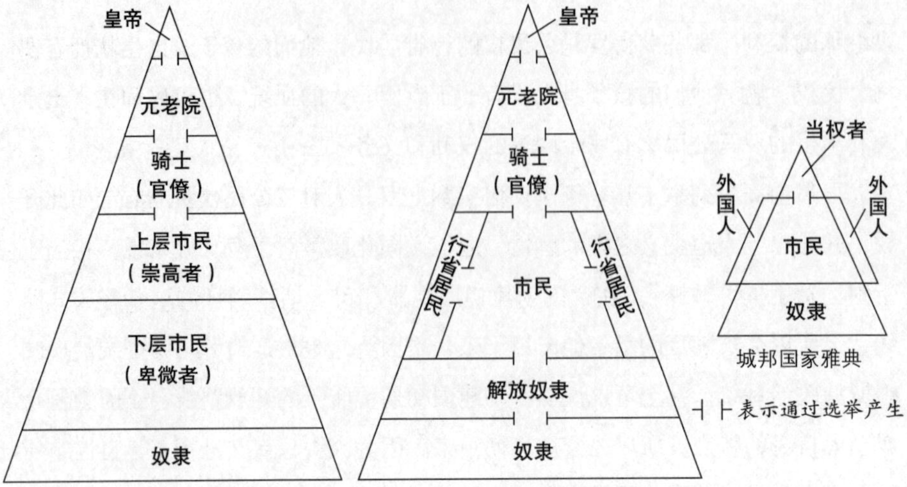

罗马帝国（卡拉卡拉皇帝以后）　罗马帝国（卡拉卡拉皇帝以前）

⊣ ⊢表示流动性

正如我在《罗马人的故事10·条条大路通罗马》中将罗马帝国纵横交错的道路设施比做人类的血管一样，罗马公民权也和罗马的交通网一样在帝国的发展中扮演着重要的角色。不断涌现的人才就像是罗马帝国的新鲜血液，通过同化政策的公民权系统提供给罗马帝国。只要肯努力便有机会获得的罗马公民权，对于行省居民们来说充满无穷的诱惑，这也是使罗马帝国长期保持活力的奥秘。

但是这长久以来的政策在卡拉卡拉的法令下被彻底改变。行省居民不管贡献如何，都将获得罗马公民权，这样一来，原本作为“期待权”的罗马公民权就变成了和雅典一样的“既得权”。

“期待权”变成“既得权”带来的影响

这项改变给罗马帝国带来了极其深远的影响。

第一，那些从前便拥有罗马公民权的人，失去了自己身为帝国支柱的自豪感。因为既然全国所有人都一样了，那么他们也就没有理由像以前那样身先士卒、鞠躬尽瘁。

第二，成为罗马公民的行省居民，也失去了曾经的进取心和竞争意识。既然已经得到了梦寐以求的身份，那么他们还有什么理由去努力奋斗呢?

第三，这也是完全违背了卡拉卡拉皇帝颁布这项法令的最初意愿的一点，那就是升格为罗马公民的旧行省居民，并没有积极地承担起帝国的责任和义务。人类对于很容易便得到的东西都不会感到珍惜，比如现代社会的投票选举中极高的弃权率就说明了这一问题。因为他们感觉不到这和自己的实际利益有什么关系。旧行省居民不再需要缴纳行省税，使收入增加了一成的喜悦只是暂时的。成为罗马公民之后新增加的遗产税和奴隶解放税也是暂时的，而且对这两种税比较敏感的资产家，一般来说早已经获得了罗马公民的身份。因此，摆在那些刚刚得到罗马公民身份的旧行省居民面前的问题是因为取消了行省税而产生的国家财政缺口。为了填补这个缺口，他们需要缴纳大量的临时税。所谓临时税，是皇帝以向前线调拨军费为由临时征收的税种，但是在当时社会，这种临时税频繁出现。卡拉卡拉不仅彻底改变了公民权的意义，还将罗马一直以来沿用的简单明快的税制，发展为临时税频繁出现的复杂奇怪的形式。就算后来遗产税和奴隶解放税都恢复到了从前的税率，但是关于临时税频发的问题仍然没有得到彻底的解决。

第四，行省居民与罗马公民之间的区别消失之后，罗马社会最具特色的流动性也随之消失。由此导致的社会僵化就如同人类的动脉硬化一样会产生不可挽回的结果。

最后，虽然没有了罗马公民与行省居民之分，但是在这两者共存的一般市民阶级中出现了非常严重的两极分化局面。这两极分别是“崇高者”和“卑微者”。也许人类本就无法忍受全员平等的状况，必须人为地制造出一些差别才能够生存下去。而那些出身于奴隶和“卑微者”阶级的人，在罗马社会将一辈子也没有晋升的机会。对于这些人来说，罗马也变成了永远没有希望出人头地的绝望之地。

由此可见，卡拉卡拉颁布的“安东尼努斯敕令”对罗马帝国造成了非常严重的负面影响。罗马帝国的一角在这项法令颁布之后便宣告崩塌，就好像帝国损失了一座坚固的要塞。而造成这种损失的人并非敌人，恰恰是罗马人自己。

也许正如敕令上所写的那样，卡拉卡拉的本意是希望能够实现罗马国民的地位平等，因此才会实施“行省居民全部罗马公民化”的政策。这位崇拜亚历山大大帝的年轻人，在登基数年后甚至谋求罗马与帕提亚王国之间的合并。连自古以来的宿敌都能够想要合并，那么他作出废除罗马帝国阶级的举措也不足为奇。所以，我认为卡拉卡拉的“安东尼努斯敕令”并非是为了增加税收而颁布的法令。毕竟只要从常识的角度考虑一下就会发现，通过这项法令想要增加税收是不可能的。因此，与其煞费苦心地从深层含义去理解“安东尼努斯敕令”，不如单纯地从字面上理解更加贴近事实。也就是说，这项法令只是24岁的年轻理想主义者的一个美好愿望罢了。而他之所以会作出如此草率而肤浅的决定，想必是因为他没有理解尤里乌斯·恺撒的那句名言吧：

每一个导致糟糕结果的决定，其出发点都是好的。

我之所以会对公元212年颁布的“安东尼努斯敕令”得出这样的结论，是因为一个疑问和一个碑文。

如果“安东尼努斯敕令”真的如基督教的评价那样是一项人道主义的法令，那么为什么被称为优秀政治家的五贤帝们没有颁布这项法令呢？特别是其中坚信尊重人权是皇帝的责任与义务的哲学家皇帝马可·奥勒留，就连自己的女儿选择行省出身的人作为丈夫，他都没有表现出任何的不满和阻挠，如此开明的贤君，别说颁布这项法令，甚至连诸如此类的想法都从来没有过，这又是为什么呢？

罗马时代的墓碑背面的碑文，会将这个人一生的履历都雕刻在上面。就连那些默默无名的普通市民，都会在墓碑上明确地表明其“罗马公民”的身份。但实际上从这个人的家族名上就可以看出他的祖先并不是拉丁系的罗马人，而是希腊，或者高卢人，由此可见，他生前是一名取得了罗马公民权的行省居民。而在这些墓碑之中，还有几个特别标明自己是在“安东尼努斯敕令”颁布之前的罗马公民。也就是说，他是在所有人都成为罗马公民之前就已经取得了罗马公民的身份。

卡拉卡拉使罗马公民权失去了其长久以来一直保持着的魅力。而失去了魅力之后，附加在罗马公民权之上的义务感和责任感也随之消失。这对于多民族、多文化、多宗教融合在一起的罗马帝国而言，无异于动摇了其存在的根基。每个人都有的东西，就相当于每个人都没有。用现在的话来说，就是一个品牌的消亡。

帝国防卫

虽然坚信废除行省居民与罗马公民之间的区别，就能够使全国上下团结一致的想法过于浅薄，但是卡拉卡拉对于皇帝的最大责任和义务就是保卫国家安全这一点上的认识，却非常有罗马先贤的风范。而这个时候他才只有 24 岁。因为讨厌虽然性格稳健但做事消极的弟弟盖塔，卡拉卡拉采取了积极的行动，年纪轻轻便成为最高统治者的他，毫不留恋首都罗马奢华安逸的生活，在他杀害盖塔成为独裁者的第二年，即公元 213 年，立刻亲自奔赴北方的前线。就好像迫不及待地想要去感受阿尔卑斯北部那充满活力的春季一样，他只带了非常少的近卫兵便动身出发了。

他不在首都之时的内政，全权交由一个叫做“Concilium”的机构负责。如果说元老院相当于国会的话，那么这个 Concilium 就相当于“内阁”。这一时期在暗中支持内阁的是一位处事相当周全的女性——尤利亚·多姆娜。可以说正因为有这位贤明的母后，卡拉卡拉才能够毫无后顾之忧地出征。虽然儿利亚·多姆娜对于自己的儿子杀害了自己另一个儿子的事实感到非常难过，但出于母亲的本能，她还是不遗余力地为卡拉卡拉的统治贡献自己的力量。

虽然关于卡拉卡拉越过阿尔卑斯山之后都去了哪些地方，并没有确切的史料记载，但是从他包括视察和战斗在内总共只用了半年时间这个情况来看，其活动范围应该仅限于莱茵河防线和日耳曼长城（Limes Germania）周边地区。不过他既然视察了防线，那么用于向防卫基地输送“血液”的帝国交通网络也自然不容忽视。事实上，卡拉卡拉也确实下令将从高卢到伊比利亚半岛的所有道路全部整修一新。罗马的交通网络在3世纪时仅主干道便超过8万公里，即便没有必要全部重新铺设，但要想使其完美地发挥作用，定期的维护也是必不可少的。虽然罗马的历代皇帝都不曾忘记这项重要的工作，卡拉卡拉下令进行的却是比之前更加认真的整修工程，关于这件事的记载还被刻在石碑上流传于世。

在单纯的军事基础设施建设上，日耳曼长城也在卡拉卡拉的整顿下得到了进一步的强化。就连曾经只有壕沟加木栅栏的地方，现在也用岩石和砖块武装了起来。

位于莱茵河与多瑙河两大河流上游的地带，是罗马人征收十分之一农耕税的重要产粮区。这个被称为“阿格里戴可美特”（Agri Decumates）的地区位于莱茵河防线与多瑙河防线的中间，从安全保障的意义上讲相当于我们人类的软肋。这片地区布满连绵起伏的山脉，导致在河流沿岸建立防线十分困难，周围溪流众多，使得军队难以驻扎，加之覆盖了这片区域大半面积的黑森林（Schwarzwald），都让罗马帝国对这片地区的防卫问题挠头不已。更重要的是，日耳曼民族一向将森林看成日耳曼人的母亲，每当进入森林作战的时候都会变得英勇无比，难以阻挡。

最早考虑保护这道“软肋”的人是提比略皇帝，在莱茵河与多瑙河沿岸建立罗马帝国北方防线的人也是他。真正将包括黑森林一带的全部地区都包围在防线之中，却是图密善继位之后的事了。从此以后，在莱茵河沿岸的波恩和科布伦茨中部以南、美因茨以北30公里处直到多瑙河沿岸的雷根斯堡，出现了

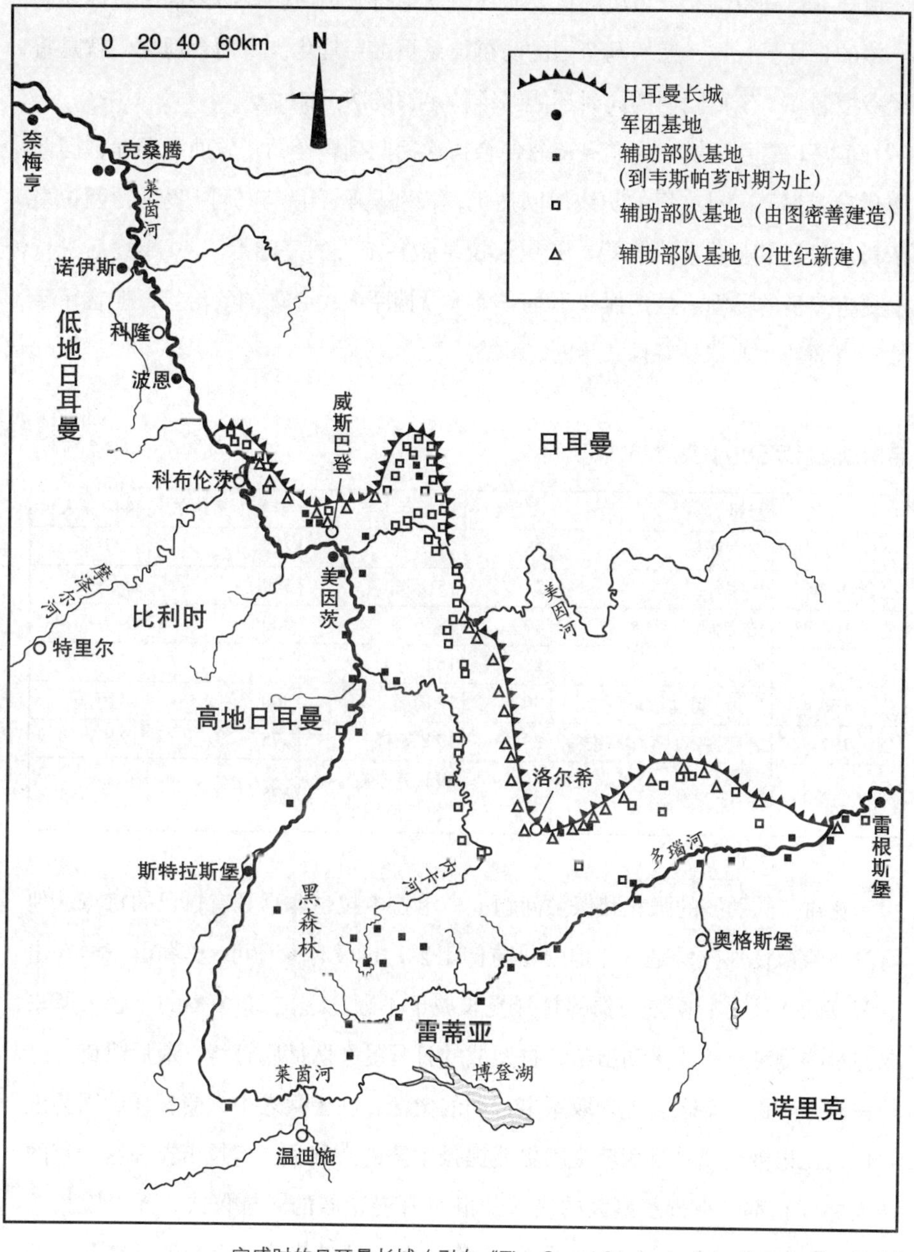

完成时的日耳曼长城（引自“The Grand Strategy of the Roman Empire”）

一道守卫罗马帝国北方边境的重要防线。这道将莱茵河防线与多瑙河防线连为一体的日耳曼长城，使罗马帝国的防御体系更加合理化。所谓合理化，就是将经费控制在一定范围内的同时还能够维持足够的防卫能力。

但是，这片区域如果稍有疏忽便会再次回归到曾经的“软肋”局面，因此历代皇帝都不忘对这里的防线加以强化。特别是哈德良与马可·奥勒留两位皇帝对此进行的强化非常正规，卡拉卡拉皇帝在前人的基础上于40年之后进行了更进一步的巩固。虽然他并不是一个善于揣摩人民心理的政治家，但在军事战略方面的才能却是有目共睹的。

帝国成立后军费的演变

	皇帝	军团数	军团兵人数	年薪（第纳尔）	辅助兵人数
公元前23年	奥古斯都	25	15万强	225	15万弱
公元90年	图密善	25	15万强	300	15万弱
公元106年	图拉真	30	18万强	300	18万弱
公元138年	哈德良	28	16.8万强	300	16.8万弱
公元170年	马可·奥勒留	30	18万强	300	18万弱
公元197年	塞普提米乌斯·塞维鲁	33	19.8万强	375	19.8万弱
公元213年	卡拉卡拉	33	39.6万左右 （包括原辅助兵）	375	—

在对“软肋”的强化和保护问题上，卡拉卡拉也非常具有自己的特点。他既没像哈德良那样只是一味地强化防御工事，也没有像马可·奥勒留一样在击退蛮族的入侵之后便置破损的日耳曼长城于不顾。这位20多岁的年轻人所采取的策略是越过防线主动出击，将迎战的日耳曼军队彻底打垮，最后凯旋。这种在修整防御工事之前先采取军事行动的做法，在士兵之中大受好评。因为没有什么比积极出战并且大获全胜更能提振军队的士气了。卡拉卡拉在这一年的秋天回到首都，举行了盛大的庆祝战胜日耳曼蛮族的凯旋仪式。元老院授予这位年轻的皇帝“pacator orbis”的尊称，直译过来就是“为帝国带来和平的

人”。但是胜利的喜悦并没有持续很久，因为帝国的财政状况已经处于崩溃的边缘，而其中的主要原因，就是这段时期军费的猛增。

罗马的通货膨胀

卡拉卡拉并没有像他的父亲那样增加军团的数量，也没有提高军团兵的年薪。但是因为他实施的“安东尼努斯敕令”赋予所有的行省居民以罗马公民权，因此之前只招收罗马公民的军团兵和允许招收行省居民的辅助兵之间的区别也不复存在。从法律上来讲，这些人全都属于军团兵。结果罗马军团的士兵数量，在卡拉卡拉颁布法令以后猛增为之前军团兵与辅助兵的总和。而这样一来对于之前的辅助兵也要按照军团兵的标准在期满退役的时候给予退役金。

因为并没有留下明确的记录，所以关于卡拉卡拉以前的罗马军队辅助兵的年薪究竟是多少我们无从得知。但是，与军团兵相比，这个数字应该是非常少的。

第一，辅助兵都出身于被罗马军队征服的行省，也就是说他们处于罗马人的支配下。在古代，支配者拥有被支配者的一切是理所当然的。

第二，行省士兵的任务仅仅是帮助军团主力作战的辅助战斗力。

第三，军团兵的服役期为 20 年，而辅助兵的服役期则是 25 年。

第四，虽然奥古斯都为军团兵确立了退役金制度，但是对于辅助兵的奖励则是服役期满后赋予其罗马公民权，至于其他的物质奖励想必是没有的，而且也没有任何史料对此有所提及。

通过以上几点不难看出，军团兵与辅助兵之间的收入应该有相当大的差距。当然，在“安东尼努斯敕令”颁布的时候，不可能立即将原先辅助兵的待遇提高到军团兵的水平。但是既然行省居民也拥有了罗马公民权，那么在军队的待遇上也无法继续区别对待。就算是分阶段性地提高，但最后辅助兵的收入一定会逐渐接近甚至达到军团兵的水平。

塞普提米乌斯·塞维鲁发行的第纳尔银币

卡拉卡拉实行的“安东尼努斯敕令”虽然从人道主义的角度来说无法对其进行批判，但实际上对罗马帝国的财政造成了严重的影响。而且将行省居民提升为罗马公民之后所引发的一系列问题，并不是将遗产税和奴隶解放税恢复到5%就能够简单解决的。就连军队内部也因为这项赋予所有人公民权的法令而产生了和罗马社会一样两极分化的现象。尤其在正规辅助兵和被称为“numerus”的临时兵之间，这种现象尤为突出。因为完全取消阶级之间的区别，反倒切断了各阶级之间的流动性。

因为父皇塞维鲁不断增加军费，以及为辅助兵提供与军团兵相同的待遇，仅这两条就足以使卡拉卡拉的帝国财政状况相当吃紧。再加上过去30年来一直平静地持续着货币贬值，更成为他不得不面对的一大问题。

支撑罗马帝国经济的基础货币大体上可以分为奥里斯金币、第纳尔银币和塞斯特斯铜币三种。其中流通最广的当属第纳尔银币，甚至可以称之为银本位也不为过。不管是派往行省的官僚还是军团兵，都用第纳尔银币为计算单位发放工资。

对货币制度进行全面改革的开国皇帝奥古斯都认为，硬币的信用度在于其币面价值与实际价值的统一。同时他还认为货币和税制一样，要想被大众广泛接受，就应该越简单明快越好。

就这样，在公元前23年实施的货币改革中，奥古斯都确立了1枚奥里斯金币=25枚第纳尔银币=100枚塞斯特斯铜币的货币系统。这个系统一共维持了 87 年，直到公元 64 年才被皇帝尼禄作了少许的改动。

虽然历史学家普遍将尼禄进行货币改革的原因归结为他的铺张浪费，但我不这么认为。尼禄将奥里斯金币的重量从 7.8 克下调到 7.3 克，第纳尔银币的重量从 3.9 克下调到 3.4 克，而且将银币的材质从纯银调整为含银率 92% 的合金。如果说尼禄所进行的货币改革是为了填补其建造黄金宫殿所造成的财政漏洞，那么在尼禄死后继位的皇帝们，为什么谁也没有将这一改革调整回来呢？而且从那个时代的经济状况来看，罗马帝国完全有能力重新恢复奥古斯都时代的金币和银币重量。

但即便如此，也没有任何一位皇帝进行这样的尝试。就算韦斯帕芗将尼禄想要建造广阔人工湖的土地改建成了竞技场，提图斯和图拉真也在黄金宫殿被毁坏的废墟上分别建造了大众浴场，使得皇帝尼禄曾经的都市计划都变为一张白纸，但是尼禄制定的货币系统仍然被后来的皇帝所沿用，而且这一用就是 120 多年。由此可见，尼禄皇帝的货币改革，对于 1 世纪中期到 2 世纪后半期的罗马帝国来说是非常合适的。

那个时代可以说是罗马帝国最为兴盛的时代，当然经济实力也处于鼎盛的时期。而经济的活跃自然会带来货币流通量的提升，也就是说，市场上流通需要的货币数量超出了现有的货币供应量。但是如果为了适应经济增长的需求，而加大矿山之中金银的开采数量的话，那么用不了多久矿脉就将枯竭。所以皇帝尼禄需要的是一个不用增加矿山的开采量，也可以解决货币流通量不足的办法。也就是说，尼禄的改革并非单纯地降低货币的价值，而是在“罗马统治下的和平”局面下，为了应对经济增长的需求而不得不采取的金融缓和手段。

但是，在距离尼禄时代 150 年之后的卡拉卡拉时期所进行的货币改革完完全全是为了填补军费增加而造成的财政缺口。下表是从奥古斯都时期开始罗马帝国的货币演变情况。通过这个表格我们不难看出，3 世纪时期的罗马帝国，已经在经济上面临着非常严重的危机。

帝国成立后罗马货币的演变

金属	名称	换算值	重量（g）	含量
皇帝奥古斯都的货币改革（公元前23—公元64年）				
金	奥里斯	25第纳尔	7.80	金100%
银	第纳尔	4塞斯特斯	3.90	银100%
铜	塞斯特斯	4阿斯	28	铜80%　锌20%
皇帝尼禄的货币改革（公元64—214年）				
金	奥里斯	25第纳尔	7.30	金100%
银	第纳尔	4塞斯特斯	3.41	银92%
铜	塞斯特斯	与奥古斯都时期的铜币相同		
皇帝卡拉卡拉的货币改革（214—260年左右）				
金	奥里斯		6.50	金100%
银	第纳尔		3	银70%
	安东尼	2第纳尔	5.5	银50%　铜50%
铜	塞斯特斯	与之前的铜币相同，但是铸造量减少		
皇帝加里恩努斯时代（253—268年）				
金	奥里斯		5.5	金100%
银	安东尼		3	银5%　铜95%（镀银）
铜	基本不再铸造			
皇帝奥勒良的货币改革（274—294年）				
金	奥里斯		6.5	金100%
银	安东尼	5第纳尔	3.9	银5%　铜95%
铜	由于铜币的制作材料价格不断下跌，铜币失去存在的理由而停止铸造			

帕提亚战役

对26岁的卡拉卡拉来说，经济改革显得非常枯燥乏味，他迫不及待地想要回到像一年前那样驰骋沙场的生活之中。公元214年春季，他将刚刚制定不久的货币改革政策全权交由内阁负责，随后便向北方进军。这次他的母亲尤利亚·多姆娜也和他同行。虽然卡拉卡拉最初的目的地是多瑙河前线，但如果他想要与帕提亚开战，那么便不得不踏入叙利亚的土地。而叙利亚正是尤利亚·多姆娜的故乡。因为这次的对手是强大的帕提亚，所以卡拉卡拉带上了他全部的近卫军团。近卫军团的长官马克里努斯也借助这次机会加入随行幕僚的队伍中。

正如生活在当时的历史学家卡西乌斯·狄奥在他记载的罗马史中所描述的那样，多瑙河的防卫状况直接反映出罗马帝国的安全保障体制是否在正常地运行。这条从维也纳连接布达佩斯，穿过贝尔格莱德直达黑海的多瑙河防线，是“罗马统治下的和平”的生命线。皇帝巡视如此重要的防线，巩固这一带的防御体系，对罗马人来说有着非常重要的意义。

卡拉卡拉的此次进军作好了战和两手准备。通过巧妙的外交手腕，他使同为日耳曼人的马尔科曼尼人和汪达尔人关系破裂。同时，他又与达契亚人结盟。紧接着当场逮捕并处死了拒绝自己结盟要求的夸地人族长。随后，他将能够在短期内打败的各个小型部族一网打尽，使其无法对罗马境内构成威胁。总之，他成功地沿用了罗马人“分而治之”的传统对外政策。就这样，通过他父亲塞维鲁时代的不列颠战役，他统治时期对莱茵河防线与日耳曼长城的巩固，加之现在对多瑙河防线的巩固完成，卡拉卡拉终于可以毫无后顾之忧地向东方进军。正如我之前所说的那样，虽然他算不上一位贤明的政治家，但在军事方面拥有不俗的能力。

同巩固莱茵河防线与日耳曼长城的时候一样，成功巩固多瑙河防线的巡查过程，使这位年轻的皇帝在士兵之中的威望进一步提升。对于经常要和敌人以命相搏的士兵们来说，指挥官的能力直接决定他们的生死，而且他们也深知由胜利所带来的自信比兵器更加强大。就连首都居民因为对高卢风格的服饰感到好奇而流传开来的绰号“卡拉卡拉”，也成为前线士兵们对这位皇帝的爱称。不管这位皇帝穿着怎样的奇装异服，只要他拥有卓越的军事才能，便足以作为军队的最高统帅受人敬仰。曾经只被看做是先帝塞维鲁儿子的卡拉卡拉，逐渐地以皇帝卡拉卡拉的身份被士兵们所接受。士兵们对卡拉卡拉的这种感情，即便在这位皇帝死后也仍然持续了很长时间。

成功巩固了多瑙河防线的卡拉卡拉，并没有继续沿河向黑海进发，而是顺着东南方向的道路来到下游的远米西亚行省。这条穿越巴尔干半岛抵达赫勒斯滂（今达达尼尔海峡）的道路，当然也属于罗马那纵横交错的交通网络。

跨过赫勒斯滂那狭窄的海峡进入小亚细亚之后，卡拉卡拉也没有率先进入在政治与军事上都处于非常重要地位的尼科米底亚（今土耳其的伊兹米特），而是径直奔向荷马长篇战争叙事诗《伊利亚特》发生的舞台，以古战场闻名于世的特洛伊。与其说卡拉卡拉喜欢读《伊利亚特》，不如说他崇拜的亚历山大大帝喜欢读《伊利亚特》，因此，卡拉卡拉造访特洛伊的举动完全是效仿那位年轻的帝王在远征波斯之前的所作所为。当年亚历山大大帝造访特洛伊的时候只有 22 岁，而现在的卡拉卡拉也不过 26 岁而已。

效仿自己的偶像造访古代英雄遗迹的卡拉卡拉，在参拜《伊利亚特》的主人公之一、英年早逝的阿喀琉斯的坟墓时，为了祭奠这位英雄而和麾下的年轻武将们在运动会上同场竞技。希腊和罗马时期的运动会不单是为了强身健体，主要是为了祭祀神灵而举办。据说卡拉卡拉在访问特洛伊的时候脸上始终带着淡淡的忧伤，似乎是在吊唁不久前去世的好友法斯托斯。也许他这个时候也体会到了因为好友帕特洛克罗斯的战死而悲痛不已的阿喀琉斯的心情吧。

离开特洛伊古战场，卡拉卡拉沿着海岸线南下来到帕加马。因为罗马时代的帕加马是仅次于希腊雅典和埃及亚历山大港的文化中心，所以这也被看做是他送给同行的母亲尤利亚·多姆娜的一个礼物。作为一个多神教信仰国家的皇帝，他也非常称职地参加了对医神阿斯克勒庇俄斯的祭祀活动。在访问完帕加马之后，卡拉卡拉转向东北，为了度过这一年的冬天而前往尼科米底亚。

位于拜占庭（今土耳其的伊斯坦布尔）附近的尼科米底亚之所以显得尤为重要，不仅因为其为比提尼亚行省的首府。这里是从欧洲前往亚细亚时最先抵达的城市，同时因为其毗邻博斯普鲁斯海峡，拥有对黑海的制海权和防卫优势，可以说是从欧洲进军亚洲的后方基地。卡拉卡拉之所以特地选择在尼科米底亚

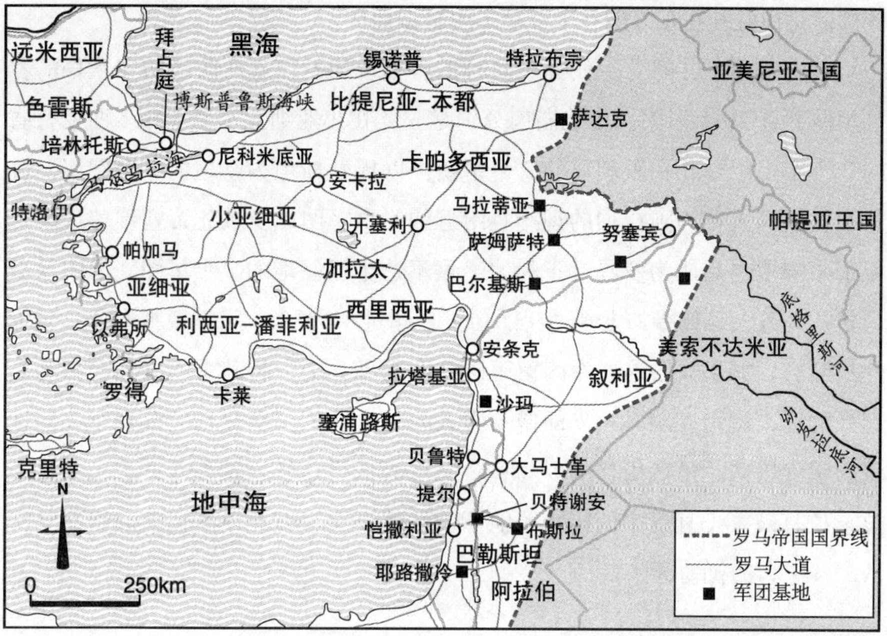

3世纪初期小亚细亚及其周边

越冬，也是为了顺便视察在黑海巡航的舰队。对于联结帝国“西方”与“东方”的小亚细亚地区来说，不仅要重视与“罗马统治下的和平”息息相关的南侧地中海海域，用来时刻抵御北方蛮族入侵的黑海制海权也同样至关重要。

公元215年，离开了尼科米底亚的卡拉卡拉一行从小亚细亚西北部直接向东南部的叙利亚进发，不到5月他便抵达了位于地中海东部的安条克。在与帕提亚王国交战的时候，罗马军队都会习惯性地将这个与埃及的亚历山大港并称为帝国东方最大都市的安条克作为后方基地。卡拉卡拉当然也不例外，在这个叙利亚行省的首府开始着手编组与帕提亚王国交战的部队。

虽然不知道卡拉卡拉与帕提亚王国交战时所率领的军队阵容，但是因为史料上并没有关于其调用多瑙河沿岸防卫军团的记载，由此可见，这次进行作战的部队是由驻扎在东方的各个罗马军团整编而成。

负责帝国东方的防卫任务，同时也肩负着幼发拉底河防线防守重任的罗马军队共计 10 个军团。由北向南分别是驻扎在小亚细亚东侧卡帕多西亚行省的 2 个军团、驻扎在叙利亚的 3 个军团、以巴勒斯坦为基地的 2 个军团、驻扎在被罗马人称为阿拉伯的现约旦附近的 1 个军团以及被先帝塞维鲁从帕提亚手中夺取之后成为罗马行省的北美索不达米亚基地的 2 个军团。军团兵数量多达 6 万人，如果加上辅助兵的话更是超过 10 万人，可以说拥有非常强大的战斗力。如果只给这些军团留下防守的基础兵力，将其余的士兵全部动员起来的话，就可以编成一支即便与强大的帕提亚王国交战也完全处于优势地位的强大军队。虽然历代的罗马皇帝采用的都是这样一种战斗方式，但是卡拉卡拉打破了一直以来的传统，他开创性地设立了在此以后逐渐成为罗马军队战斗主力的机动部队。

机动部队

在拉丁语中被称为“vexillationes”的机动部队并非卡拉卡拉的原创。图拉真和马可·奥勒留两位皇帝也曾经采用过这种方法。卡拉卡拉只是沿用了这个名称，实际上部队的成员和用途与之前完全不同，简直可以说是重新设计。

以前的“机动部队”，顾名思义只是从其他军团临时调派出来的军队，在完成当前任务之后还会回到其所属的军团中。但是卡拉卡拉的“机动部队”是由从各个军团中选拔出来的士兵所组建的独立于军团之外的部队，并且在完成任务之后这个部队也仍然会被保留下来。也就是说，在卡拉卡拉的改造下，罗马军队除了原先拥有的 33 个军团之外，又多出了一个“机动部队”。

从前的机动部队只以“精锐老练”作为选拔基准而不问年龄，但是卡拉卡拉要求机动部队的成员必须年轻。他认为只有那些还没有成家的单身士兵才能够承受长期离开驻地前往各处作战的艰苦，所以他手下的机动部队中年轻人占了绝大多数。

虽然从没有研究者留下过关于这部分内容的记载，但是我觉得卡拉卡拉之所以会颁布授予所有行省居民罗马公民权的“安东尼努斯敕令”，或许也是出于下列的考虑：

罗马军团原本是由拥有罗马公民权的军团兵以及属于行省居民的辅助兵组成的。虽然自从三年前的法令颁布之后，军团兵和辅助兵之间的区别也随之消失，但是军团兵与辅助兵之间战斗力的差距依然存在。军团兵长期作为主要战斗力接受训练，对于重装步兵常用的各种武器也掌握得十分熟练。而行省士兵不管在训练上还是使用的武器上，都只不过是辅助战斗力而已。因此这两者的一体化进程绝对不是一朝一夕就能够实现的。而且既然会有民众特别在墓碑上刻着“安东尼努斯敕令颁布前的罗马公民”，军团兵所拥有的罗马公民荣誉感也不容忽视。即便在敕令颁布之后，军团兵与辅助兵之间的区别依旧延续了下来。为了解决这个问题，年轻的皇帝想出了一个特别的办法。

卡拉卡拉希望通过不分军团兵还是辅助兵，只要年龄合适便可以加入机动部队的方式来实现两者的平等。同时，他还将已经成家立业的士兵以及中层以上的干部都留在军团之中。这种让老兵留守基地、年轻人冲锋陷阵的新系统，得到了双方的一致好评。因为没有在任何史料上发现对这一举措的批判性言论。顺便说一下，罗马人所谓的“现役”可以持续到45岁，而新兵志愿入伍的年龄只有17岁。另外，自从帝国成立以来便一直不允许士兵在服役期间结婚的罗马军队，在卡拉卡拉的父亲塞维鲁皇帝时期得到了“解禁”。也就是说，军团兵能够在退役前正式结婚只是短短10年前的事情，到了卡拉卡拉统治时期的军团兵则正在充分地享受塞维鲁皇帝馈赠的这份礼品。

但是卡拉卡拉的这项政策也和“安东尼努斯敕令”一样，随着岁月的流逝逐渐由正面因素向负面因素转变。或者说只取得了短期的积极效果，而之后却给帝国造成了非常严重的影响。

之所以这样说，是因为罗马帝国边境的和平从没有超过20年，在稳定一段时间之后必然要再次面对四方蛮族的大举入侵，而到了那个时候，防线上就不得不面对战斗力量老龄化的问题，因为防卫基地的军团兵与机动部队的年龄差距已经成为罗马军队的常态。

卡拉卡拉以前的皇帝之所以在组建机动部队完成任务之后，又让其回归到所属部队，是具有一定道理的。为了确保防线的稳固性，在抽调其中的士兵之后必须再次补充回去。虽然体力旺盛的年轻人对机动作战非常重要，但如果因此使留在防线的战斗力老龄化却是得不偿失。当所有人都认识到这种将军团和机动部队两极分化的举措所带来的负面因素时，却发现已经没有办法回到图拉真和马可·奥勒留时期曾经的做法了。因为基地防守力量的老龄化问题，已经成为连蛮族都非常清楚的事实。结果蛮族的入侵一下子频繁起来，面对这些不知何时会从什么地方攻来的敌人，却只有机动部队能够与之抗衡。

每一项政策在实施之前都应该考虑是否会给将来带来不好的影响。缺乏深谋远虑就会导致目光短浅，虽然不能将蛮族入侵的原因完全归结于卡拉卡拉的机动部队政策，但至少是导致蛮族频繁入侵的原因之一。

前往美索不达米亚

不过，回到公元215年的那个时期，27岁的皇帝在与自己年纪相仿的士兵们的簇拥下一定充满了自信吧。而且能够被选拔进“机动部队”，士兵们的士气也一定十分高昂。毕竟他们直属的司令官正是虽然年纪轻轻却未尝败绩的卡拉卡拉。没有什么比对胜利的自信更能够使士兵们斗志昂扬，而在卡拉卡拉身为总指挥的军队之中，就充满了这种胜利的信心。

虽然年轻气盛，但是他仍然忠实地遵循罗马的传统，在进军之前派遣外交使节前往帕提亚。特使向帕提亚国王沃洛吉斯五世传达了罗马皇帝和平解决战争问题的条件。那就是将明显对罗马帝国持有敌意的提利达特斯和他的支持者全部交出来。如果帕提亚接受这个条件，那么罗马将和帕提亚签订互不侵犯条约，否则将不可避免地开战。

卡拉卡拉认为对方一定会拒绝自己的要求。因为提利达特斯是沃洛吉斯五世的伯父，就算为了媾和，对方也不可能将如此重要的人物交给罗马帝国。派遣外交使节只不过是为了遵循罗马帝国一直以来的传统，但实际上他是渴望开战的。

沃洛吉斯五世

可是帕提亚国王沃洛吉斯五世的回答却是同意。他之所以会作出如此出人意料的回复，或许是因为自从卡拉卡拉进入小亚细亚以来，驻扎在帝国东方的罗马军队的活动一下子变得异常频繁，而这些情况全都传到了帕提亚王国。本就为宫廷内的势力斗争烦恼不已的帕提亚国王，根本不希望与罗马之间再发生什么争执。结果这样一来，卡拉卡拉就失去了开战的理由，只好与帕提亚签订停战协议。利用这段时间，卡拉卡拉访问了埃及。他将与帕提亚使节交涉停战协议的任务全权交给大臣们，自己则沿着地中海穿过巴勒斯坦地区南下进入埃及。

虽然他在参拜亚历山大大帝的陵园以及参观金字塔和尼罗河沿岸的古建筑群时心情都非常不错，但是当他在亚历山大港遭到年轻人的责备时忽然大发雷霆。究竟这些年轻人对他说了些什么，因为没有留下任何记录而无从考证。但是这场因为卡拉卡拉的一时冲动而引发的惨案却是无可争议的事实。

据说当时很多年轻人聚集在体育场中向卡拉卡拉提出抗议，但当他们回过神来的时候发现自己已经被大量的士兵所包围，随后这些年轻人便全都被杀害了。这场惨无人道的虐杀引起当地市民的强烈愤慨，而卡拉卡拉甚至等不及调动驻扎在亚历山大港附近基地的军团兵，便指挥近卫军团镇压了市民们的暴动。在这场骚乱中数千名亚历山大港的市民被杀。也许对卡拉卡拉来说，这些被自己赋予罗马公民权的行省居民，根本不应该对自己提出任何抗议。不过即便如此，他的做法也确实过于残暴。就连一直对卡拉卡拉没有什么特别意见的罗马元老院，也因为这次事件而对这位年轻的皇帝产生了其他的看法。从元老院议员到普通市民，卡拉卡拉曾经杀害了自己的岳父、妻子以及弟弟的行为，又重新浮现在他们的记忆中。

在这次惨剧发生后不久，卡拉卡拉便急急忙忙地从埃及返回叙利亚，因为他听说帕提亚王国内部发生了政变，阿尔达班打败了他的皇兄自立为王，并且成功控制了除巴比伦尼亚以及王国南部地区的全部国土。

这对于一直盼望与帕提亚开战的卡拉卡拉来说简直就是一个天大的好消息。虽然在停战中不能够向对方发动攻击，但因为停战协议是与先王签署的，既然现在帕提亚王国的政权发生了变化，那么曾经签订的一切协议就全都变成了废纸。于是卡拉卡拉命令手下的全部军队作好向东方进军的准备。

于公元 216 年春季打响的帕提亚战役，前期完全由罗马军队占据着优势。从北美索不达米亚南下的罗马军队和从叙利亚向东部进发的罗马军队对帕提亚军队形成夹击之势，迫使对方节节败退。但是，伴随着夏季的到来，战况也发生了转变。与北部的攻势全由军团组成不同，从叙利亚方向进军的罗马军队是由卡拉卡拉最引以为傲的“机动部队”为主。伴随着战斗的不断深入，这支新编成的队伍逐渐显露出其经验不足的弱点。老兵的优势在于即便陷入困境之中，也能够凭借自身的经验重整旗鼓，并且找出解决的办法。但是当经验不足的新兵陷入苦战之时很容易产生恐慌心理，变得只想逃跑。另外，这些新编成的队伍中指挥官也能力不足，卡拉卡拉在选拔人才时所犯下的错误一下子全都显露了出来。

不过，这毕竟是一支被先帝塞维鲁强化过的罗马军队，在老兵的帮助下并没有那么容易崩溃。两国在幼发拉底河与底格里斯河之间的战斗陷入了胶着状态。

深入敌境的罗马军队迫切需要打破这种胶着状态。于是卡拉卡拉向帕提亚国王阿尔达班提出要迎娶对方的女儿为妻。据说他之所以会提出这个要求是因为希望通过这次联姻使罗马和帕提亚这两大强国联合起来，将罗马的步兵和帕提亚的骑兵组成拥有最强战斗力的军团。也许因为他的偶像亚历山大大帝就曾经迎娶了波斯国王的女儿，而帕提亚正好和古代波斯处于同一地理位置之上，所以他才产生这种想法吧。亚历山大大帝确实拥有将希腊与波斯这两个民族融为一体的梦想，但他为了实现这个梦想进行了三次大规模的会战并且都大获全胜，而且在将波斯帝国灭亡之后，才迎娶了幸存下来的公主。也就是说以胜利者的姿态与对方融合。反观卡拉卡拉提出请求的对象帕提亚王国，不但没有被打败，甚至还将罗马军队牢牢地钉死在两河流域动弹不得。对罗马人来说，从来都是在战胜之后才会讲和，战败的时候必须咬紧牙关坚持到底。而且罗马人对皇帝迎娶其他国家的公主这件事，也有自己的一番看法。

阿尔达班

虽然军团兵在驻扎地与当地的原住民女性结婚，生下来的混血儿都会获得罗马公民权，但是身为最高统治者的皇帝不能够迎娶外国的女性为妻。因为军团兵和原住民女性之间生下来的孩子不会对国家未来的方向产生影响，但是身为最高统治者的皇帝与其他国家的公主之间生下的孩子就没那么简单了。如果这个孩子将来继承了皇位的话，那么罗马这个国家的命运就完全掌握在他的手中，甚至还有可能产生被拥有他另一半血统的国家吞并的危险。不过对于罗马公民来说，拥有防患于未然的权利。因为元老院和公民才是罗马这个国家真正的主人，皇帝只不过是这个“共同体”（res publica）真正的主人所委托的统治者而已。皇帝在被授予至高无上的权利的同时，也要承担相应的义务。正如尤里乌斯·恺撒所说过的一样，“越是身居高位者越没有个人的自由”。因此有些事情普通的市民可以做，但是位高权重的人不能做。这就是普通市民观念的依据。

恺撒虽然深爱着克娄巴特拉，却不能娶她为妻，就是这个原因。

后来安东尼敢于和这位埃及女王结婚，但是他的这一举动使罗马人对他失去了信心。在清除了暗杀恺撒的布鲁图一派之后，同为恺撒派的安东尼与屋大维（后来的奥古斯都）之间展开了激烈的权力斗争。在军事才能上完全处于优势地位的安东尼之所以败给后者，就是因为当时一大半的罗马人都已经不再支持他而转投屋大维的旗下。

公元 1 世纪时，皇帝提图斯曾经想要迎娶当时与罗马帝国处于同盟关系的犹太的一位公主。但是，得知这一消息的罗马民众甚至顾不上观看精彩的角斗表演，纷纷向坐在圆形竞技场特别席之上的提图斯发出了强烈的抗议和嘘声。面对如此强大的舆论压力，皇帝不得不放弃与这位女性结婚的打算。罗马民众之所以反对皇帝迎娶这位公主并不是因为她的犹太人身份，只是因为皇帝不能和其他国家的女性结婚。不过出身于行省的女性并不在被禁止的范围之内，因为在罗马人看来行省也是罗马帝国的一部分。但是同盟国就完全不行了。

罗马人就算在内乱的时候也只是自己人之间的争斗，从来没有一个人会去寻求其他国家的帮助。尽管在罗马漫长的历史中曾经发生过许多次以内乱为名的势力斗争，但是其中完全没有出现过借助外国势力来击败同胞的情况。这应该也算是罗马人的特点之一吧。而之所以没有人这么做，恐怕是因为这种行为会彻底失去同胞的支持。

实际上，当卡拉卡拉提出要与帕提亚的公主结婚时，就已经遭到了罗马元老院的一致反对。而这种情绪在首都居民之间扩散开来也只不过是时间问题。

不惜付出失去自己国民支持的高昂代价（或者说，卡拉卡拉虽然深知这一点却又不得不这样做），罗马皇帝仍然提出要与帕提亚公主结婚的请求。虽然这一完全违背罗马人民意愿的行为最终遭到对方的拒绝，但是帕提亚国王的拒

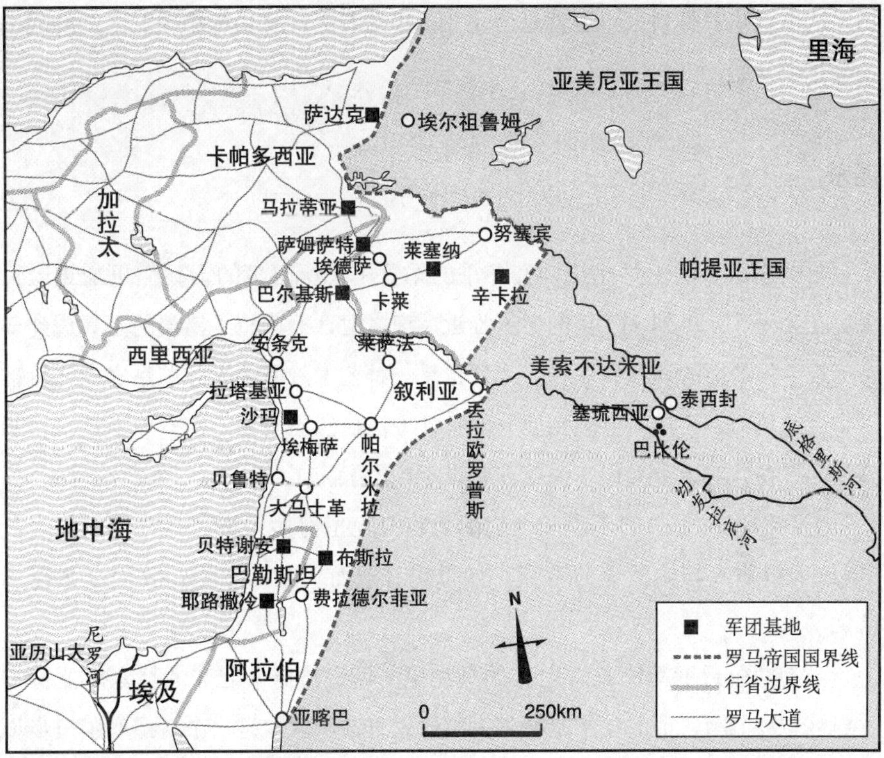

3世纪初期美索不达米亚及其周边

绝也无法拯救卡拉卡拉所犯下的过错。罗马元老院将这一事件评判为伤害罗马皇帝权威的草率之举，也是理所当然的。

对于求婚与媾和的请求都被拒绝的卡拉卡拉来说，秋季的到来成为他撤退的最佳理由。因为他不能让士兵们在战场上过冬。但是不管是士兵还是身为最高司令官的他，都没有撤退到作为后方基地的安条克。这位年轻的皇帝将军队驻扎在距离幼发拉底河以东 50 公里处的埃德萨（今土耳其的乌尔法）越冬，这里也是当时罗马军队与帕提亚王国交战的前线基地。军团兵们纷纷在附近的城镇之中驻扎下来，不管是皇帝还是士兵都没有离开美索不达米亚地区的战场。这也意味着等到来年也就是公元217年的春天，罗马与帕提亚之间的战争还会重新开始。

谋杀

与忙于战事的士兵相比，在冬季的军营中无所事事的士兵们更加难以管束。在公元216年到217年的冬天临近尾声之时，一些犯了错误的士兵遭到皇帝卡拉卡拉严厉的训斥和惩罚。批评也是一种艺术，属于人际关系之中比较难以掌握的技巧，会使对方感到屈辱的批评方法显然不是好方法。而卡拉卡拉所施加的惩罚，对于士兵们来说就有些过于严厉了。

士兵们将内心中的不满向他们的长官马克里努斯倾诉，并且还对他说："卡拉卡拉陷入与帕提亚的苦战，如果您有取而代之的想法，我们全都会支持您。"

身为两位近卫军团长官之一的马克里努斯，出身于北非的努米底亚行省(今阿尔及利亚)。他的父亲是摩尔人解放奴隶，所以他是一个从最底层一步步爬到现如今位置的人。与那些虽然出身低贱却因才能出众而一路飞黄腾达的人不同，马克里努斯在成功的道路上一直默默无闻。他深知自己能否维持如今的地位，完全要看任命自己的卡拉卡拉的心情。所以当他听到士兵们对他的倾诉时，心中首先感到的只有惶恐和不安。

更糟糕的是，本应该秘密进行的这场会谈，却传到了卡拉卡拉一位朋友的耳朵里。这件事如果被皇帝知道，那么他就彻底完蛋了。忧心忡忡的马克里努斯于是利用自己的职务之便，将他的一名直属部下提拔为皇帝的警卫队队长。据说这个人因为卡拉卡拉向帕提亚公主求婚而感到非常的愤慨。

公元217年4月，在美索不达米亚北部地区度过冬天的罗马军队重新开始行动起来。他们的攻击目标也早已确定，就是位于幼发拉底河与底格里斯河中部的帕提亚首都及主要都市。卡拉卡拉带着志在必得的决心，仅仅8天便将作

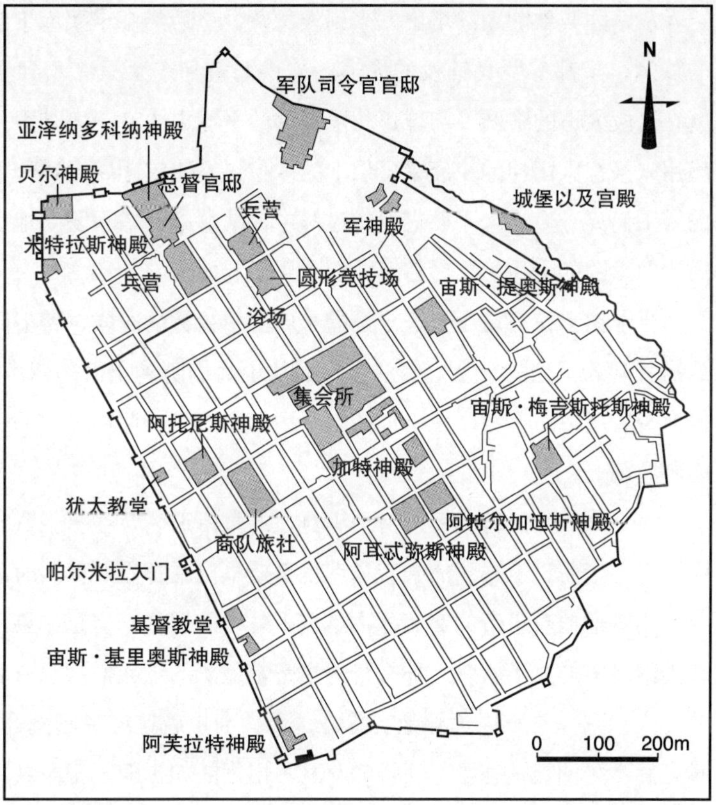

丢拉欧罗普斯

为越冬营地的埃德萨远远地抛在了身后。

从各越冬营地赶来的罗马军队，如同千万道溪流汇聚成一条大河。军队计划首先在幼发拉底河沿岸的某处军事基地中集结，随后沿着河岸向东南方向进发，目标直指帕提亚首都泰西封。据说罗马军队的集结地是丢拉欧罗普斯（Dura Europus），这座由罗马人一手建造起来的要塞城市，早在马可·奥勒留时期便因为与帕提亚交战之时的重要地理位置而被作为罗马帝国的前线基地之一，距离当时已有半个多世纪的历史。但是，卡拉卡拉连这个地方都没能走到。

从军团驻地萨摩萨塔出发来到埃德萨，然后经由卡莱南下前往幼发拉底河的旅途，全都有罗马铺设的大道。从埃德萨到卡莱只有不到30公里的路程，就在这段大道的中间，与城市相隔很远的平原之中有一座神殿。虽然这只是一座用来祭祀太阳神的小庙堂，但卡拉卡拉还是决定顺路参拜一下。在皇帝和他的警卫们离开大道向平原进发的过程中，从萨摩萨塔军团基地出发奔赴前线的第十四军团的士兵们已经超越他们走到了前面。

当卡拉卡拉在这个人迹罕至的小庙堂中祈祷的时候，警卫队的队长将手中的短剑刺入了他的后背。等候在外面的士兵们听到里面的叫声纷纷冲了进去，假意查看皇帝的伤势，脱下他的胸甲，随后大家一起用手中的武器向卡拉卡拉的胸膛刺去。

警卫队的士兵们抬着浑身沾满鲜血的皇帝遗体，在警卫队长的带领下返回大道之上。而近卫军团的长官马克里努斯早已在那里等候多时了。

不知道他对皇帝的突然死亡给出了怎样的解释，但是如果说皇帝是被隐藏在神殿之中的疯子所杀，那么身为皇帝警卫队的士兵们却没有受到惩罚，一定会让人感到非常难以理解吧。总之，卡拉卡拉就这样在刚刚迎来自己29岁生日之后不久便被杀害了。而得知罗马军出征的帕提亚国王及其军队，此时正在为了迎击而北上前往美索不达米亚的途中。

卡拉卡拉被谋杀与马克里努斯继任皇帝只相隔了三天。在这三天中，军团长与将军之间究竟都说了些什么已经无从考证。总之，三天后，11日，不管怎样，马克里努斯还是在士兵们一致的推举声中登上了皇帝的宝座。身为罗马公民的士兵们是真真正正的选民。由这些选民举手表决推举出来的皇帝，可以说是一种直接民主制的选举方式。但是直接民主制的弊端在于，只要有几个煽动者及其同党，便很容易决定最终选举的结果。虽然士兵们对于卡拉卡拉的突然死亡也难免心存疑虑，但是他们毕竟是士兵，面对不断逼近的敌方大军，最高司令官的位置绝对不能够空缺。

卡拉卡拉的遗体被当场以罗马的方式火化，只有骨灰被送往安条克。留在安条克的尤利亚·多姆娜在得知这个消息之后毫不犹豫地选择了自杀，没有留下任何遗言。新任皇帝马克里努斯并没有派人前来迫害。这位塞维鲁皇帝的妻子，就算能够承受盖塔被杀的悲痛，但是在失去另一个儿子卡拉卡拉之后终于崩溃了。母子二人的骨灰都经海路被送回罗马，埋葬在耸立于台伯河岸边的“哈德良陵园”之中。马克里努斯向元老院申请将卡拉卡拉神格化，元老院通过了他的这一请求，将卡拉卡拉追封为神明。罗马人就是这样一个什么都可以神格化的民族。

就这样，摩尔人的儿子，连元老院议员身份都没有的马克里努斯在 53 岁的时候成为了罗马帝国的皇帝。士兵们因为大敌当前而推举他作为全军统帅的行为可以理解，而连罗马元老院也如此痛快地承认了他的皇帝身份，想必是因为他们也对卡拉卡拉感到厌烦了吧。马克里努斯在从美索不达米亚送往罗马的书信中要求罗马帝国以马可·奥勒留时期的统治为标准，并且将卡拉卡拉提高的遗产税和奴隶解放税的税率从 10% 重新调整回之前的 5%。受到这两种税率倍增影响的大部分都是富裕阶级，而元老院议员们正属于这一范畴。对于出身贫贱的皇帝来说，必须想尽一切办法去讨好元老院，元老院方面一定也认为他们可以随心所欲地操纵这位皇帝。但是对面对帕提亚大军的马克里努斯来说，帝王之路却并没有他想象的那么简单。

皇帝马克里努斯（公元 217—218 年在位）

将卡拉卡拉的死亡伪装成一场意外，又在其死后请求元老院将其神格化的马克里努斯，不管他内心是怎么想的，都不得不继续面对由卡拉卡拉所挑起的帕提亚战争。但是，因为从先帝的突然死亡到新皇帝的继位之间耗费了三天的时间，加之将各个军团的司令官召集到新皇帝的身边进行协议又花费了不少时间，导致罗马军队失去了进攻敌人大本营的最佳时机。

面对趁这段时间不断逼近的帕提亚军，罗马军从原来的进攻方迫不得已变成防守方。为了在会战开始前争取时间集结军队，马克里努斯向帕提亚军中派遣使节媾和。但是已经得知罗马方面发生变故的帕提亚国王给出的答复完全超出马克里努斯的预期。

对方开出的条件是要求罗马军队撤出美索不达米亚全境。美索不达米亚指的是被夹在幼发拉底河与底格里斯河之间的大片区域。从美索不达米亚撤军意味着要将军队全部退回到幼发拉底河以西。这实际上就退回到80年前哈德良皇帝所划定的罗马帝国与帕提亚之间的国界线。如果同意这个条件，就等于放弃了马可·奥勒留以及塞维鲁付出巨大牺牲才获得的北部美索不达米亚地区。因为马克里努斯从来没有展现过自己的实力，也没有像卡拉卡拉那样身为先帝继承人的正统性，如果他接受对方的这个条件，那么毫无疑问会引起士兵们的不满，甚至还会导致叛乱。

结果，在临近夏季的时候，罗马与帕提亚之间的第一场战斗在位于美索不达米亚东北方的努塞宾（今土耳其南部的努塞宾）打响，这里也是先帝塞维鲁所划定的罗马与帕提亚的国界线。不知为何，当时罗马与帕提亚之间的国界线，与现代叙利亚和伊拉克之间的国界线完全一致。

虽然这场发生在古代两大强国之间的第一场会战以双方不分胜负暂时告一段落，但是由于罗马方面的指挥无法统一，使得帕提亚方面略占上风。等到秋季进行第二场会战之时，虽然最终的结果仍然是不分胜负，但是这次自始至终占据优势地位的却变成了罗马军队。

在古代的时候一到秋天，只要没有什么特别的情况都会自然地进入休战期。敌我双方都会偃旗息鼓，转向越冬营地进发。这一年帕提亚国王已经返回首都，但是罗马皇帝马克里努斯没有像卡拉卡拉那样为了在来年春天立刻开战选择附近的越冬营地，而是将军队全部撤回了安条克。或许成为皇帝的他希望在比前线基地更加舒适的大城市越冬，不过他之所以选择在罗马境内安全舒适的都市越冬，并非只是为了满足个人的需求。因为他连士兵们的越冬营地都安排在了叙利亚各处，而非美索不达米亚。由此可见，他并不打算明年春天继续与对方开战。

撤退

事实上，这场战斗也确实没有在公元218年的春天再次展开。因为在冬季的时候，双方进行了极其秘密的和谈。

马克里努斯希望能够尽早回到首都罗马，凭借对自己表示出友好态度的元老院议员们的帮助巩固帝位。

帕提亚国王也为了稳固自己杀害皇兄夺来的王位，而希望能够专心于政事。

本来双方都有着共同的利害关系，但是马克里努斯所采取的并不是外交手段。所谓外交，是要通过尽可能少的“付出”换来尽可能多的“回报”。但马克里努斯为了尽快达成自己的目的而将对方的条件全盘接受了下来，以此缔结了和约。

他首先将被卡拉卡拉抓为人质的帕提亚国王的母亲送还对方。

随后还支付了数额不明的赔偿金。

就连之前战斗中缴获的战利品也如数归还给帕提亚王国。

他还应对方国王的要求，向对方赠送了一顶雕工精致的黄金王冠。在此之前，只有“西方人”接受东方赠送的黄金王冠，比如之前的亚历山大大帝以及随后的罗马诸位皇帝。因为向曾经的敌人赠送黄金王冠的行为，被看做是表示恭顺和降服的意思。而这次赠送黄金王冠的人却换成了罗马皇帝。

至于帕提亚国王提出的从美索不达米亚地区全部撤军的要求，因为对方的态度十分强硬，一步也不肯退让，马克里努斯自然也只能接受。从北部美索不达米亚被塞维鲁皇帝正式划为罗马行省开始仅仅过了20年的时间，便重新回到了帕提亚的支配之下。之前驻扎在当地的2个军团也撤回了叙利亚地区，分别派往其他的驻扎地。

马克里努斯

就这样，位于罗马帝国行省美索不达米亚地区的所有城市，也在时隔40年后再次回归到帕提亚的统治之下。在这些城市中，不管埃德萨、卡莱还是努塞宾，其中的上层阶级基本都是希腊人。追溯到其起源的话，这些城市都是在亚历山大大帝东征之时，由那些从西方移民过来的希腊人建造的。因为这些希腊人在东方生活了很久，并且经常与东方人进行通商等贸易往来，所以不管统治者是罗马人还是帕提亚人，对他们来说影响都不大。他们只希望战斗不要发生在自己家门前。

不过话虽如此，当地的居民还是比较欢迎罗马人的统治，也许是因为罗马人的统治方式更加有利于贸易的发展。罗马皇帝基本不会征用行省居民作为劳动力，但是对于东方的专制君主们来说，被统治阶级都可以在必要的时候被征用作为劳动力。美索不达米亚地区经常成为罗马帝国与帕提亚以及随后的萨珊王朝之间的战场，只要罗马帝国不抛弃他们，他们就会站在罗马的一边参与战斗。但是，在公元218年，他们被罗马抛弃了。

“美索不达米亚”这个名字最早见于公元前4世纪的史书，在希腊语中指的是被夹在幼发拉底河与底格里斯河之间的广阔区域。现在除了位于叙利亚境内的西北部地区之外，其余地区全部位于伊拉克境内。自古以来这里就是“东方”与“西方”两股势力经常发生激烈碰撞的地方。从波斯到帕提亚，东方帝国的主要城市全都集中在这个美索不达米亚地区，罗马帝国从这个地方撤军，在东方看来，意味着西方势力的衰退。

皇帝马克里努斯应该也非常清楚这一点，虽然他宁愿付出这样的代价也想要尽快与对方媾和，希望能够早日返回首都巩固自己的统治。可惜事与愿违，这一举动最终导致了他的灭亡。因为即便皇帝能够接受失去美索不达米亚行省，士兵们却无法接受。那些帮助马克里努斯继承皇位的士兵开始后悔自己的决定，而这些士兵的心理变化全都被一位女性看在眼里。

叙利亚的女人

出身于地方的人一旦登上高位，必然会将他的势力全部转移到中央，这一点从古至今都没有任何变化。公元 193 年继位的塞普提米乌斯·塞维鲁自然也不例外。塞维鲁皇帝的妻子儿利亚·多姆娜有一个叫做尤利亚·梅萨的妹妹，她也和姐姐一起离开了故乡叙利亚，住进位于帕拉蒂尼山上的宏伟宫殿。这位叙利亚祭司的女儿由此便成为了皇帝的妻妹，她的丈夫也是元老院的议员。姐姐多姆娜生下了盖塔和卡拉卡拉两个儿子，而妹妹梅萨则生下了两个女儿。她的两个女儿分别和两位罗马人结婚，并且各自生下了一个儿子。不过，她的这两个女儿在结婚后不久便跟随前往叙利亚执行勤务命令的丈夫回到了她们的故乡。孩子们也都是在叙利亚出生并长大。当然，她们所享受的待遇和其他的叙利亚女性是完全不同的，因为毕竟是皇帝的亲属。

就这样，原本位于叙利亚都市埃梅萨（今叙利亚的霍姆斯）的一个祭司家庭，因为有女性亲属嫁入皇室而爬上了帝国统治阶级的位置。其中对此感到最为满意的人当属皇后尤利亚·多姆娜的妹妹尤利亚·梅萨。但是她在帝国首都罗马的奢华生活，却随着外甥卡拉卡拉的突然死亡戛然而止。皇帝马克里努斯向元老院提出申请，要将与先帝有关的所有人都赶出首都，本就对卡拉卡拉心怀不满的元老院自然满心欢喜地执行了这一请求。因为卡拉卡拉没有后代，他的母亲尤利亚·多姆娜又已经自杀，所以与他有血缘关系的人都已经不复存在。剩下与卡拉卡拉有亲属关系的人，尤利亚·梅萨便首当其冲，

尤利亚·梅萨

无法继续留在首都罗马的她只好回到故乡埃梅萨。

埃梅萨自古以来便作为太阳神信仰的中心而广为人知。

太阳神信仰是东方从古代开始流传下来的宗教之一，正如其他的东方宗教一样，太阳神信仰拥有世袭且独立的祭司阶级。当尤利亚·梅萨回到阔别20年的故乡之时，迎接她的是双双失去丈夫成为寡妇的两个女儿和成长为少年的两个外孙。两个外孙中比较年长的埃拉伽巴路斯，虽然只有13岁，却已经继承了祖先传下来的祭司职位，而另一个外孙亚历山大当时则只有9岁。虽然常年居住在叙利亚的两个女儿以及只知道叙利亚的两个外孙，对于当前的生活并没有什么太多的不满，但是习惯了首都罗马生活的尤利亚·梅萨，却在心中发誓一定要打倒马克里努斯，将自己被夺走的一切重新夺回来。而这个机会却比她预想中来得还要早。虽然自己手中没有一兵一卒，但尤利亚·梅萨制订的计划可以说是天衣无缝。

正如之前所说，埃梅萨作为东方传统的宗教发源地，太阳神信仰的中心，是在被罗马征服之前便已经存在的大都市。不仅如此，从埃梅萨往西70公里便可抵达地中海，向北140公里便可抵达安条克。穿过东方的沙漠经由帕尔米拉来到丢拉欧罗普斯便可以抵达幼发拉底河的河岸。南部经过大马士革和费拉德尔菲亚（今约旦首都安曼）就可以从亚喀巴进入红海。在地理位置上四通八达的埃梅萨，在战略上也同样具有非常重要的意义，这一点当然不会逃过罗马人的眼睛。实际上，叙利亚与巴勒斯坦地区的道路网正是以埃梅萨为中心所展开的。如此重要的战略要地，罗马人却没有将其作为军团基地，是因为埃梅萨自古以来便是东方人的都市。

在罗马时代的都市之中，凡是军团基地与居民住宅区相距较近的，比如维也纳、布达佩斯以及斯特拉斯堡，都是先有军团基地，随后才在其附近建造居民区。也就是说因为有军团基地的存在，才吸引了其他人纷纷移居过来。与此相反的是，在被罗马军队征服之前便已经有当地居民生活的城市，不管那里在战略上具有多么重要的意义，罗马人都不会强迫当地居民离开自己的家乡，然后将那里作为军团基地。他们会选择距离这个城市稍远一些的地方重新建造军团基地。这样一来不但可以避免与当地人发生冲突，而且因为相互间只有半天的行军路程，就算出现什么突发状况也可以及时赶到，另外，军团基地的存在本身也可以起到震慑作用。所以位于近东地区交通要地的埃梅萨，也在距离其40公里左右的拉法内埃有第三高卢军团常驻于此。

作为一个多民族、多宗教、多文化的国家，罗马帝国安全保障的基本理念当然也是守护帝国整体的安全，但在具体操作上，可以说是各人守护自己生长的地方。而且除了战争时期的调动之外，基本上各个军团都常驻在自己的军团基地。军团兵与当地女性结婚的行为完全得到国家认可，并且鼓励两人所生的孩子也加入罗马军队。在罗马人看来，与防卫整个帝国的抽象概念相比，守护自己生长的土地这种具体的行为更容易被人所接受。罗马的安全保障系统就是在这样现实的基础上建立起来的，第一代皇帝奥古斯都时期建立的25个军团，一直到250年后的塞普提米乌斯·塞维鲁时期仍然被保留了下来，也是因为这个原因。

不过，虽然军团本地化是基本方针，但是因为各个防线重要性的转变，有时候军团也不得不进行转移。到塞维鲁皇帝统治时期军团数扩增为33个，其中大部分军团在过去这250年间都进行过三四次的迁移。其中从来没有迁移过、一直在同一个基地驻扎的只有2个军团，一个是位于莱茵河北部，为了防范日耳曼民族入侵而驻扎在美因茨的第二十二初创军团，另一个就是为了时刻监视

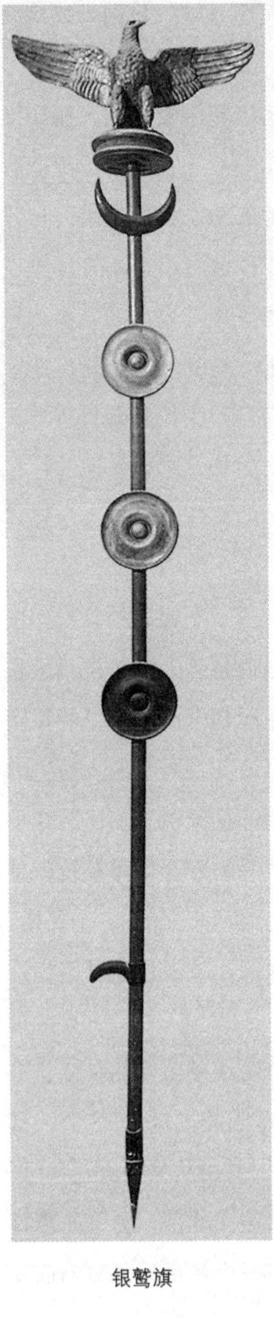

银鹫旗

幼发拉底河对面帕提亚王国动态而驻扎在拉法内埃的第三高卢军团。虽然叙利亚行省总共驻扎有3个军团，但是在这250年来一直都没有进行过迁徙的只有第三高卢军团。

正如军团名字所显示的那样，这个军团当初是由高卢出身的士兵组成的。但是经过两个多世纪以来不断地在当地补充兵源以及与当地居民的混血，现在这个军团中叙利亚出身的士兵已经占了绝大多数。不过像这样的组织都非常注重他们的传统，而且当士兵身处一个拥有悠久历史传统的军团之中，每当通报军团名的时候都会产生一种荣耀感，更有利于激发士兵对其所属组织的忠诚。不仅如此，罗马军队还统一使用一种在顶端装饰有银鹫的军旗，银鹫下方的军旗上印有各军团的标志动物。在军旗下战斗的士兵自然就是属于这个军团，而且不管军团中的士兵出身于什么地方，只要站在银鹫旗的下方战斗就都是罗马帝国的战士。

从这种背景上考虑，第三高卢军团的士兵们与驻扎在叙利亚其他地区的军团兵相比，对帕提亚的抵抗意识更加强烈，认为守护罗马帝国的东方防线是自己当仁不让的职责。而皇帝马克里努斯对帕提亚所表现出来的懦弱外交政策使他们难以容忍也是理所当然的。心中一直渴望打倒马克里努斯的尤利亚·梅萨利用的正是第三高卢军团。

重夺皇位

军团基地拉法内埃与埃梅萨之间如果骑马的话只有4个小时的路程。埃梅萨也是这座军团基地周围唯一的都市。因此第三高卢军团的士兵们经常会为了放松心情前往埃梅萨消遣。而自从尤利亚·梅萨回到埃梅萨之后，因为她是先帝卡拉卡拉的姨母，所以不管是军团长还是将军们，出于对先帝的尊敬，也经常会去拜访她。

尤利亚·梅萨趁此机会将当时已经14岁的外孙埃拉伽巴路斯引荐给众人，并且声称这个孩子的亲生父亲并非她的女婿，而是外甥卡拉卡拉。虽然这只是一个谎言，但是人类并不只因为事实而相信，还会因为希望而相信。生前的卡拉卡拉原本在士兵之中就拥有极高的声誉，这样一来，第三高卢军团的士兵们更拥有了打倒马克里努斯的理由。

当成功地将第三高卢军团拉拢过来之后，剩下的事情就顺利得多了。从埃梅萨沿着罗马大道北上前往安条克的途中有一个叫做阿帕美亚的城镇。皇帝马克里努斯与帕提亚缔结和约之后，从美索不达米亚行省撤军的第一和第三帕提亚军团的士兵们在确定屯驻地之前被安置在这里。因为两个军团不可能被安排在同一个基地之中，所以这很明显只是临时的安排。而这两个军团的士兵也和第三高卢军团一样对马克里努斯非常不满，当然理由也更加直接，他们在这20年来一直拼命守护的美索不达米亚行省，竟然因为马克里努斯的一纸和约便轻而易举地交到了帕提亚的手中。这对于为此贡献了一生的士兵来说，无异于晴天霹雳。因此他们被第三高卢军团说服也只是时间问题而已。

之所以说尤利亚·梅萨是一个精明的女人，是因为她在极短的时间内便拉拢到大量的支持者。公元218年5月15日太阳落山之后，她带着外孙埃拉伽巴路斯秘密地离开埃梅萨，前往40公里之外的拉法内埃军团基地。第三高卢军团的军团长亲自迎接他们的到来，并在第二天一早就将这位14岁的少年引荐给手下的将士们。因为一切都早已安排妥当，伴随着大队长的一声令下，百人队队长纷纷齐声相应，最后士兵也全都发出推举新皇帝的欢呼，自始至终都按照预定的计划顺利进行。

身处叙利亚行省首府安条克的马克里努斯很快便得知了这个消息，但是组织讨伐的军队花费了他不少时间。趁着这个空当，尤利亚·梅萨带着第三高卢军团进驻阿帕美亚基地，与第一和第三帕提亚军团会合。

马克里努斯任命一位近卫军团的长官带领着好不容易集结起来的军团从安条克出发南下向阿帕美亚进军，结果半路便与埃拉伽巴路斯的三个军团相遇。眼看就要演变成罗马军队内战的局面，实际上却并没有发生。在两军对垒都摆好阵势之后，马克里努斯手下的士兵们发现在不远处的山丘之上耸立着一个卡拉卡拉的全身像，而旁边站着身着军装、威风凛凛的埃拉伽巴路斯。马克里努斯手下的士兵们在看到这一幕之后，纷纷不由自主地放下手中的兵器。双方的士兵们都拥抱在一起，庆祝避免了自相残杀的悲剧。当天只有近卫军团的长官被杀，原因是他是由马克里努斯任命的。

被士兵们抛弃的马克里努斯就算继续留在安条克也是十分危险的。于是他果断地逃了出来，而逃亡的目的地则是遥远的罗马。也许他认为只要能够回到罗马，那么对自己抱有好感的元老院一定会想出办法。但是他不能从海上逃跑，因为一旦在船上被发现，那么自己就彻底无处可逃了。于是只能选择陆路的马克里努斯化装成邮政马车的警卫兵逃出了安条克。帝国东方的所有士兵现在已经全都成为了他的敌人。统治者就算被憎恨也不能被蔑视，而马克里努斯却因为对帕提亚的外交政策所表现出来的懦弱而遭到了所有人的蔑视。

马克里努斯的逃亡之路在小亚细亚的比提尼亚行省画上了句号。当地警卫队认出了马克里努斯，他正打算从邮政马车上逃跑，被追上来的士兵当场杀死，因为对他的厌恶，在将其杀死后才想起来应该事先通报上级。皇帝马克里努斯的统治只持续了不到一年便宣告终结。这位悲惨的皇帝甚至在自己统治时期一直到死都没有踏入过帝国的首都罗马半步。

第二章　公元 218—235 年

皇帝埃拉伽巴路斯（公元 218—222 年在位）

横跨东西的罗马帝国，终于迎来了第一位出身于“东方”的皇帝。在过去的那 120 年中罗马人对于行省出身的皇帝已经司空见惯，从西班牙人图拉真与哈德良，到北非的塞维鲁和他的儿子卡拉卡拉，这些行省出身的皇帝都是出身于帝国的西方。就连仅仅做了一年皇帝的马克里努斯也是北非人。而埃拉伽巴路斯则是土生土长的叙利亚人。不仅如此，他还是东方太阳神信仰宗教的祭司。

因为卡拉卡拉在位时还那么年轻，所以埃拉伽巴路斯的母亲索艾美亚迪从来没有想过自己的儿子会继承皇位，于是从小对他的教育都是为了将来继承祭司的职位而进行的。也就是说，埃拉伽巴路斯完全没有接受过帝国统治者的相关教育，而且他没有时间与环境满足对其他方面的好奇心，14 岁就当上了皇帝。我们自然不能期望埃拉伽巴路斯具有图拉真、哈德良以及塞维鲁甚至卡拉卡拉都有的气魄，认为自己不属于西班牙或北非地方，而属于全罗马。埃拉伽巴路斯彻头彻尾是个叙利亚人，本人也对这一点丝毫不感到疑惑。在他心中，也从来没有成为罗马皇帝就应该更像一个罗马人的自觉。

当他将自己作为皇帝的全名改为“马可·奥勒留·安敦尼·恺撒·奥古斯都”的时候，每个人都认为这个名字与他不搭调。结果大家虽然当面都称他为“恺撒”，但是背地里全都叫他“埃拉伽巴路斯”。不过他自己也很喜欢别人叫他这个名字，因为“埃拉伽巴路斯”在叙利亚语中是“太阳神的虔诚侍奉者”的意思。由此可见，他即便在成为罗马皇帝之后，也不愿放弃祭司的身份。

这位14岁的罗马皇帝不只有一个东方人的名字，而且在行动上也更像一位东方的君主。他不管做什么事情都表现得漫不经心，在准备行动前就慢吞吞的，开始行动之后更是磨磨蹭蹭。再加上他的队伍里拥有许多随从、祭司和乐师，使得他的行进速度变得更加缓慢。虽然在公元218年4月他就已经成为了罗马帝国实际上的皇帝，但是为了得到元老院的承认他必须亲自前往罗马。结果他从叙利亚出发之后，在这一路的旅程上花费了一年零五个月的时间，终于在公元219年的秋天抵达罗马。

公元219年9月29日，沐浴在早秋和煦阳光之中的首都罗马迎来了皇帝一行。时年15岁的新皇帝身着罗马式的军服骑着马进入首都，跟在他身后的是一顶由6名健壮的奴隶抬着的轿子。从轿子那豪华的装饰来看，大家都猜测坐在其中的应该是皇帝的祖母尤利亚·梅萨，但是当一阵风将帘子吹起来的时候，大家惊讶地发现里面只是一块圆锥形的黑色石头。据说这块石头是太阳神的象征，原本被安置在埃梅萨的神殿之中，但埃拉伽巴路斯执意要将其搬到罗马来。

罗马本身就是一个多神教的民族，所以对于这位新神灵的到来并没有表现出太多的惊讶。只不过他们从来参拜的都是神殿中的神像，而从来没有参拜过一块单纯的石头。

顺便说一句，希腊人和罗马人都认为人类的裸体是世界上最美的东西，而只有神灵才配得上这种美丽，所以他们的神灵全都以裸体的形象表现出来。不仅如此，就连死后被神格化的皇帝也是一丝不挂。当然裸体的皇帝像一定是在其死后才能制作，给活着的人塑像是必须为其穿上衣服的。

所以，对于习惯了赤裸裸的全身像或者半身像的罗马人来说，真是第一次见识到把眼前这个圆锥形的黑色石头当神明的。就这样，在大家目瞪口呆的场面之中，皇帝埃拉伽巴路斯对罗马帝国的统治开始了。

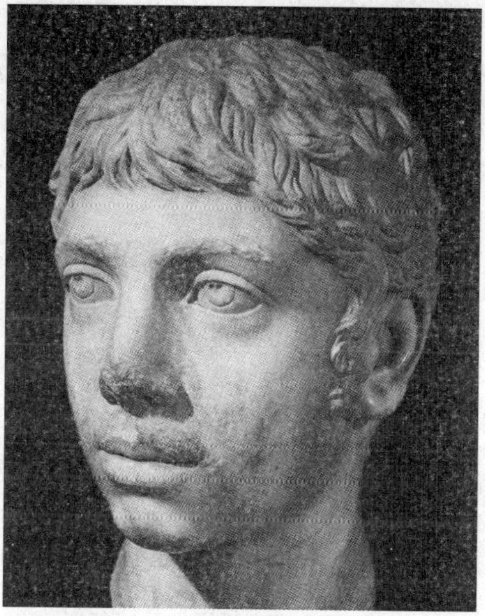

埃拉伽巴路斯

很久以前便在中近东一带影响广泛的太阳神信仰，是种一神教。不过与基督教、犹太教完全不同，他们不会奉自己的神明为唯一真神，把其他宗教打为邪教。因此从信奉天地诸神的罗马人的想法来看，这个宗教一点问题没有，理所当然地是罗马帝国内的宗教之一，可以不受任何迫害，自由发展信徒。因此，这是没有任何问题的个人信仰。

问题在于，埃拉伽巴路斯现在是罗马帝国的皇帝。而罗马皇帝往往兼任大祭司。除了朱庇特、朱诺和密涅瓦三主神之外还敬奉其他众多神明的罗马人，甚至连象征着全国上下团结一致的“融合”都神格化。罗马人坚信这些神明守护着他们的国家，因此在祭祀的日子里，往往由身为大祭司的皇帝率先垂范。不过因为罗马并没有设置专门的神职人员，所以也没有祭祀用的特别服装，一般都是将平时穿着的托加一端遮住头部表示尊敬。遇到国家祭典时，只要皇帝没有出征就必须出席。

但是皇帝埃拉伽巴路斯极力主张，他可以履行皇帝的义务，但是必须将对太阳神的祭祀放在更加重要的位置。为此他还建造了一个专门用来安置那块石头的太阳神殿，位于能够将竞技场尽收眼底的帕拉蒂尼山上一角。

尽管埃拉伽巴路斯十分沉迷于他的太阳神信仰，但仍然没有将太阳神作为唯一的真神，将其他的信仰打成邪教排斥，他只是希望罗马人能够承认太阳神信仰在朱庇特和密涅瓦之上。不过仅仅这一点，在罗马人看来都属于无视他们的传统精神和文化的独断专行。

虽然罗马人民最初对这种异国风情表现出好奇，但是后来发生的事件给他们的心中留下了不甚愉快的印象。

埃拉伽巴路斯强行占有了一位居住在罗马广场深处的女祭司，随后又很快将其抛弃。这些被严格挑选出来的女祭司在任职期间必须保持纯洁的处女之身，而祭祀的时候她们甚至享受比皇后都要高的待遇。但是埃拉伽巴路斯以为这些女祭司就相当于东方神殿中的巫女。因为在东方，这样的女性会经常与前来神殿参拜的信徒们进行性交易。但是罗马的女祭司别说与异性接触，就连产生恋爱关系都会遭到活埋的严厉惩罚。

尽管皇帝埃拉伽巴路斯所犯下的错误都被后世的历史学家详细地记录了下来，但是如果要将其逐一列举的话恐怕我们的故事就没有办法继续进行了，因此接下来就再举一个例子作罢。

罗马人对于同性恋的态度是不赞成也不批判。虽然没有像希腊社会那样严格地不给予同性恋“公民权”，但是也认为同性恋从事公职是不太合适的。毕竟这种人际关系在某些场合不太容易被大众所接受。但是埃拉伽巴路斯在公众面前肆无忌惮地与自己的男伴牵手，并且大抛媚眼，一直到仪式结束都将对方的手放在自己的手上。由于不止一次地出现这样的情形，虽然元老院只是表面上做出不愉快的表情，但是民众们难掩自己内心之中的愤怒。他们向这位轻浮的皇帝发出猛烈的嘘声和嘲笑，不过沉浸在自己东方思想之中的埃拉伽巴路斯却表现得毫不在意。

即便如此，这位荒淫无道的皇帝还是维持了 4 年的统治，历史学家们认为这是因为他的外祖母尤利亚·梅萨在背后控制着一切。这应该也算是原因之一，不过我认为帝国周边地区的平静，才是埃拉伽巴路斯能够维持帝位的真正原因。

当时的帕提亚王国因为国内形势严峻，根本无暇对罗马境内发动攻击。

北方的蛮族在这个时期也没有足够的力量去突破被卡拉卡拉强化过的防线。毕竟当时卡拉卡拉不仅强化了国境的防卫设施，还深入敌境给予日耳曼各部族以彻底的痛击。只能说埃拉伽巴路斯继位的时期实在是太幸运了。

但是这位最高统治者轻率的言行和举止，终于导致了他的灭亡。在埃拉伽巴路斯进入首都正式开始皇帝统治的两年后，即公元221年，连他的外祖母尤利亚·梅萨，也决定放弃这个东方风格的罗马皇帝。她怂恿皇帝将比自己小4岁的弟弟亚历山大立为“恺撒”。而被赋予恺撒称号也就意味着成为了皇位的继承人。梅萨的理由是，将亚历山大提升为恺撒之后，政事和公务就可以都交给他去做，埃拉伽巴路斯则可以专心于自己侍奉太阳神的祭司职责。当时17岁的皇帝对此深以为然。就这样，尤利亚·梅萨将自己的另一个外孙子——13岁的亚历山大——以“马可·奥勒留·塞维鲁·亚历山大”的名字，通过皇帝正式地介绍给元老院。

不过埃拉伽巴路斯很快便后悔了。亚历山大成为正式的继承者之后，支持他的元老院议员和当权者越来越多，得知这件事的埃拉伽巴路斯认为自己不应该如此草率地早早决定继承人。于是他向祖母提出想要撤回“恺撒”的封号，但是没有得到对方的回答。时间不知不觉又过了一年，在这段时间里埃拉伽巴路斯满脑子想的都是如何除掉自己的竞争对手。要说暗杀的话本来应该派一个谁都不认识的人秘密进行，可是他却命令自己的军团长官去执行这个任务，由此可见他这个时候已经疯了。但是军团长官让自己手下的近卫兵去谋杀的目标并非亚历山大，而是埃拉伽巴路斯。

公元222年3月11日，18岁的皇帝在士兵们的嘲笑声中被杀害了。他的尸体被从皇宫一直拖到罗马广场，在遭到全城市民的唾弃之后，又被拖到台伯河岸边从桥上扔进河里。皇帝的母亲索艾美亚迪也同时被杀。

在埃拉伽巴路斯死后，首都罗马的太阳神信仰以及与之相关的所有东方文化都被一扫而光。就连建造在帕拉蒂尼山一角的太阳神殿也被愤怒的罗马人改建成了供奉朱庇特的神殿。不过，那块圆锥形的黑石头还是被归还给了叙利亚的埃梅萨神殿。因为太阳神信仰在叙利亚拥有非常广泛的群众基础，对于允许多神教信仰的罗马人来说，破坏这个神像就相当于对其他宗教的不尊重。所以从罗马人的思维方式上来看，将其送回原来的地方才是最好的选择。

皇帝亚历山大·塞维鲁（公元222—235年在位）

要想继续稳坐在帕拉蒂尼的皇宫之中，尤利亚·梅萨就不能够再有任何的闪失。外孙埃拉伽巴路斯和女儿索艾美亚迪那悲惨的结局对这位叙利亚的女人来说都已经是过去的事情。因为两年前便已经将亚历山大立为"恺撒"，所以皇位的继承十分顺利。问题在于从此以后，新皇帝的外祖母和母亲这两位女性不得不站在统一战线上，为了避免重蹈埃拉伽巴路斯的覆辙而紧密地团结在一起。如果再次失败，恐怕不止皇帝的母亲被杀，就连她这个做外祖母的也无法幸免。

公元208年10月1日出生于叙利亚小城市阿卡恺撒利亚（Arca Caesarea）的亚历山大，终于在公元222年3月11日得到元老院的承认而正式继承皇位。从塞普提米乌斯·塞维鲁开始到亚历山大为止的统治时期，在历史上被称为"塞维鲁王朝"，但是在这个王朝之中最引人注目的，却是活跃在其中的叙利亚女性。阿卡恺撒利亚毗邻埃梅萨，距地中海也只有5公里。这一地区的大部分城市都是希腊人建造的，当地居民中的上层阶级由希腊人和犹太人占据。总体上来说是一个文化交融气氛很强的东方都市。

亚历山大就是在这样一个环境中成长起来的。他所受的教育与埃拉伽巴路斯不同，完全是希腊—罗马式的教育。因为在罗马社会中一般都是母亲负责教育子女的任务，因此这也可以看做是他母亲尤利亚·梅亚的意向。总之，亚历山大虽然出身于太阳神的祭司家庭，但是并没有接受祭司的教育。因为他生于皇帝塞

塞维鲁王朝家谱

尤里乌斯·巴西亚努斯

（叙利亚埃梅萨太阳神殿的祭司，从他的姓“尤里乌斯”来看，大概是在恺撒和奥古斯都时期便已经拥有罗马公民权。）

皇帝塞普提米乌斯·塞维鲁（193—211 年在位） —— 尤利亚·多姆娜（217 年去世）

尤利亚·梅萨（226 年去世） —— **元老院议员阿比都斯**

皇帝卡拉卡拉（211—217 年在位）

盖塔（212 年去世）

尤利亚·索艾美亚迪 —— **元老院议员马凯斯**

尤利亚·梅亚 —— **马克里努斯**

皇帝埃拉伽巴路斯（218—222 年在位）

皇帝亚历山大·塞维鲁（222—235 年在位）

皇帝亚历山大·塞维鲁

维鲁统治时期，也许他的母亲梅亚是为了让他能够在塞维鲁和卡拉卡拉统治的罗马帝国之中担任重要的公职并且充分地发挥能力，所以才对其进行了这样的教育吧。虽然亚历山大继位的时候还只是一个还差半年才满14岁的少年，但他已经是那两位叙利亚女性手中最后的王牌了。

当他成为皇帝之后将正式名字改为“马可·奥勒留·塞维鲁·亚历山大”。之所以取这个名字，有两个目的：第一，强调他和塞维鲁以及卡拉卡拉的血缘关系；第二，表示自己向那位备受当时的罗马人尊敬的哲学家皇帝学习善政的决心。同时，因为塞维鲁很受军队的支持，强调他的血统有利于博得帝国士兵们的好感。而强调学习哲学家皇帝马可·奥勒留的统治方法，是为了获得元老院的认可。

元老院立刻承认了亚历山大的皇位继承。不仅如此，还将皇帝可以得到的一切权力，全都授予了这位还不足14岁的少年：

奥古斯都称号
罗马全军最高司令官的称号
内政最高统治者“终身护民官”的称号
罗马帝国“国父”的尊称
在元老院议会一天提请5个议案的权力

元老院之所以匆忙地授予他这些权力，并不是因为相信他学习哲学家皇帝的宣言，而是为了在军队采取行动之前使皇位成为既成事实。因为之前的两位皇帝马克里努斯和埃拉伽巴路斯都非常不受士兵们的欢迎，当得知埃拉伽巴路斯死亡的消息之后，负责国境警备任务的各个军团的士兵们都想抓住这个大好时机拥立自己的总督或军团长夺取皇帝的宝座。如果任由其发展下去，迟早会演变成内战。元老院为了避免这种情况发生，守护自己的既得利益，所以才如此匆忙地赋予亚历山大所有的皇帝权力，不过这个办法也非常有效地阻止了军队的行动。

皇帝亚历山大虽然并不是什么美少年，但也是一个性格认真稳重的人，而且他还会使所有接触过他的人都不由自主地产生一种想要保护他的欲望。另外，亚历山大还将从马可·奥勒留之后便被废除的传统重新发扬光大，不管是元老院议员还是总督，只要是比亚历山大年长的人，都可以与皇帝平起平坐。虽然在皇帝面前下跪是“东方”的传统，属于“西方”的罗马人对此看不习惯，但是最开始罗马人在皇帝面前是要站着的。亚历山大则规定，既然身为元老院议员，就算到了皇帝面前也有资格坐下。

罗马的元老院并不是功成名就的老人们养老的地方，除了不需要通过选举这一点之外，和现代国家的国会没什么两样。另外，只有经过元老院认可的决议才能够法制化，因此元老院也可以看做是一个立法机关。虽然罗马的皇帝拥有极大的权力，但是皇帝提案的法律也需要经过元老院的认可，才能够成为拥有恒久性保证的国家政策。皇帝单独决定的法律只是暂时性的，在这位皇帝死后便会自动废除。如果想要将自己的想法反映在帝国政策上，就必须得到元老院的认可。从这一点来看，与元老院之间保持良好的关系，对于身为帝国最高执政者的皇帝来说是非常重要的。亚历山大谦虚的态度，使他很快赢得了元老院议员们的好感。另外，少年皇帝提出的合理政策，也使得议员们找不到反对的理由。

法学家乌尔比安

决定这次小心行事的尤利亚·梅萨，为自己的外孙找到了一个非常好的商量对象，这个人就是在罗马法律界大名鼎鼎的法学家乌尔比安。

图密善·乌尔比安出生于地中海沿岸的港口城市提罗斯，位于现在的黎巴嫩境内，应该属于希腊系的东方人。从他的姓氏乌尔比安来看，大概是在图拉真统治时代便取得罗马公民权的家族后代，并由皇帝赐姓。既非罗马人，又不是出身于意大利，却能成为罗马的法律专家，这一点令人觉得有趣。正因为即使出身于行省，只要获得罗马公民权，就能在各个领域施展才能，罗马帝国才会成为国际化的"res publica"（国家）。

罗马这个国家所具有的另外一个有趣的特点是，罗马人建立了非常完整的法律体系，但是没有让法律成为脱离社会的桌上空谈。在子弟素养教育的科目中包括修辞学、伦理学、几何学、历史和地理等，但是唯独没有法律。因为在罗马人看来，所谓法律（lex），是拥有不同的文化和宗教的人，为了在同一个"共同体"之中一起生活所必须遵守的规则。对罗马人来说，法律只有亲身体验学习的份儿：在家中是餐桌的话题，在外则是到广场上公会堂旁听几乎天天都有的法庭审判。

因为这些背景，罗马人口中的法律专家没有学者的意味，而是成为法务官担任审判，或者为人进行辩护的人，再不然就是与公务相关的实务专家。

不过，仍然有一种被后世称为"法学著述家"（jurist）的存在，指的是那些创作了法律相关著作的人。乌尔比安凭借其在首都罗马丰富的工作经验，创作了上百部法律相关著作。尤利亚·梅萨为她外孙子选择的，就是这样一位对法律了如指掌的实务专家。正如从总统助理到国防长官的现代升迁路线一样，乌尔比安也经历了皇帝助理（magister libellorum）、粮食厅长官（praefectus annonae）等职位，最后才爬到了一人之下万人之上的近卫军团长官（praefectus praetorio）这个位置。近卫军团长官共有两名，就相当于皇帝的左膀和右臂一样。

乌尔比安像（现在罗马最高法院前与西塞罗等法学家并列在一起）

尤利亚·梅萨要求乌尔比安不只在公事上，就连在私下里也要时刻陪伴在亚历山大身旁，换句话说就是形影不离。特别是最初的几年，不管皇帝走到哪里，在他的旁边必然有乌尔比安的身影。尽管不久后乌尔比安当上了公共机构的最高负责人，到了罗马人风俗中每天最悠闲的晚餐时分，皇帝的餐桌旁也从来没有缺少过乌尔比安的位置。

但是，这个人物对少年皇帝的最大贡献，在于他重新恢复了皇帝和元老院“二人三脚”的统治体系。

为了帮助皇帝进行统治，在罗马帝国开国皇帝时期便有“Concilium”组织存在，相当于现代的内阁。但是在亚历山大统治时期，又增设了一个类似于摄政团的机关。摄政团共由16名成员组成，全部从元老院议员中选出，“Concilium”决定的法案只有在经过这个机关同意的前提下，才会被提交到元老院。这项改革很明显是为了表明其对元老院的尊重。因为以前的元老院在接到法案之前，并不知道这项法案是经过怎样的过程建立起来的，而现在元老院则可以完全地参与到立案的过程之中。尤其是亚历山大还明确表示欢迎大家进行讨论，对于那些经历了塞维鲁和卡拉卡拉独断统治时代的元老院议员来说，就好像重新回到了马可·奥勒留统治时期一样感到非常欣喜。不过在身为辅佐官的乌尔比安看来，年轻的皇帝这样做可以最大限度地避免元老院对其产生不信任感。因为在这种时候最好的办法就是“公正”(jusitia)。如果通过内政的公正能够消除元老院的不信任感，那么这个方法对于军队应该也是适用的。

为了统治这个横跨欧、亚、非三大洲的庞大帝国，罗马的当权者习惯将所有的事情全部记录下来。其中的大部分记录都已经消失，只有从 4 世纪末到 5 世纪的 Notitia Dignitatum 存留了下来。这是一个可以称为“官员名簿”的文书记录，上面按照地区分门别类地记载了当时所有的文职与军队官员的名称、官职和地区。4 世纪末到 5 世纪这段时间已经属于罗马帝国的末期，在如此动荡的年代还能够留下这样详细的记录，由此可见处于“罗马统治下的和平”时期的帝国初期和中期，这种记录更是确实存在的。根据《罗马皇帝传》的记载，亚历山大就经常会随身携带这样一本厚厚的文书记录，时不时地打开来看一看。这位少年皇帝最为用心的部分，就是与罗马全军相关的记录。

在关于罗马军队的记录中，按照勤务地和军团分别记载了所有将官的全部信息，包括经历、军功、年龄、曾经获得几次褒奖等。因为其中所记录的信息还会不时地发生变动，因此要将这些东西全部记住绝非易事。但是据说亚历山大将这些内容全部牢牢地记在了脑子里。每次他和将军们谈话的时候，都会立刻说出这位将军麾下大队长的名字。也许这只是出于他做事过于认真的性格，却使军队的将士们产生一种皇帝对他们非常关心的感觉。这样一来不管是升迁还是调任，都会因为皇帝给人留下的公正印象而使将士们更容易接受。

在尤利亚·梅萨的支持以及乌尔比安的辅佐下，年轻的皇帝逐渐得到了人们的信赖，使得其统治非常顺利地进行下去。

先帝埃拉伽巴路斯统治时期耀武扬威的宦官们以及妖里妖气的占卜师和戏子，全都被从皇宫中赶了出去。其中被埃拉伽巴路斯任命官职的人，也都被从首都流放。同时亚历山大还大幅减少了皇宫中的用人数量，一是为了减少国家财政开支，二是因为他和自己的“老师”乌尔比安一样不喜欢喧闹的排场。奢华的宴会在亚历山大统治时期已经彻底成为了过去。

亚历山大虽然年轻，但是私生活非常俭朴。他迎娶了一位元老院议员的女儿为妻，据说除此之外再没有任何女伴。但这并不意味着他不善于与人交往，他有很多同龄的好友经常在一起运动。另外他也喜欢自己一个人读书，他经常读柏拉图的《理想国》以及西塞罗的《论责任》，同时他也喜欢那些讴歌男女爱情的诗歌，由此可见，他和普通的年轻人并没什么两样。不过他最喜欢的还是和自己同名的亚历山大大帝的传记，但是他并不喜欢这位英雄时而显露出来的醉态，也不赞同其非常残忍地对待自己多年好友的做法。从这一点上来看，这位少年皇帝也不过是一位普通人而已。

据说在他的寝室中装饰着自己尊敬之人的画像，分别是生于小亚细亚的毕达哥拉斯学派的哲学家阿波罗尼、传说中的诗人与竖琴手奥菲斯、犹太民族的祖先亚伯拉罕以及基督耶稣这四位伟人。这并不是因为亚历山大脑子有问题，而是意味着罗马帝国是一个能够包容众多民族和文化的帝国。正因为如此，在涅尔瓦长方形议会厅的两旁并列摆放着死后被神格化的罗马皇帝也不会显得突兀，而且正如之前所说过的那样，被神格化的皇帝雕像全部是裸体像。

6 年和平

亚历山大皇帝的统治，在乌尔比安的指导下以及由他本身的性格使然，公正而稳健地进行着。

在公共事业领域，经过历代皇帝的不断完善，建筑物和道路基本没有需要新建的工程，但是适当的修复和保养还是必要的。虽然有些只要稍作修缮即可，但也有一些必须重新建造才能够继续使用的情况。

首都罗马规模第二大的公众浴场是由皇帝尼禄在 160 多年前建造的，这座位于万神殿附近的浴场虽然经过历代皇帝的不断维护保养，但是毕竟年代久远，到了亚历山大统治时期必须进行彻底的改建。改建完毕的浴场被以最初的建设者尼禄与重建者亚历山大的名字共同命名，叫做“Thermae Neronianae Alexandrinae”（尼禄亚历山大浴场）。

另外，还有一个对于历代的皇帝来说都非常重要的问题，那就是保证居住在首都的人民的粮食供应。为了对此进行调整，乌尔比安亲自上阵指挥。罗马居住着上百万的人口，为了保证这些人的粮食供应，必须使与之相关的所有组织之间保持十分紧密的联系，使之充分发挥自己的作用。另外，因为罗马帝国并没有将运输业并入国营范畴，所以负责运送粮食的都是私营企业，而对于商人来说利润是高于国家利益的，所以罗马帝国对于运输业的从业者给予各种优惠待遇。首先是完善各种港湾设施，减免关税和其他税赋，还给因为海难沉没的船只补偿。不过享受这种优惠政策的只限于主食小麦的运输，对于小麦以外的其他食物，罗马帝国采取的是相当于现如今市场经济的控制手段。因此，所谓的保证粮食供应，实际上就是保证主食的供应。在粮食厅长官乌尔比安的努力下，亚历山大统治的13年间，首都罗马从来没有出现过粮食紧张的问题。

平稳的治安与公正的税制同为善政的根本，皇帝亚历山大也明确宣称扰乱治安的人就是“国家公敌”。如果治安混乱，普通市民将是最大的受害者。当权者有国家军队作为保护，有钱人可以雇用保镖破财消灾，但是普通市民则没有任何办法。因此普通市民的安全问题必须由国家来承担。

实际上罗马帝国非常清楚这个问题的重要性。从开国皇帝奥古斯都开始便在城市中设立了警察组织，提比略更是在联结都市与都市之间的大道上设立了治安亭。因为如果无法保障国内的安全，那么人们便不愿意出门经商和耕作。根据迄今为止的考古发掘结果可以证明，在古罗马时代，当权者和有钱人全都集中在首都以及行省的都市之中，但是所有这些地方都没有高高的围墙，门口也没有全副武装的守卫24小时站岗放哨，由此可见当时罗马的治安状况相当稳定。

要实现“罗马统治下的和平”，不仅要成功抵御外敌的入侵，同时还要保证国内的治安稳定，这两者缺一不可。对于扰乱国内治安的人，罗马当局一向采取严厉的惩罚措施。亚历山大也继承了传统的做法，不过这并不意味着他的责任会更轻松，因为他需要强大的自制力和艰苦的努力去将传统维持下去。在他的统治时期，对于强盗的惩罚力度比杀人犯更加严厉。因此对于普通市民来说，除了锁门之外，只要在玄关门口的墙上描绘一个正在狂吠的狗并且写上“注意猛犬”的字样即可。

写有“注意猛犬”字样的镶嵌画

说到治安政策，就不得不提一提皇帝亚历山大留下的一条法律。那就是将在此之前一直属于皇帝和元老院的司法最终决定权，移交给各个行省的总督。

罗马史专家认为，这项法律的实施对于20年后镇压基督教徒具有非常显著的效果。但是我认为这项法令的影响并非仅仅如此，甚至和卡拉卡拉当初颁布的“安东尼努斯敕令”一样，从根本上动摇了罗马帝国的基础。

不管是共和时期还是帝政时期，只要是拥有罗马公民权的人都同时拥有上诉权。

居住在行省的居民即便被行省总督判为有罪，也可以向执政官（共和时期）或者皇帝（帝政时期）提请上诉。所谓上诉，就是指在不服从一审判决的情况下，向上级审判机构提出重新审理的要求。由行省总督进行一审，皇帝和元老院作为上级审判机构，这就是罗马时代的“司法”。

皇帝尼禄时代出现的圣保罗案件，可以说就是一个最好的例子。圣保罗和圣彼得并称为基督教两大支柱人物，在罗马帝国东方进行传教活动的时候被捕。当时的罗马帝国认为基督教是扰乱社会秩序的宗教，因此以传播邪教的罪名将其逮捕并判其有罪。但因为他拥有罗马公民权，所以行使了自己上诉的权利，于是他在罗马军队的护送下被带往首都罗马。罗马的法律规定，在最终的判决结果出来之前，被捕者都不是罪人。而从帝国东部经地中海前往罗马的旅程十分漫长，圣保罗搭乘的船只在路上需要停靠很多港口，在船只进港的时候，圣保罗也不会被送进监狱，而是可以居住在当地基督教信徒的家中直至船只重新出海为止。这种待遇即便在他进入意大利本土之后也没有改变。对于那些没有罗马公民权的人来说，无论何时何地都能够享受法律保护，这正是罗马公民权最吸引人的一点。

但是这种状态被皇帝亚历山大彻底改变了，从此之后上诉权基本不复存在。因为这是在重视公正的法学家乌尔比安辅佐时期所作出的决定，所以其目的绝对不是单纯地为了减轻皇帝的工作负担。当然也不可能是为了镇压20年后才抬头的基督教势力。那么只有一个可能，就是皇帝当时已经无法处理众多的上诉请求。

因为卡拉卡拉的一道法令，使得居住在广阔的罗马帝国之中的所有自由人，不管是犹太人还是希腊人，甚至北方蛮族的后代，都可以拥有罗马公民权。拥有公民权的人增加，也就意味着上诉的数量随之增加。在卡拉卡拉之前的皇帝，在处理上诉问题时就需要花费很多的时间。虽然皇帝会将这些任务交给位于首都罗马的高级法院审判长，但是仍然需要很多时间。请想象一下，当年在多瑙河前线作战的马可·奥勒留，结束白天战场最高司令官的任务之后，晚上还要进行司法相关的工作。而在统治时期几乎一半以上的时间都在视察帝国全境的哈德良，不管走到哪里都会有“司法”如影随形。

上述那些情况还是在只有少数人拥有罗马公民权的时代发生的，而在卡拉卡拉使所有人都拥有罗马公民权之后，这种情况更会如同井喷一般出现。亚历山大统治时期距离卡拉卡拉颁布法令已经过去了15年，因此根本完全无法处理那堆积如山的上诉请求。

总之，从此以后罗马人就失去了上诉的权利。这也可以看做全都有就是全都没有的典型例子。或许会有人认为只让一部分人享受的权利，还不如将其完全剥夺使之成为人人平等的状态。但是罗马的特色就在于公民权并非既得权，而是只给予那些希望得到它的人的期待权。在卡拉卡拉的“安东尼努斯敕令”颁布之后，“期待权”变成了“既得权”，罗马也逐渐失去其作为罗马的特点。

所以说废除上诉权的责任，其实并不在亚历山大身上。这一切都是卡拉卡拉颁布法令之后所导致的必然结果。对亚历山大来说，面对明显已经无法处理的工作，只有想办法改变这种现状。即便他明知这会给行省总督以可乘之机也没有其他的选择。

身为皇帝的亚历山大·塞维鲁对待自己的工作非常认真和努力。虽然他并不因为自己的身上流着叙利亚人的血而感到羞愧，但是他并不喜欢别人称呼他为叙利亚人。每当有人开玩笑地这样称呼，他都会非常认真地回答说所有为了建设罗马帝国而努力的人都是罗马人，自己也是其中的一员。而且，他在慰劳臣下的时候也不说“谢谢”（gratia），而是说“国家感谢你”（gratias tibi agitres publica）。如果没有什么意外发生的话，或者说在“罗马统治下的和平”年代，他一定会在皇帝的宝座上直到天寿之年吧。但是，命运女神并没有眷顾他。在他继位之后的第四年，即公元226年，外祖母尤利亚·梅萨的死给他的统治带来了一层阴影。这位叙利亚的女人属于寿终正寝，她的遗体在盛大的送葬队伍簇拥下经过哈德良皇帝兴建的阿耶利斯桥被送往耸立在台伯河岸边的哈德良陵园下葬，据说当时的罗马下起了非常罕见的大雨。

忠臣失足

代替尤利亚·梅萨成为青年皇帝监护人的是太后尤利亚·梅亚。梅萨是个邪恶但精明的女人，她的女儿梅亚却是个邪恶但愚蠢的货色，也就是说，梅亚没有大奸大恶的才能。对于工作需要后台的人来说，这是一个难以推动工作的环境。其中因为尤利亚·梅萨的死受到影响最大的人莫过于地位有如帝国宰相的乌尔比安。

虽然就连普通的市民都感觉到皇帝处于他母亲的阴影之下，但是尤利

尤利亚·梅亚

亚·梅亚对于这件事的危险性毫不在意，而且她还抓住一切机会向外界展示身为皇帝母亲的她才是这个国家真正的最高统治者。用一句俗语说，太后开始抢风头了。她的高调作风很快就遭到了一个人的反对，这个人就是皇后塞丝蒂安。不过因为塞丝蒂安婚后一直没有生孩子，这成为了梅亚攻击她的借口。最终梅亚迫使亚历山大与塞丝蒂安离婚，并将她流放到了北非。

皇宫中的气氛变得如此紧张，波及号称皇帝身边第一忠臣的乌尔比安也只是时间问题。但是因为帝国的统治非常顺利，他作为实干派官员的能力没有任何可以挑剔的地方。不过作为尤利亚·梅萨时期皇帝身边的红人，乌尔比安自然拥有很多政敌。而梅萨死后他与梅亚之间保持距离的态度，则使得他的政敌们找到了可乘之机。

对于乌尔比安来说无比艰难的这段时期，同样也是使亚历山大感到左右为难的时期，这位皇帝从18岁成长到了20岁，已经不能够再被称为“少年”了。如果他能够表现出坚决果断的态度，或许还能够避免未来一系列的悲剧发生。但是，这个年轻人在面对困难事态的时候缺乏圆滑的处理能力，没有当断则断的气魄。仅仅凭借善良和责任感无法成为一名合格的领袖。公元228年，尤利亚·梅萨去世之后两年，在得到皇帝母后默许的反对派煽动下，忠臣乌尔比安被他下属的近卫军团兵杀害了。

4年后，皇帝亚历山大24岁。在这4年里他没有再婚，而是专心于国家的管理。似乎是为了回报他的艰苦付出，帝国的秩序也是一片祥和。同时代的历史学家赫罗提安这样写道："没有一位元老院议员以叛国罪受到控告，不管是在议会厅还是在大街上，到处都可以自由自在地提出不同的意见，亚历山大·塞维鲁统治下的罗马帝国，在所有意义上来说都是和谐稳定的。"

但实际上这只不过是表面现象。看上去安静祥和的水面，下方却是暗流汹涌。罗马帝国已经再也无法回到乌尔比安辅政的那个时候了，至于亚历山大向往的马可·奥勒留统治时期则更加不可能。所以一名统治者要想将盛世尽可能地维持下去，需要非常仔细小心地为国家这条大船掌舵。因为等到改变之后再想回到过去，是非常困难的。

历史学家狄奥

说起从 2 世纪后半期到 3 世纪前半期的罗马帝国历史，首先提到的必然是卡西乌斯·狄奥的《罗马史》。这部用希腊文写成的著作共有 80 卷，但是流传至今的只有断断续续的 25 卷。从历史书的价值来说，其中关于他自己生活的那个时代的描述还值得信赖，但是对之前时代的描写则明显有很多修饰和值得怀疑的部分。不过即便如此，作为一名生于帝国后期的典型才子，他的一生仍然非常耐人寻味。

卡西乌斯·狄奥，公元 165 年生于小亚细亚西北部的比提尼亚行省首府尼科米底亚，他的家庭也是当地的名门望族。虽然他是希腊人，但拥有罗马公民权，因为他的祖父从当时的皇帝涅尔瓦那里得到科塞乌斯的名字作为家族的姓氏，所以他的全名应该是卡西乌斯·科塞乌斯·狄奥。由此可见，从他的祖父辈开始便是罗马化但出身于罗马行省的希腊人。

他的父亲被哲学家皇帝马可·奥勒留任用，从而成功跻身于帝国上层社会，担任元老院议员的职务，后来又被哲学家皇帝推荐当选执政官，随后以"前执政官"的身份赴小亚细亚东南部的行省西里西亚出任总督。身为其儿子的卡西乌斯也按照当时的惯例跟随父亲来到这里，度过了整个少年时期，不过当他到了应该上学的年龄之时就被父亲送回首都罗马接受学校的教育。在这段时期，他的父亲被调任到与意大利本土隔着亚得里亚海的达尔马提亚行省赴任。他身为希腊人的后代，却没有前往雅典、帕加马或者亚历山大接受大学教育这一点实在是令人费解。大概是因为他的父亲希望儿子能够继承自己的发展路线吧。

这也是行省出身的罗马人非常典型的发展路线，说明进入帝国时代的罗马已经成功地实现了同化政策所希望达到的目标。因为不管罗马多么渴望同化对方，如果对方没有这种意愿，那么也是无能为力的。在著作《希腊罗马名人传》中断言罗马帝国强大的原因就是实行了同化政策的普鲁塔克，其本人就是和卡西乌斯·狄奥的祖父同时代的希腊人。

与他父亲期待的一样，后来的历史学家卡西乌斯·狄奥在帝国的任职经历也以元老院议员儿子的身份顺利开始。公元 180 年，即马可·奥勒留去世的这一年，他也成为了元老院议员，似乎是接替死去的父亲担任元老院的职位。

康茂德统治时期的卡西乌斯·狄奥只不过是元老院议员中的晚辈，但是与生俱来的敏锐观察力为他后来的著述活动提供了非常重要的帮助。他对于康茂德那不稳定的言行的描写，就好像是将这位皇帝的内心世界全都挖掘出来了一样，或许是他和这位皇帝年纪相仿的缘故吧。

康茂德被谋杀之后柏提纳克斯继位，卡西乌斯被提拔为法务官。但是他在这个“光荣职务”上并没有坐多久。很快柏提纳克斯也被谋杀，帝国陷入三位将军的内战状态。这段时期的卡西乌斯早早地便加入塞维鲁派，或许是因为他看出虽然年轻但拥有冷静性格的塞普提米乌斯·塞维鲁是最有可能取得这场内战胜利的人。身为爱国者的卡西乌斯·狄奥非常重视罗马帝国的兴亡。

内战结束后，卡西乌斯首次在塞维鲁皇帝的身旁获得执政官的职位。虽然只是辅助执政官，但是他已经获得了以“前执政官”这个头衔被派往行省进行统治的资格。

卡拉卡拉继承皇位之后，虽然他也跟随这位皇帝参加了帕提亚战争，但和其父亲塞维鲁统治时期不同，他和卡拉卡拉的关系仅仅维持在皇帝与元老院议员之间。卡拉卡拉被谋杀后继位的马克里努斯任命卡西乌斯·狄奥为小亚细亚主要都市士麦拿（今土耳其西部港口城市伊兹密尔）和帕加马的行政负责人。即便在马克里努斯被杀、埃拉伽巴路斯统治时期，他也仍然被继续留任在这个职位上。

卡西乌斯·狄奥的从政生涯在亚历山大·塞维鲁统治时期得到了飞跃性的发展。

首先，他被任命为父亲也曾经担任过的达尔马提亚行省总督。任期结束后，他又穿过地中海前往北非行省担任总督，在北非行省的首府迦太基（今突尼斯）度过了一年的时间。他在这两个行省的统治能力得到了一致肯定。而从北非行省卸任之后，卡西乌斯·狄奥内心最希望的是能够前往不管在地理上还是在气候上都与北非完全不同的多瑙河防线执行勤务。虽然在多瑙河执行勤务就相当于在如今的克罗地亚、突尼斯、奥地利等地不断地来回巡视，但是对于将希望完全寄托在亚历山大统治时期的卡西乌斯·狄奥来说，根本感觉不到其中的辛苦。

虽然他的新勤务地近潘诺尼亚行省的首府长久以来一直是卡农图姆，但是在马可·奥勒留统治时期行省总督的官邸便被设在了维德伯纳（今奥地利的维也纳）。不过，他并没有为了舒适的居住环境而移居维也纳。这两个城市都是军团基地，而且都是多瑙河上的军事要地，与位于东方的以布达佩斯为首府的远潘诺尼亚行省共同构成了多瑙河中部一带罗马帝国的北方前线。总督卡西乌斯·狄奥除了负责整个行省地区的行政和司法等工作之外，还要负责统率下属的两个军团。这也是距离国境较远因此没有军队驻扎的行省和位于国境附近拥有军团基地的行省之间最大的区别。前者被称为“元老院行省”，后者被称为“皇帝行省”。从防御层面上来说，后者处于相当重要的地位。担任元老院行省总督的人能够被任命为皇帝行省总督，说明他的能力得到了充分的认可。而卡西乌斯·狄奥在这个如此重要的前线位置上，从公元224年一直到227年总共任职了3年的时间。当他卸任的时候已经62岁了。也正是这3年的经历，使他在自己的著作中将多瑙河防线称为显示罗马帝国安全保障体制是否健康运转的测量仪。同时，他也是在这段时间，得知了在背后支持乌尔比安的尤利亚·梅萨的死讯。

在他卸任回到首都之后的两年间，并没有什么太大的动作。但是乌尔比安的死一定对他造成了非常严重的影响。虽然并没有史料记载他和乌尔比安之间有多么深厚的友谊，但是同为爱国者，并且为了亚历山大的统治殚精竭虑的两个人，总会有惺惺相惜的感觉。所以对于相当于亚历山大左膀右臂的乌尔比安的死，卡西乌斯·狄奥一定会在心中暗自神伤吧。

公元229年，卡西乌斯·狄奥再次被推举为执政官。这次他并非候补而是正式的执政官，而且与他共同执政的还是身为皇帝的亚历山大，可以说这是一个名誉和地位双丰收的职位。64岁的卡西乌斯·狄奥终于登上了罗马帝国一人之下万人之上的官职生涯的顶点。

但是首都的气氛在乌尔比安死后完全发生了改变。卡西乌斯·狄奥以旧病复发并且持续恶化为由，放弃了与皇帝共同执政的机会，返回位于那不勒斯的家中闭门不出。甚至连在罗马召开的元老院会议都一次也没有出席。他做出一副虽然拥有满腔的爱国热情，但是在面临死亡恐怖的时候还是难免退缩的样子。或许是因为他冷静地判断自己没有强大的后盾支持，“当第二个乌尔比安”是不切实际的行为。

关于他究竟何时离开了舒适的意大利南部，返回自己的故乡比提尼亚并隐居起来，在史料上并没有确切的记载，但可以肯定的是，他正式的创作活动就是在这个时候开始的。除了80卷的《罗马史》之外他还留下了许多其他的著作，可见他也是比较长寿的人。原本恶化的旧病或许也因为悠闲的生活而逐渐减轻，至于他去世的具体年份则无从知晓。在他开始隐居生活的第二年，皇帝亚历山大东征时正好经过卡西乌斯隐居的地方，不知道他会不会和皇帝去打声招呼。而当 3 年后他得知皇帝死讯的时候，又是怎样的心情呢？

表面上看起来一直维持着相当良好状态的亚历山大统治时期，实际上即将面对的危机并非来自内部，而是由于帝国以外的形势发生了急剧的变化。危机之一，就是在遥远的东方，罗马的宿敌帕提亚王国被波斯萨珊王朝所取代。

波斯萨珊王朝

在我的工作室中有两张托斯卡纳风格的木桌子，比较小的一张被我当做书桌，稍大点的那个用来摆放词典和地图。现在这张大桌子上被两张中近东地区的地图所占据，一张是古地图，另一张则是现代地图。在每天面对这两张地图的过程中，我终于逐渐地意识到，为什么自古以来“西方”便一直将“东方”看做一种威胁。

说起东方与西方的冲突，就算不追溯到特洛伊战争那么久远的年代，公元前 5 世纪波斯和希腊之间发生的波斯战争也是历史上非常著名的事件。其中的萨拉米海战以及马拉松战役，更是因为“历史之父”希罗多德的记述而流传后世。

虽然自从这场长达半个世纪的战争之后波斯便退出了地中海世界的舞台，但是因为波斯帝国人才辈出，丝毫不见衰弱的迹象，所以对于希腊的各个城邦来说波斯的威胁一直存在。

直到公元前 334 年到前 323 年的亚历山大大帝东征为止，波斯的威胁才被彻底解除。希腊的宿敌波斯，在其至高无上的王者大流士被消灭之后，终于屈服在西方的统治之下。不过这种臣服实际上也仅仅维持了不到 10 年而已，因为这位身为军事天才的年轻征服者，在 33 岁的时候便英年早逝。而在亚历山大大帝死后，继承了他领地的下属将军们只关心地中海附近的区域，至于幼发拉底河以东的地区实际上处于搁置状态。

身为游牧民族的帕提亚人利用了这一机会。他们占领了曾经是波斯帝国的心脏部位——幼发拉底河与底格里斯河流域中间的美索不达米亚平原。公元前247年，帕提亚王国诞生。

这段时期的罗马才刚刚征服意大利半岛，与强敌迦太基人正在第一次布匿战争中打得难解难分。在经过导致一代名将汉尼拔盘踞在意大利16年之久的第二次布匿战争，以及最终灭亡了迦太基人的第三次布匿战争之后，时间已经过去了百余年。而以帕提亚民族为主融合了众多部落民族的君主专制国家帕提亚，则靠着东方两大财源——农耕和通商——成为了一个富强的国家。

消灭了迦太基之后成为地中海世界霸主的罗马，开始接连征服希腊诸国，势力范围也逐渐向地中海东部扩张。马其顿、希腊、叙利亚、埃及全都陆续归入罗马的版图之内。公元前1世纪，地中海彻底成为了罗马人的“内海”。在这一时期罗马那些著名的武将，比如苏拉、鲁库卢斯、庞培等全都有远征东方的经验。恺撒也计划直接与帕提亚交锋取胜，借以确立罗马的东方防线，但因恺撒被暗杀而没有机会实现。

罗马帝国的开国皇帝奥古斯都完全继承了恺撒的政略，在帝国东方的防卫问题上也是一样。但是在帕提亚问题上他选择了外交方式而非军事手段。一是因为自从恺撒被暗杀之后，罗马帝国经历了14年的内战，因此奥古斯都首先希望能够恢复国计民生。二是因为他并不像恺撒那样拥有过人的军事才能，对于战斗非常不擅长。战场上的局势瞬息万变，需要非常敏锐和迅速的判断力，但是奥古斯都却是一个做事喜欢深思熟虑的人。大概上天也了解这一点，所以只给了恺撒不到两年的统治时间，却给了奥古斯都40年。顺便说一句，亚历山大大帝成就霸业之后的统治时间是零。

恺撒和奥古斯都之后的历代罗马皇帝，虽然希望稳固幼发拉底河附近国界线的目的相同，但是在做法上分为恺撒派和奥古斯都派。前者主张进攻敌方的根据地彻底摧毁敌人侵略的意图，后者主张通过确立防御体制和强化防御设施来防止敌人侵略。恺撒派最具代表性的人物就是图拉真，奥古斯都派最具代表性的人物则是哈德良。

图拉真的东征曾经攻陷了帕提亚王国的首都泰西封，甚至顺着底格里斯河直达波斯湾一带，但是他的足迹仅仅到此为止，没有继续向底格里斯河以东的方向前进。后世的历史学家们认为图拉真之所以没有继续进军是因为当时他年事已高，但是对于一路长驱直入未尝败绩的图拉真来说，我认为其中一定另有原因。

古代的帕提亚王国拥有包括现在的伊拉克、伊朗、阿富汗以及巴勒斯坦的广阔土地。当时的罗马人所谓的“东征”，实际上只是越过作为国界的幼发拉底河攻至底格里斯河的岸边而已。因为帕提亚王国的主要都市大多集中在这里，相当于现在的伊朗以东，伊拉克境内，也是两河流域美索不达米亚平原的腹地。对于罗马帝国的统治者们来说，只要占领了这里就相当于征服了帕提亚王国，所以根本没有必要继续向东前进。

伊拉克现在的首都巴格达，是在这个地方伊斯兰教化之后于7世纪建设的都市，距离帕提亚的首都泰西封只有不到40公里的路程。因为这两个都市的地理位置非常接近，都是位于两河流域一带，所以从古代的泰西封到现在的巴格达并没有什么太大的变化。而现代伊朗的首都德黑兰，在13世纪遭受蒙古人入侵的时候只是一个小村庄，19世纪的时候也不过是一个小城镇而已。进入20世纪后，伊朗、伊拉克、阿富汗以及巴基斯坦都保留了各自的独立，如果这些国家重新合并起来，想必“西方”人一定会再次感觉到来自“东方”的威胁吧。毕竟就算没有石油问题，仅仅居住在这里的人数就足以对西方构成足够的威胁。这也是罗马帝国不得不时刻提防“东方”国家的原因。

话又说回来，对罗马帝国来说，帕提亚王国在很多方面是个好对付的“敌人”。

第一，虽然帕提亚拥有越过幼发拉底河入侵罗马境内的军事实力，但是并没有将罗马帝国东部控制在自己手中的实力，更别说征服整个罗马帝国了。

当然对于罗马来说也不可能允许帕提亚控制帝国的东部地区。如果位于幼发拉底河防线西侧的叙利亚行省落入帕提亚手中，那么整个罗马帝国东部地区就将完全暴露在对方的面前。位于叙利亚北部的小亚细亚、南部的约旦和巴勒斯坦，甚至被称为罗马粮仓的埃及都将面临沦陷的危险。军事防线（limes）的重要程度，是由其被破坏后所可能产生的损失决定的。因此罗马人认为幼发拉底河防线的重要性甚至与被称为北方生命线的莱茵河与多瑙河防线相比也不遑多让。为了保证这条东方防线的安全，罗马帝国专门建立了行省总督负责制的防御系统，只要叙利亚行省的总督们发令召集，就可以立刻集结 10 个军团共计 6 万人的战斗力量。之所以这么做，是因为东方的君主们常常喜欢通过统率的士兵数量来显示自己的实力。拥有广阔的疆域、并且下属的封建诸侯都拥有大量直属士兵的帕提亚国王则更是如此。

这样一来，两大强国以幼发拉底河为界，形成了某种意义上军事平衡的状态，由此产生两国之间“共存”的局面。

第二，不管是罗马还是帕提亚，都拥有明确的最高统治者，两国都拥有统一的指挥系统。这样就给两国提供了通过高层会谈商议解决问题的途径。这一点和同为罗马帝国宿敌的北欧日耳曼民族就完全不同。罗马和帕提亚进行高层会谈和签订协议的地点一般选在幼发拉底河中的一个小岛上，这也成为两国之间关系的象征。

第三，两国的统治者都以实际情况为出发点考虑双方之间的问题。罗马帝国的东方都市，不管是安条克、大马士革还是帕尔米拉，都是因为与亚洲之间的通商而繁荣发展起来的。而用于交易的商品和原料则全都需要经由帕提亚国内流通过来。凡是从亚洲来的商品虽然另外还经由黑海、红海进入罗马，然而大多数的商品无论是走陆路经过大草原，还是走海路至波斯湾上岸，全都需要通过帕提亚的领地运往西方。

对于罗马帝国来说，帕提亚虽是敌国，但手里握有罗马人想要的东西，而同为敌人的日耳曼人手中则没有罗马人想要的东西。

反过来说对帕提亚王国也是如此。从东洋传过来的奢侈品仅仅放在那里是无法产生利润的。如果能够将这些奢侈品转手卖出去，那么他们的经济繁荣便

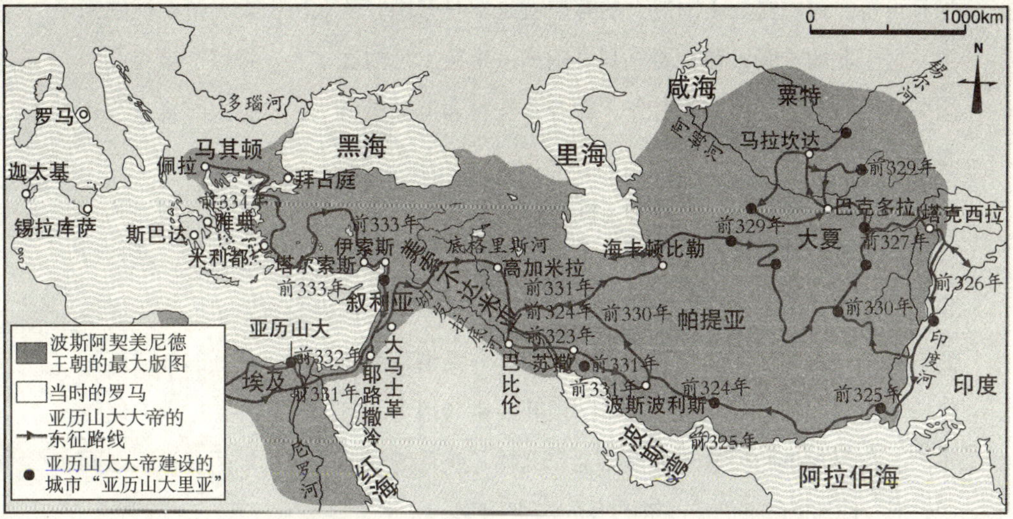

波斯阿契美尼德王朝的最大版图（公元前500年左右）与亚历山大大帝的东征路线

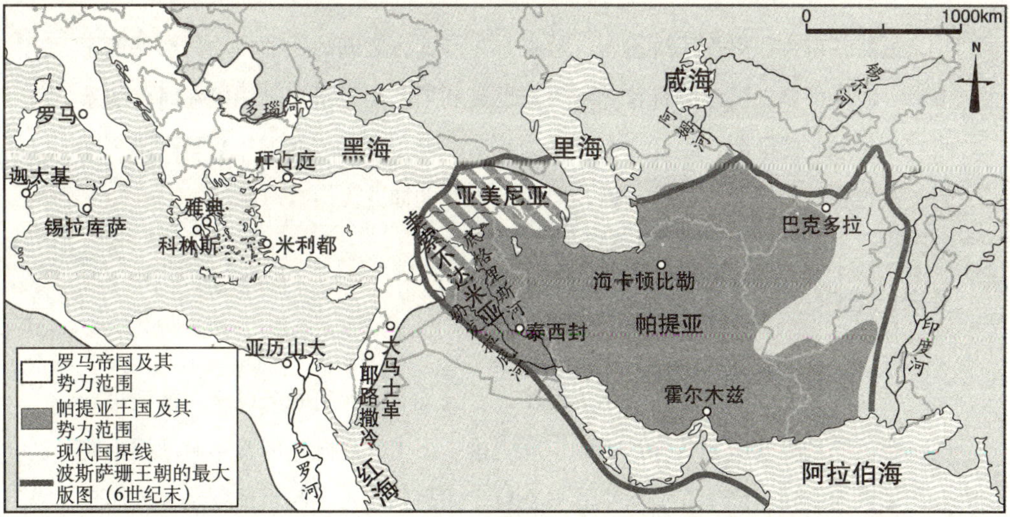

2世纪中期的罗马与帕提亚

指日可待。而帕提亚王国最大的客户就是罗马帝国。从亚历山大大帝东征以来便移居于此的希腊人和只要有利可图就一定会出现的犹太人，将这个被夹在两国中间的市场发展得有声有色。在经商头脑和流散风俗上，希腊人与犹太人具有完全相同的特点。

可以说，分别居住在罗马帝国和帕提亚境内的希腊人与犹太人，构成了这一地区的上层社会群体。这样一来，不管是罗马也好还是帕提亚也罢，都没有封锁国境的理由。而且就算他们真的打算封锁国境，也因为当地多河流与沙漠的自然条件而无法实施。罗马和帕提亚都非常清楚地认识到，最好的办法就是维持双方之间的这种状态。虽然两国间经常会因为各自国内的种种原因而纠纷不断，但是军事冲突从来都不会上升到你死我活的境地。这也是两大强国之间“敌对”了 300 余年仍然能够共存的最大因素。

但是罗马帝国与帕提亚王国之间这种微妙的关系终于在公元 3 世纪走到了尽头。终结帕提亚王国 500 余年的历史，并且取代其“东方”霸主地位的，就是我们接下来即将提到的波斯萨珊王朝，同时也是皇帝亚历山大·塞维鲁所不得不面对的强大敌人。

虽然“东方”更换了统治者，但是东方与西方之间的通商活动仍然保留了下来，波斯萨珊王朝没有将首都定为波斯波利斯，而是沿用了帕提亚时代的泰西封就是最好的证明。也许会有人认为波斯萨珊王朝和“西方”罗马帝国之间的关系也将和帕提亚王国时一样，但实际上并非如此。

复兴的旗帜

波斯萨珊王朝的创建者阿尔达希尔，在公元 224 年将长久以来对波斯民族进行统治的帕提亚国王从统治者的宝座上推了下去。在随后的两年时间里他统一了帕提亚全境，终于在 226 年登上王位。而阿尔达希尔的目标则是复兴居鲁士与大流士统治时期的波斯帝国。

请大家参照前面的两幅地图，我们不难发现亚历山大大帝征服的土地和古代波斯帝国的领地几乎一致。这是因为当初亚历山大大帝彻底征服了波斯帝国。

而且将这两幅地图作对比之后我们还可以看出，亚历山大大帝的领土在希腊时代之后，被帕提亚王国与罗马帝国东半部正好从中一分为二。

阿尔达希尔

由此可见，波斯萨珊王朝的目标与帕提亚王国有着本质上的区别。也就是说，波斯萨珊王朝的日的在于复兴被亚历山大大帝征服之前的波斯帝国。而罗马对于这种诉求当然不可能保持沉默。所以罗马和波斯萨珊王朝之间的关系，已经不可能回到之前同帕提亚王国的关系了。

复兴曾经的波斯帝国，重新恢复500年前的荣耀，虽然想要实现这个愿望需要付出无比的艰辛，但是人类这种生物就是拥有这样一种近乎固执的坚持。被哈德良皇帝瓦解的犹太民族，历经1800余年的颠沛流离，仍然固执地想要回到自己的故乡，也正因为如此才有了以色列这个国家的诞生。与之相比，波斯人的500年也并不漫长。在帕提亚人的统治下度过500年，已经充分地点燃了波斯民族的抗争热情。因此波斯萨珊王朝将琐罗亚斯德教（拜火教）重新定为国教。

生于现代的我们都知道，波斯萨珊王朝最终也没能够实现他们复兴波斯帝国的理想。直到400多年以后的穆斯林才算是实现了他们的目标。但是，对于公元3世纪的波斯人来说，复兴被亚历山大大帝灭亡的波斯帝国，重振波斯民族的荣耀，并非无法实现的梦想。因此他们才会结成统一战线，为了这个共同的理想而努力。这也是同为东方民族的帕提亚人所没有的气概。

另外，还有一个适用于古今中外所有人类社会的原理。那就是现实主义者往往会将对方也看做是现实主义者，从而认为对方如果站在现实的角度上看问题，就一定不会犯下愚蠢的错误。但身为现实主义者的罗马人万万没有想到的是，波斯萨珊王朝是一个彻头彻尾的理想主义者。当年以幼发拉底河为界，即便双方交战也仅仅限制在美索不达米亚地区的时代，已经一去不复返了。

而且带来这种变化的并不是历史上那个波斯帝国统治者的后代，虽然同为波斯民族，但是新兴的萨珊王朝与500年前统治波斯的皇族之间没有任何的血缘关系。这对于罗马人来说更是一种严重的威胁。正如其在历史上被称为“波斯萨珊王朝”一样，3世纪时候的罗马人所面对的敌人，并不是曾经被亚历山大大帝彻底摧毁的那个波斯帝国，甚至都不是那个帝国的直系子孙。准确地说，波斯萨珊王朝并非是曾经波斯帝国的复兴，而是由新兴的波斯民族所组成的。像这样的新兴民族往往都具有很强的冲击力。

位于“西方”的罗马似乎对于公元227年“东方”所发生的变化并没有正确的认识。而且，这段时期对罗马来说也是多灾多难。一年前，皇帝亚历山大的幕后支持者尤利亚·梅萨去世。而就在阿尔达希尔于波斯民族的大本营波斯波利斯举行了盛大而华丽的加冕仪式，并且入主首都泰西封之后不到一年，失去了靠山尤利亚·梅萨从而地位不保的乌尔比安也死于其政敌之手。刚刚20岁的亚历山大，因为其母亲梅亚并没有继承外祖母梅萨的气度，导致他在这个艰难的时期失去了所有值得信赖和能够给他提供帮助的人。在当时的“西方”没有任何一个人能够对“东方”所发生的重大变化作出正确的判断并提供相应的对策。就这样，开始逐渐衰退的罗马帝国，与燃烧着旺盛斗志的波斯萨珊王朝发生了剧烈的碰撞。

顺便说一句，罗马皇帝并没有加冕仪式。因为在加冕仪式上必须有“某个人”为皇帝戴上皇冠，表示正式授予其统治国家的权力。而罗马帝国之中的“某个人”则是帝国的两大主权者元老院与罗马公民。但是因为主权者的数量过于庞大，如果将所有人都集合起来举办加冕仪式不仅场面过于庞大，甚至

刻有皇帝两种头冠的硬币（左：太阳冠，右：公民冠）

也会失去加冕本身的意义。不过对于东方人来说，皇帝的权力并非委托而是授予，所以需要通过举办盛大的仪式来给平民百姓们留下深刻的印象。

在罗马帝国甚至都不存在皇冠这个概念。在硬币和雕像上最常见的是用树枝编织出来的头冠，这种被称为“公民冠”的头冠在共和国时代便已经存在，经常被授予那些在战场上拯救同胞的士兵。一个大男人却在头上戴着树枝编成的公民冠，象征着守护公民的安全是罗马皇帝的首要任务。

除了公民冠之外，还有另外一种展现罗马皇帝权威的皇冠。这种皇冠被设计成类似太阳光芒集中在一起的造型，与公民冠在“西方”普及所不同的是，太阳冠是专门面向帝国“东方”使用的。对于没有公民传统的东方人来说，公民冠也没有任何意义，而太阳冠显然更加有利于他们对皇权的理解。入乡随俗是统治多民族国家的传统法则，罗马人就连皇冠也坚定地贯彻了这一方针。

因为加冕仪式具有非常重要的意义，因此负责授予皇冠的人不能是普通的人类，而必须是某种超越注定一死的人类的存在，也就是我们所说的神。而神是无法亲自为人类加冕的，所以这个任务就落到了那些传达神意的大祭司、祭司以及神职人员身上。这样，掌权者的统治才具有正当性。

通过加冕仪式，皇帝与神之间被更加紧密地联系起来。这也是“东方”比“西方”更加重视加冕仪式的原因。由此可见，犹太教、基督教、伊斯兰教等一神教全都源于“东方”也并非偶然。“加冕”一词被解释为“证明欧洲皇帝即位而为其戴上皇冠的仪式”，但实际上这里所说的应该是进入基督教时代之后的“欧洲皇帝”。

让我们回到还没有被基督教统治的罗马帝国时代，没有加冕仪式的罗马帝国皇帝亚历山大·塞维鲁的对手，是被琐罗亚斯德教祭司亲自授予皇冠的阿尔达希尔。当然阿尔达希尔对罗马帝国的威胁，并非因为波斯萨珊王朝与之前的帕提亚相比宗教色彩更加强烈，而在于其是一个新兴的国家。

新兴国家甚至能够置国内的反对派于不顾而坚决对外采取攻击的态势。所以从阿尔达希尔加冕开始到向西北方出兵为止，甚至都不到 4 年的时间。

北上越过幼发拉底河的波斯大军在征服了罗马的盟友亚美尼亚之后，又马不停蹄地突破了罗马帝国的防线，攻入卡帕多西亚行省。而越过幼发拉底河向西进发的波斯大军则将叙利亚行省带入了恐怖的深渊。商人们停止了一切交易活动，躲在戒备森严的城墙下面瑟瑟发抖。曾经在罗马街道上活跃的商队也被全副武装的波斯骑兵所取代。屯驻在叙利亚行省的诸多军团，面对突如其来的危机也失去了应对的能力。自从马克里努斯屈辱地媾和撤退之后，经过埃拉伽巴路斯治下的 4 年以及亚历山大统治的 10 年，这里一直被中央所忽视，因此出现这样的情况也是理所当然的。

但是如果任凭这种状态继续下去，居住在罗马帝国东部的人民将全部处于水深火热的状态之中。于是皇帝亚历山大决定亲自出征解决这场危机。公元 232 年，24 岁的亚历山大·塞维鲁在继承皇位 10 年后，终于要亲自证明其作为皇帝的价值。

罗马人对皇帝最重要的要求就是他能否保证帝国和居民的安全。也就是说，罗马人需要自己的皇帝能够在必要的时候展现其强大的军事能力。“皇帝”的语源“Imperator”原本在拉丁语之中是士兵对取得战斗胜利的指挥官的尊称。早在开国皇帝奥古斯都建立帝国之前，“Imperator”就一直是胜利者的意思。

这个对率领军队取得胜利的指挥官的尊称，在进入帝国时代之后直接变成了“皇帝”的称号，因为罗马的皇帝同时也是全军的最高司令官。

由此可见，所有的罗马皇帝都有上阵杀敌的军人使命。维持了10年的和平统治之后才初次踏上战场的亚历山大，可以说算是比较幸运的。唯一不幸的是，他的对手是一个斗志旺盛的新兴民族。

波斯战争（一）

在作出亲征的决定之后，亚历山大的动作非常迅速。虽然他也知道在这种情况下行军速度的重要性，但是仍然非常谨慎地选择随行人员并妥善地准备辎重，并没有草率地贸然出兵。离开首都罗马之后，皇帝一行首先花费了大约一个月的时间来到多瑙河沿岸。之所以先来到这里，是为了整编东征的军团。因为在波斯军队进攻的初期，屯驻在叙利亚的军团就已经用实际行动证明了其根本靠不住。

据说亚历山大召集了6个军团以及辅助部队，参加这次波斯战争的罗马兵力应该在5万人左右。但是作为主要战斗力的军团兵只有3万人左右，这是因为他原计划在抵达叙利亚行省之后与驻扎在叙利亚周边的军团会合，并将其吸收进来。

就这样，庞大的罗马军团浩浩荡荡地向东方进发，只能用“壮观”一词来形容。

从多瑙河南下来到色雷斯，继而沿着通往东南方的道路越过作为欧洲与亚洲分界线的赫勒斯滂海峡进入小亚细亚。根据当时遗留下来的记载，罗马军队的全体士兵都穿着正规的军装，每个人根据自己的职责手持不同的武器，整齐划一地在罗马的大道上行进。行军的秩序直到太阳下山以后也没有丝毫的紊乱。在行军的过程中，不管是皇帝还是士兵全都需要在野外搭帐篷宿营。罗马军队非常重视传统的兵站建设，而野营正是兵站发挥其作用的时候。因为只有在满足了战士们最基本的物质层面需求之后，才能够使他们保持高昂的斗志和士气。与军队一起行军的皇帝亚历山大，在维持罗马传统这一点上可以说做得相当到位。

亚历山大没有选择使用四周有帷幕遮挡、可以安心躺卧的轿子，也没有选择比较节省体力的马车，而是和军团长与大队长一样骑在马上与军队同行，偶尔还会和百人队队长与士兵们一起徒步前进。

吃饭的时候他也和士兵们吃一样的食物。唯一不同的是士兵们自己做饭，而皇帝有随行的厨师负责料理。他在吃饭的时候会将帐篷四面全都高高掀起，让士兵们能够看到皇帝吃的是什么。如果在行军过程中发现有开小差跑到附近农家偷东西的士兵，会被押往皇帝面前接受严厉的鞭打。因为亚历山大虽然并没有亲历过战场，但是他深知军规必须严格遵守，只有严格遵守秩序的军队才能够在战场上发挥出强大的力量，这一点已经得到罗马帝国之前无数次的战役证实。而对此深信不疑的亚历山大，在经历了漫长的行军之后所见到的一幕，却使他的心中充满了绝望。

士兵们的罢战

作为防守幼发拉底河防线的主力而常驻于叙利亚行省的三个军团，分别以三个战略要地作为其军团基地。其中两个军团分别位于现在土耳其境内幼发拉底河上游的萨莫萨塔和泽乌玛，另外一个军团位于之前提到过的埃梅萨附近的拉法内埃。但是在公元 232 年的时候，叙利亚行省之中还有从北部美索不达米亚撤军回来尚未安排屯驻基地的第一和第三帕提亚军团。不能够在城市内设置军团基地是罗马一直以来的传统，因此一时间没有地方驻扎的这两个军团就在安条克以南 10 公里处的达芙妮驻扎下来。达芙妮是以祭祀希腊诸神的神殿为中心发展起来的小镇，所以即便驻扎大量的士兵也不会对当地的居民造成什么不便。当皇帝亚历山大进入安条克的时候，前来迎接他的就是这两个军团的士兵。

接下来将要为大家介绍的，就是在迎接皇帝的时候所发生的小故事。所谓历史，就是由无数的细节组合起来的，这次的小故事也是其中之一。这些细节之所以如此重要，是因为其能够为我们了解历史提供很多的参考。身为领袖的亚历山大·塞维鲁，究竟能不能得到人们的认可呢?

小故事共分为“过去”和“现在”两个部分。“过去”指的是亚历山大曾经阅读过无数次的历史，虽然不知道普通的士兵是否了解，但是将官级别的人应该都知道。同时这也是被罗马时代的历史学家们无数次提到过的一个非常著名的事件。“过去”的主人公是尤里乌斯·恺撒，“现在”的主人公是皇帝亚历山大·塞维鲁。虽然“过去”的这段历史在《罗马人的故事5·恺撒时代（下)》中描述过，但我们在这里还是要重新回顾一次：

公元前47年的小故事

解决完西塞罗的事情后，恺撒沿着阿皮亚大道奔向首都的期间，接二连三地收到了安东尼从罗马发来的急报。罢战又发生了，精锐军团中的部分士兵集体要求退役。而且此次的主谋第十军团的士兵们已经手持武器，齐聚城外的马尔斯广场。大法务官撒路斯提乌斯（后来的历史学家）带着奖赏方案前去交涉，结果被士兵们赶了回来。

说起这个恺撒一手调教出来的第十军团，在地中海世界可谓家喻户晓。英雄团如今举起了罢战的大旗，这事非同小可。况且，对恺撒而言，现在正是需要他们前往北非肃清庞培余党的关键时刻。

从阿皮亚大道进入首都的正南方向，正好与马尔斯广场所在方位相对。恺撒对近侍们的劝阻置若罔闻，连日耳曼骑兵担任的侍卫们都没带，策马横穿罗马城，单骑出现在闹事的士兵们面前。时隔一年，再次与第十军团兵们相见的恺撒，没有任何寒暄，而是突然开口道：“说！想要什

尤里乌斯·恺撒

么？”士兵们纷纷叫嚷着要求退役。实际上，他们也很清楚，在即将开始的北非战场上恺撒是非常需要自己的。因此这个退役的要求不过是希望恺撒能答应增加军饷提高奖励而已，原本他们就没想过要真正退役，还是希望能跟随恺撒继续征战。然而恺撒只说了一句话：“我准了。”

闹事的士兵们没料到恺撒会这样回答，挥舞剑的手顿时停在空中，叫嚷声也瞬间停止了，广场上陷入一片沉寂。面对哑然的士兵，恺撒接着说：“公民们，我恺撒一言九鼎，在我及我的士兵们得胜凯旋之后，各位的饷银及其余奖赏定会如数给付。在此之前，请乡亲们到安全的地方静候。”

恺撒的这一声“公民们”，在以精锐自居的第十军团兵们听来，无异于晴空霹雳。这下他们真是成为了退伍士兵，成为了和恺撒无情无缘的普通老百姓。多少年来，一直被恺撒热切对待的“战友们”，现如今却成了“公民们”。这种被恺撒当成陌生人的感觉，让第十军团的士兵们深受打击，再没心情要求罢战、要求加军饷。士兵们一边流泪一边高喊道：

“我们要重回军队！”

“我们要追随恺撒继续战斗！”

不过对于这一切，恺撒不再应答。曾经意气风发的第十军团此刻显得无比消沉。在随后北非战役的备战过程中，恺撒下令麾下军队在西西里岛的马尔萨拉集合，却唯独没有通知第十军团。被冷落的第十军团像只丧家犬一样，夹着尾巴默默跟在前往西西里岛集结的大部队后面。等他们再度接到恺撒的参战命令时，已是两个月以后的事了。这是后话。这一次恺撒又赢了，既没有发奖金也没有提高薪水就收拾了第十军团，而且最后还让他们乖乖地主动要求作战。后来有位学者这么评价：

“恺撒简直是个演技一流的幽默剧大师。”

古代的历史学家们在介绍这一幕时，异口同声地称赞恺撒“仅出一言，便已扭转乾坤”。

这一幕里的恺撒表现出了十分卓越的语言才能，正如他所说：“文章好坏，取决于言辞。”

公元 232 年的小故事

当皇帝亚历山大来到安条克的时候，前来迎接他的是队伍散乱、衣衫不整而且还有很多缺席者的军团。经询问，那些缺席者基本都没有回到位于达芙妮的屯驻地，而是在安条克的公共浴场、竞技场以及妓院中逍遥自在。甚至在明知皇帝驾到的情况下，仍然流连在那些地方以至于错过了集合时间。

愤怒的亚历山大下令将所有缺席的士兵都抓起来扔进监狱。这一命令得到了非常严格的执行。

但是，当其他士兵得知这一消息后，为了表示对同伴遭到处罚的抗议，将皇帝居住的行省总督官邸围了个水泄不通。当然，他们每个人的手中都拿着武器。接到报告的亚历山大命令将被逮捕的士兵用铁链锁着带到官邸前的广场，并且亲自来到总督官邸的阳台之上。前来抗议的士兵在阳台下方围成一个半圆形，虽然看到皇帝出现而停止了愤怒的呐喊，但周围紧张的气氛丝毫也没有减退。皇帝的声音就在这样的环境下响了起来：

> 战友们，如果你们前来抗议，是因为我对你们的同伴处罚过轻，那么说明我们的祖先所定下的军规还没有被忘记，我们的罗马帝国还依然拥有希望。但是，如果你们的抗议是认为我对你们的同伴处罚过重，那么罗马帝国的未来就非常令人担心了。也许在先帝（暗指埃拉伽巴路斯）统治时

亚历山大·塞维鲁

期违反军规算不上什么严重的问题，但在我的统治下这是绝对不被允许的。这种过度的散漫，与肩负着帝国防卫任务的士兵是完全不相符的。

肩负着守卫帝国重要任务的士兵，绝对不能像普通市民那样贪图享乐。这一点对于身为诸位最高司令官的我，以及直接指挥诸位的将官们也是同样的。连我都有这样的觉悟，难道诸位还坚持认为违反军规的人不应该接受处罚吗？况且我并没有对他们处以死刑，仅仅只是鞭打而已，难道这样的惩罚也过于严厉了吗？

一直默不作声的士兵们，听到这里忽然爆发出愤怒的抗议。24 岁的亚历山大为了压过士兵们的怒吼，进一步提高了声音说道：

为什么你们的情绪如此激动？与其将怒火发泄到我的身上，不如将其留给你们战场上的敌人。日耳曼和波斯才是你们真正的敌人，而我则是发给你们军饷、保证你们的衣食住行甚至分发给你们战利品与土地的皇帝。快停下你们威胁的怒吼吧。

虽然你们的怒火应该留在战场之上，但是恐怕无法实现了。因为你们现在的行为不但与军人的身份不符，甚至违反了罗马公民所应该遵守的法律，我只好命你们退伍了。

士兵们听到这段话，认为皇帝搬出退伍当武器，情绪顿时更加激动起来，不但没有停止愤怒的呐喊，甚至还将手中的武器指向皇帝。亚历山大再次大声说道：

放下你们手中的武器。如果你们的身上还残留一丁点战士的灵魂，就应该将你们的右手指向敌人。

你们的威胁对我根本起不到任何作用。就算你们现在杀了我，我也是身为一个男人轰轰烈烈地死去。而你们，则将遭到元老院和罗马全体公民的唾弃和报复。

士兵们的愤怒依然没有消减，24 岁的皇帝高声说道：

公民们，放下武器，马上离开！

士兵们终于安静下来。但是他们对于自己被称为公民并没有表现出任何的悔恨之情，甚至为了证明自己从“士兵”变成“公民”，不仅放下了手中的武器，还脱掉了身上的军装，随后所有人都从广场上散去。不过，他们并没有回到达芙妮的宿营地，而是直接在安条克的众多旅馆中住了下来。

放下武器离开，也就意味着军团的解散。直到一个月之后这些士兵才重新回到位于达芙妮的驻地，恢复军团的编制。关于双方究竟作出了怎样的妥协与让步，以及这场闹剧对士兵的情绪造成了怎样的影响，并没有留下任何的记载。我们所知道的只有煽动抗议集会的几个人被处以死刑，以及这些士兵全都参加了第二年，即公元 233 年爆发的波斯战争。

这两个小故事给我们带来很多启示。虽然当时的恺撒已经 53 岁，而皇帝亚历山大只有 24 岁，两人之间的年纪差就像父子一样悬殊，但是这也并不能被看做是后者失败的借口。毕竟亚历山大大帝率领数万大军进行东征的时候，也只不过20多岁而已。

比年纪更加重要的问题在于是否拥有洞察人类心理的能力。“公民”这个词，只有对那些习惯了“战友”称呼的人才有作用。恺撒与第十军团的士兵们，自从高卢战役开始一直到后来经历的内战，并肩战斗长达13年之久，可以说是相互间有着深厚感情的“战友”。即便在那个小故事发生的时期，他们也已经与恺撒在一起共同度过了10年的艰苦岁月。正因为如此，他们才能够在明知触犯国法的前提下，依然义无反顾地跟随恺撒越过了卢比孔河。就是这样一支跟随恺撒多年的军队，竟然被曾经的统帅称为“公民”，并且像对待普通公民一样对待，毫无疑问会受到非常强烈的打击。恺撒正是看准了他们的这一心理，才会故意做出那样的表现。

而皇帝亚历山大与第一和第三帕提亚军团兵之间的关系却正好相反。这些士兵之前甚至连这位最高司令官的样子都没见过。用现在的话来说，皇帝亚历山大就好像是突然空降到前线士兵面前的最高司令官一样。而且这位最高司令官面对即将开始的波斯战争，不但没有对将士们进行任何的鼓励和奖赏，反倒还将很多人逮捕入狱。虽然“道理”在皇帝这边，毕竟无视长官的集合命令确实应该遭受惩罚，但是有“道理”不见得就一定要这么做。正所谓匹夫不可夺志，对于前线作战的士兵们来说更是如此。

第一与第三帕提亚军团当时并没有常驻基地。一般来说罗马军团的常驻基地，除了兵营以外，浴场、剧院以及竞技场等设施也是一应俱全。只要在军团基地内部就可以满足士兵们一定程度上的放松需求，这也是为了使士兵们不至于频繁出入附近城镇所采取的措施。但是屯驻在达芙妮临时基地的士兵们并没有这样的休闲环境。所以前往10公里之外的安条克进行放松，对于这些士兵来说也是迫不得已的选择。不过即便如此，他们放松的次数也确实有些过于频繁。

皇帝亚历山大在叱责这些士兵的时候，以“战友们”为开头。因为同伴受到严厉的处罚而前来抗议的士兵们，在听到这句话的时候一定会感到非常刺耳吧。毕竟在这位皇帝统治的10年里，都没有为他们安排一个正式的军团基地。这样的家伙在见面的第一天就大言不惭地称呼大家为战友，士兵们肯定不会感到满意。身为一位领导者需要具备非常强大的说服力，措辞则是其中十分重要的一环，而亚历山大的失误之处正在于他的措辞。

虽然历史就是一个不断重复的过程，但是在每次重复的过程中人类的心理活动不尽相同。为了掌握这些心理，敏锐的洞察力和换位思考的想象力缺一不可。否则即便是历史上取得成功的事例，也会因为时过境迁而导致失败。皇帝亚历山大的例子就是最好的证明。

最后一个问题是战术问题。投机取巧的战术必须在一瞬间解决战斗。对于那些长篇大论搞不定的问题，在进行投机取巧的时候最忌讳的就是浪费时间。亚历山大的演讲就显得过于冗长了，而且这件事在当场并没有得到妥善的解决，直到一个月后士兵们的不满才逐渐平息下来。但是即便骚乱平息了下来，皇帝与士兵之间的关系并不见得有什么好转。由此可见，这是一个解决问题失败的例子。

第一战

罗马帝国与新兴的波斯萨珊王朝之间的第一场正面冲突，在公元233年的春天正式打响。罗马与帕提亚曾经交战过无数次的美索不达米亚平原，如今换个对象，又成了战场。因为两国军队全都由当时的最高统治者亲自率领，所以双方应该都是大军。据说罗马方面有六七万人，波斯方面则超过10万人，但是因为并没有留下准确的记载，所以具体数目现在已经无从考证。波斯萨珊王朝建国7年才出动了10万军队，恐怕是其身后的国土过于广阔的缘故吧。但是即便如此，他们仍试图将西方势力赶回地中海沿岸，重铸波斯民族的辉煌。

发生在公元233年的波斯战争，对于罗马方面来说本是一场防卫战争，但是罗马帝国采取了积极的进攻战略，将全军分成三路，分别是从幼发拉底河上游进攻的左翼、从叙利亚沙漠东部越过幼发拉底河中游进攻的主力部队以及从西南方向朝美索不达米亚地区发动攻势的右翼。这种三方同时夹击的战术本身并没有什么问题，但是要想充分发挥三军协同作战的效力，需要整齐划一的战术体系。而根据不同的战况对全军进行及时的调整，则是全军最高司令官亚历山大的工作。

罗马帝国因为将整个地中海（Mediterraneus）区域全都纳入在自己的统治之下，所以拥有将其称为“内海”（mare internum）的资格。而将罗马帝国赶回西方，重新将罗马人的内海变成地中海的，就是波斯萨珊王朝。曾经仅仅围绕着亚美尼亚王国以及美索不达米亚北部地区的争夺，随着帕提亚王国的灭亡成为了过去，从此以后罗马帝国在东方最大的敌人变成了波斯萨珊王朝。但是双方之间在公元233年展开的这第一场战争，却没有在历史上留下任何正式的记录。波斯方面没有留下记录的原因很容易理解。专制君主国家一般来说只会记录那些取得胜利的战争。而罗马方面也仅仅留下少量记录的原因，恐怕是因为当时的罗马方面并没有认识到这场战争所具有的划时代意义。至少皇帝亚历山大就没有认识到，如果他认识到的话，断然不会以那样的形式结束这场战争。

于是，关于公元233年罗马帝国与波斯萨珊王朝之间最初的战争，我们所知道的事情只有如下几点：

一、两军都遭受了非常严重的损失，到最后也没有分出胜负，双方都退回到各自的出发地停止战斗。没有媾和，也没有签署任何停战协议。

二、罗马方面并没有公布自己详细的损失情况，从总体上来看，恐怕至少损失了1000人到2000人，相当于一个大队规模的部队。

三、即便如此，罗马帝国还是将15年前马克里努斯割让给帕提亚王国的美索不达米亚北部地区（今叙利亚境内，位于幼发拉底河与底格里斯河之间的地区）重新夺了回来。第一与第三帕提亚军团再次回到自己原来的常驻基地。

四、因为罗马方面公布了战争结果，那么就说明他们在这场战役中处于优势地位。既然如此，他们应该趁此机会进攻美索不达米亚平原中部地区，波斯萨珊王朝的主要都市大多集中于此。因为占领最接近幼发拉底河与底格里斯河这两条大河的地区，等待波斯萨珊王朝攻回来，才是对罗马帝国来说最完美的选择。战争在夏初的时候便宣告结束，由此可见罗马人拥有足够继续进攻的时间。但是皇帝亚历山大以越冬为由作出撤军的决定。如果他打算明年春天继续战斗的话，就应该像卡拉卡拉那样将军队驻扎在前线附近，但是他只将第一与第三帕提亚军团留在美索不达米亚北部地区，其他军队则全部撤回幼发拉底河以西。他自己也为了举行凯旋仪式而回到首都罗马。同年9月25日，皇帝亚历山大向元老院提交了关于这次战争的报告。考虑到从美索不达米亚到罗马的距离，可以认为是西方主动停止了这场战争。

根据《皇帝传》的记载，在9月25日这一天，25岁的亚历山大·塞维鲁面对挤满了整个会场的元老院议员，作了如下的演讲：

诸位元老院议员，我们在与波斯的战争中取得了胜利。想要证明这一点并不需要多作说明，只要列举几个事例，你们立刻便会知道。

冲在敌阵最前方的是700头大象。为了方便作战，这些大象的背上都用皮带固定着高高的塔楼，上面站着许多弓箭手，一边突击一边射箭。我们的士兵毫不畏惧，采取积极果敢的攻势，成功击杀了200头大象，并且捕获了30头，其中的18头被我们带了回来。

敌人在象群身后，还投入了1800辆战车。这些战车都是东方式的设计，在战车的四个轮子外侧都固定有镰刀和利刃。我们通过击杀拉车的战马，成功地使其中的200辆战车失去战斗力。虽然这200辆战车我们也打算作为战利品带回来，但是因为很多已经严重破损，剩下那些粗制滥造的，没有带回来的价值，所以就扔在战场上了。

波斯军队大概有12万人，我们成功地击败了他们作为主要战斗力的

1万名重装骑兵。其余的波斯步兵大多被我们当场歼灭或者俘虏，因为俘虏数量太多，除了分给士兵们做奴隶以外，剩下的那些人都被带到奴隶市场卖掉了，获得的收入将归于国库。

另外，我们的军队将失去多年的两河流域重新收复，也是值得夸耀的战果。

我们击败了波斯军队，迫使他们的国王阿尔达希尔撤退。虽然这位国王独揽大权于一身，在国内拥有很高的地位和声望，但是，他手下的臣民们全都看到了他畏惧臣服而不顾一切落荒而逃的狼狈模样。当时他疯狂地抽打着胯下的坐骑，沿着大道一心只想逃回自己的首都泰西封。他们曾经在那条路上将我们的军旗作为战利品拖曳而行，带回波斯（暗指公元前53年克拉苏的军队全军覆没）。而今天，我们却将波斯的军旗拖回了罗马。

诸位元老院议员，这就是我们军队的战绩。其余的想必不用我再多说。接下来就由诸位来决定，这场胜利有没有感谢神灵的价值，是否应该举办一场能够使神灵满意的凯旋仪式。

元老院议员们纷纷起身向汇报完战况的皇帝恭贺道：

“亚历山大·塞维鲁！愿神灵永远保护你！”

当亚历山大从元老院会场走出来时，聚集在罗马广场上的民众立刻对他发出热情的欢呼：

“期待你带领我们取得对日耳曼人的胜利！”

“只要有你在，不管同多么强大的敌人战斗也会取得胜利！”

“只有胜利者，才能随心所欲地统率军队！”

《皇帝传》中记录皇帝亚历山事迹的主要作者，是生于君士坦丁大帝时代的人，在他创作这部作品之时距离这个小故事的发生已经过去了百余年。每一个记述历史的人都必须尊重史实，这个人自然也不例外。但是在他忠实地记录了皇帝亚历山大的波斯战争之后，又添加了如下的感想：

虽然这些都是笔者从罗马公文书库中收藏的官方记录和编年史中搜集到的资料，但是也难免会有人提出不同的意见。之前就曾经有人认为罗马与波斯之间的第一次战争，实际上是皇帝亚历山大为了避免最终落败而提前作出的撤退决定。

但是，如果我们查阅众多官方以及非官方的资料就可以发现，这只是当时极少数人的意见。就连当时以发表反对派言论著称的艾罗迪亚鲁斯也非常客观地这样写道：

跟随皇帝亚历山大参与波斯战争的士兵们，大多死于饥寒交迫和疾病。

艾罗迪亚鲁斯是生于哲学家皇帝马可·奥勒留统治时期叙利亚行省的希腊人，从公元192年开始他在首都罗马生活了12年。虽然他前往罗马是为了接受高等教育，但是在那之后他究竟从事了什么工作现在已经无从得知。总之，在公元204年的时候他返回了叙利亚，在罗马帝国东方的大都市同时也是他出生的故乡安条克定居下来。这个人之所以会被后世称为历史学家，是因为他著述了一部名为《马可·奥勒留死后的罗马帝国史》的史书，书中详细地记述了从公元180年到238年的历史。全书只有8卷，算不上长篇大作，而且内容也因为过于平铺直叙，没有任何对人物的深刻描写而使其读起来索然无味，成为很快被后世遗忘的作品。不过因为书中记述的都是他亲身经历过的时代，所以对于现在来说仍然具有一定的参考价值。

但是即便他生于那个时代并且描述的就是发生在他身边的事情，也不见得就完全是事实。有句话叫做眼见为实，人类往往只相信自己亲眼看到的东西。叙利亚行省的首府安条克，在公元233年发生的波斯战争中是罗马军队的后方基地。他在安条克看到的事实，与其说是对战争整体的客观认识，不如说是参战士兵们的感受。仅仅通过一场战斗根本无法判断战争胜负的走向，而且明明正值战斗的好时节，皇帝却草草下令撤军，这对于士兵们来说一定非常难以理解，心中也自然会产生一些负面情绪。

但是公元 233 年的波斯战争，对罗马方面来说即便没有失败，也算不上是什么值得夸耀的大胜。关于这一点，我们不需要现场的目击证人，只要从皇帝亚历山大向元老院作出的报告就可以分析出来。

首先，700 头大象之中的 200 头被杀，30 头被捕获，那么波斯方面应该还剩下 470 头。迦太基人与波斯人自古以来使用的战象就相当于我们现在的坦克，而波斯人在这场战役中也只不过损失了三分之一的“坦克”而已。

接下来让我们看一看“东方”军队常用的战车，1800 辆战车损失 200 辆，只是区区九分之一。

虽然罗马人成功地击败了 10 万名波斯步兵，并且俘虏了其中绝大部分，但是东方的步兵和罗马的重装步兵却是完全不同的两个概念。对于罗马人来说，重装步兵是主要战斗力，但是东方的君主制国家的步兵中充斥着大量被强行征用的农民，仅仅作为辅助作战的力量。所以不管击败多少波斯步兵都不会对战斗的结果造成影响。事实上，曾经征服了东方的亚历山大大帝，从来都没有将这些步兵放在眼里，他身先士卒进行突击的目标，只有敌军的主要战斗力量。

波斯方面的主要战斗力量是骑士和战马都披挂重甲的重装骑兵。因为骑士和战马都需要装备，所以武装一个重装骑兵需要一大笔开销，同时也需要相当长时间的训练才能够使骑士在身披重甲的情况下熟练地进行战斗，就算是喜欢在战场上投入大军的东方君主，也无法一下子纠集起几万名重装骑兵。皇帝亚历山大声称其击败了 1 万名重装骑兵，可以说相当于摧毁了波斯方面几乎一半的重装骑兵。由此可见，发生在公元 233 年的波斯战争，罗马军队彻底摧毁了波斯军队的主要战斗力量。罗马人之所以认为自己取得了对波斯战争的胜利，应该也是出于这个原因。而波斯国王也许就是因为看到自己的主力部队遭到如此沉重的打击，才那么仓皇地逃回首都去了吧。

罗马军队之所以能够在这场战役之中大获全胜，是因为当时的罗马军团兵还依然发挥着主要战斗力的功能，而且能让战局发展到使重装步兵与重装骑兵冲突，让双方主要战斗力相互对决。

骑兵，尤其是重装骑兵，要想发挥其令人恐惧的冲击力，必须保持一段相当长的突击距离。如果没有这段加速距离，尽管波斯骑兵的重装备有如中世纪的骑士，那么骑兵也很难发挥其应有的威力，甚至有可能彻底失去攻击力。一旦失去灵活机动的性能，那么骑兵也就失去了作为骑兵的价值。另外，因为重装骑兵身披重甲，一旦陷入步兵的包围之中，更加难以躲避对方的攻击。

这就是恺撒在公元前 48 年于法萨卢斯会战中击败庞培的战术。在公元 233 年与波斯的战斗中，罗马再次将其复制过来，通过将敌人侧翼的骑兵分割包围，使其从友军之中孤立出来，然后趁其移动不便之时将其消灭。重装步兵之所以在罗马帝国与波斯萨珊王朝的第一次战役中展现出如此强大的战斗力，是因为他们完全发挥了自己一直以来的作战方式。人类在坚持自己习惯之时，往往会发挥出更加强大的力量。

皇帝亚历山大向元老院的报告，虽然没有将所有的事实都阐述出来，但是也并没有说谎。

首先，他击退了入侵的波斯军队，完全实现了当初的出兵目标。其次，他还彻底摧毁了敌军的主要战斗力量，这一点至关重要。事实上，波斯萨珊王朝在此后的 20 年间都没有能力再向罗马的领地发起进攻。最后，他将沦陷于敌人之手长达 15 年的美索不达米亚北部地区重新收复回来。这样罗马帝国今后就可以在西北与西侧两个方向同时对波斯萨珊王朝进行牵制。

总之，皇帝亚历山大在波斯战争中的表现可圈可点，但是他的不幸之处在于，大家高估了他的胜利。从元老院到普通公民，全都认为他拥有率领军队战胜波斯人和日耳曼人的能力，这给 25 岁的皇帝造成了极大的心理压力。结果，公元 234 年，即波斯战争刚刚结束一年，罗马帝国的两大主权者“元老院与罗马公民”一致同意将亚历山大·塞维鲁送上莱茵河前线。而正是这个决定，夺走了这位年轻皇帝的性命。

日耳曼对策

很多人认为蛮族的罗马化是造成罗马帝国衰退的主要原因，但我并不同意这种观点。所谓蛮族的罗马化，是指生活在罗马帝国防线外侧的蛮族，经常与罗马境内的居民进行方方面面的接触。这是由于当时的罗马属于高度文明的国家，拥有先进文化的同时物产也十分丰富，境内的市场上可以买到种类繁多的商品，吸引境外的蛮族们频繁前来进行贸易活动。对于此种现象，历代的罗马皇帝都采取鼓励的态度，认为这样做可以有效地缓解罗马与蛮族之间的矛盾。罗马的统治者们唯一关心的，就是这些罗马化的蛮族是否团结起来采取统一的行动。罗马人将这些蛮族称为“近蛮族”，虽然时常提防他们的一举一动，但是并不将他们看做是真正的敌人。因为这些“近蛮族”与罗马帝国之间一直保持着比较良好的关系。

正如我在《罗马人的故事 11·结局的开始》所描述的那样，哲学家皇帝马可·奥勒留统治的时代罗马所面对的“时代变化”，是指一直以来被他们称为“蛮族”的外国人，在那个时代环境下，逐渐分成“远蛮族”和“近蛮族”两种类型。与居住在罗马防线附近的“近蛮族”相比，“远蛮族”指的是居住在现在的斯堪的纳维亚半岛与德国东北部、波兰以及俄罗斯的民族和部落。这些民族随着人口的不断增加，就好像暴涨的河水往低处流一样，开始向南部以及西南部发展扩张。当然，他们不会去那些无人的地区。既然是无人区，肯定是不适宜人类生存的土地，物产丰富的地方早就有人居住在那里了。而且如果能够开垦无人区并将其变成适宜人类居住的地方，那还叫什么蛮族。

既然叫做蛮族，那一定是为达目的不择手段，而且还会选择最简单直接的方法。所以蛮族的扩张方式无非就是将原先居住在这片土地之上的人打败，或者将其作为奴隶，或者使其臣服于自己。而从 2 世纪后半期开始，罗马帝国的防线之外就逐渐地发生着这种变化。马可·奥勒留统治时期之所以一直因为北方蛮族的问题而疲于奔命，正是因为这个问题刚好在那个时期显现出来。被

“远蛮族”打败吞并的“近蛮族”不断地入侵罗马领地，其中比较弱小的部族甚至向罗马帝国提出移居的请求。虽然罗马的历史就是不断抗击蛮族入侵的历史，但是随着时代的发展，其表现形式也在不断地发生着变化。

因为皇帝卡拉卡拉采取的积极攻势，罗马帝国北部的莱茵河防线与多瑙河防线才得以维持了15年的和平与稳定。但是这并非唯一的原因，还有一个原因就是在这段时间中，防线之外的“近蛮族”正遭到“远蛮族”的不断进攻。蛮族的入侵之所以在15年后才卷土重来，也是因为这时候“远蛮族”已经将“近蛮族”吞并，开始觊觎起罗马帝国的领地来。想要一夜致富的最好办法莫过于发动侵略战争，而对蛮族来说，罗马帝国无疑是最值得侵略的地方。

基于上述原因，罗马帝国到了公元3世纪同样要为入侵的蛮族伤脑筋。而有趣的是，3世纪的罗马人已经不再称呼“近蛮族”和“远蛮族”，重新被统一为马可·奥勒留时代前的“蛮族”这个称呼。可是其中所代表的意义已经不是马可·奥勒留时代前在某些方面罗马化、与罗马人共存的“蛮族”。“近蛮族”已经完全被与罗马从未接触因此没有罗马化的“远蛮族”所取代，莱茵河与多瑙河防线北部地区也都成为了这些人的地盘。由此可见，导致罗马在这一时期急速衰落的，并非罗马化的蛮族，而恰恰是这些没有被罗马化的蛮族。25岁的皇帝亚历山大所不得不面对的，也是这些更加凶狠残暴的蛮族中的蛮族。

当皇帝出征的时候，元老院议员和公民代表们从首都罗马送行了长达100罗马里，折合成现代的公里，相当于150多公里。由此可见，举国上下都对皇帝亚历山大抱有极高的期望，这位年轻的皇帝必须取得辉煌的胜利。

莱茵河畔

现在德国的美因茨，在罗马时期被称为莫根提亚肯，原本是一个凯尔特人的聚居区。因为位于美因河注入莱茵河的河口，罗马人发现其具有重要的战略位置，因此在这里建设了军团基地，从此使原本的小村落逐渐发展成为一个城镇。现在美因茨附近仍然存留有大量的罗马遗迹，证明这里从很早以前就是罗马帝国的领地。从开国皇帝奥古斯都开始的 150 年间，美因茨一直因为其重要的战略位置而常驻有 2 个军团。但是因为 2 世纪中期多瑙河防线的重要性逐渐增强，美因茨的常驻军团数量减少为 1 个，不过如果战况紧急，立刻会从莱茵河下游的波恩以及上游的斯特拉斯堡调遣军团前来支援。顺便说一句，在罗马灭亡 1000 多年以后，发明了活字印刷的谷登堡就出生于这里。

美因茨作为罗马帝国时期重要的军事基地，和科隆一样都是沿河而建的要塞，一般在这种情况下罗马人还会在河对面修建一座稍小一些的防御堡垒用于侦察和监视。这座建在河对面的小要塞通过一架浮桥与正式的要塞相连，因为这架浮桥在敌人来袭的时候必须及时切断，所以通常的做法是将小船并排连在一起，上面铺上木板，组成临时的通道。只有少量的步兵和骑兵可以在上面通行，只有罗马军方在大军渡河时，才会像恺撒那样修筑具有规模的木桥，或平行铺设多道舟桥。虽没有残存的史料记录，不过可以肯定，亚历山大到达美因茨时，曾下令修筑上述两种桥梁之一。莱茵河防线迎来皇帝的亲临，士兵们重新沸腾起久违了的战争气氛。而罗马军队之所以在莱茵河上架设能供大军通过的桥梁，大概也是为了渡过莱茵河直接向敌人的领地发起进攻。

常驻于美因茨的第二十二初创军团与从波恩赶来的第一密涅瓦军团以及从斯特拉斯堡赶来的第八奥古斯都军团齐聚在银鹫旗下，就连当时还只是一座要塞的法兰克福也挤满了罗马军团的士兵。甚至唯一在意大利本土拥有军团基地的第二帕提亚军团都接到命令正在北上赶来的途中。从总督到军团长再到每一位士兵，所有人都因为如此庞大的兵力投入而对这次全面开战深信不疑。不过身为他们总司令的皇帝亚历山大心中却开始产生另外一种想法。

皇帝亚历山大·塞维鲁或许是一个为达目的不择手段的人。但是对于这位年仅 26 岁尚未经历过人生真正苦难的皇帝来说，所谓的不择手段，只不过是不从伦理道德的角度出发所作出的选择，但是他没搞清楚如何选择有效达成目的的方法。

这也是他的性格使然，每当面对突发事件的时候，说好听点是慎重，说难听点就是优柔寡断和胆小怕事。波斯战争的时候就是如此，当初就算追着逃跑的波斯国王一直逼近他们的首都泰西封实际上也并非难事，可是他就是无法下定决心。结果在一年后的日耳曼战争中，他也犯下了同样的错误。

集结在美因茨前线基地的罗马军队，在公元234年冬天之前就已经完成了所有的战斗准备。剩下的只需在罗马境内等待北欧严寒的冬天过去，来年春天便越过莱茵河向日耳曼发动总攻。但是，皇帝亚历山大在这个冬天和日耳曼人开始了交涉。目的当然是使日耳曼各部族停止对罗马帝国境内的入侵。也许皇帝认为通过经济手段解决问题比动用武力更加稳妥，于是他提出向日耳曼人提供经济援助，希望能够以此来解决日耳曼问题。

这个方法对于罗马的皇帝们来说并不算什么新手段。从五贤帝时代开始，这就是罗马帝国的惯用伎俩。但是，在那个时代罗马人所面对的是能够理解罗马化优点的“近蛮族”。

罗马方面的经济援助分为现金援助、技术援助以及市场开放三种。但是罗马的这种政策实际上是为了将“近蛮族”的生活基础从狩猎转变为农耕。一旦社会进入农耕阶段，就需要长期固定在一个地区不再迁徙。与不断移动的敌人相比，固定的敌人更容易应对。另外，当生活水平提高之后，人类也会趋向于更加保守。当恺撒征服高卢之后，将当地的居民从狩猎民族转变为农耕民族，被固定在土地上并且物质生活不断富裕起来的高卢人，逐渐失去了进攻意大利的热情和理由，所以说高卢是罗马化的典型代表就是这个原因。与狩猎相比，农耕更能够稳定而持续地提高生活水平，这个道理即便在古代也是一样。

与恺撒时代的高速成长不同，罗马帝国在五贤帝的统治下迎来了鼎盛时期，而处于鼎盛时期的帝国已经不再将扩张领土作为其基本政略。除了图拉真征服达契亚人（现在的罗马尼亚）之外，帝国一直处于稳定的发展之中。但是对于罗马帝国来说，居住在防线以北的蛮族一直是他们的心头大患。于是罗马的皇帝们决定对蛮族实施“经济援助”，真正的目的却是希望让这些敌人也过上和平稳定的生活，以此巩固罗马帝国的防线。事实证明这一举措非常成功，“近蛮族”的罗马化成为罗马帝国安全保障的重要一环。但同时我们也不能忘记，这一举措成功的原因，首先是建立在罗马帝国压倒性的军事实力基础之上的，在这种条件下采取的和平政策必然会被对方所接受。同样对于接受罗马帝国“经济援助”的蛮族们来说，也深知这绝对不是罗马帝国示弱的表现。

亚历山大·塞维鲁在时隔一个世纪之后，再次采取了同样的举措。大概一向喜好读书的他是在从前的文书记录中看到了这些记载，于是也想效仿吧。但是他没有意识到与100年前那个深刻认识到罗马帝国的防线如铜墙铁壁般不可侵犯的蛮族相比，现在的蛮族已经完全不同。公元3世纪的蛮族没有多少与罗马帝国接触的经验，也对成为农耕民族没有多大的热情，是一群只想着掠夺的日耳曼人。所以他们认为罗马方面提出的经济援助，只不过是为了阻止日耳曼民族入侵罗马境内而作出的让步。与只懂得参考文书记录的亚历山大不同，驻扎在莱茵河防线的士兵们拥有丰富的对敌经验，他们立刻意识到现在的蛮族已经和从前不同。向他们提供援助，无异于帮助其加快吞并其他弱小部族的脚步。

就在亚历山大与日耳曼人进行交涉的时候，集结在美因茨一带的军团兵开始对一心只想媾和的皇帝产生不信任感。并非有人煽动这种情绪，每个人都自然而然地开始看不起皇帝的所作所为，这种不满的情绪与日俱增。最终，驻守在莱茵河防线的罗马士兵发生了暴动。

公元235年3月，驻跸在美因茨附近村落之中的皇帝亚历山大，被冲进他帐篷的士兵杀害。据说士兵在杀害他的同时，口中还大喊着：“没有断奶的家伙，去死吧！”本次战役与皇帝同行的皇帝母亲尤利亚·梅亚也在这个时候被杀害了。虽然亚历山大·塞维鲁与他的母亲都死于叛乱，但是他们的遗体还是被送回首都罗马，在举行了盛大的葬礼之后，被埋在历代皇帝长眠的哈德良陵园之中。这位还不到27岁便英年早逝的皇帝，共在位13年。

这次导致皇帝被害的叛乱并非一场计划严密的阴谋，而且也并没有多少士兵参与其中。但是因为皇帝亚历山大的被害，驻扎在美因茨及其附近的罗马军团还是陷入混乱之中。士兵们立刻与在科隆指导新兵的马克西米努斯将军取得联系，并且一致推举他就任罗马帝国的皇帝。同时没有丝毫证据可以证明这个叫做马克西米努斯的人，与谋杀皇帝亚历山大之间有任何的联系。

接下来的50年，在罗马历史上被称为军人皇帝时代。因为在这半个世纪之中，各个军团完全不顾元老院的意见，纷纷擅自推举自己的司令官做皇帝。而罗马帝国的衰退，与这些军人皇帝的层出不穷也有非常大的关系。后世之所以对皇帝亚历山大·塞维鲁的统治予以高度评价，也是因为他并非一名军人皇帝。

诚然，由此开始的半个世纪，罗马帝国真正地步入了迷途之中，但是责任不能单纯地推到军人出身的皇帝上。不管是卡拉卡拉还是亚历山大·塞维鲁，都不是军人出身，但正是他们种下了导致罗马帝国衰退的种子。我之所以在前文之中如此详细地描写了卡拉卡拉与亚历山大·塞维鲁的事迹，就是为了向大家表明,3世纪军人皇帝层出不穷的原因并非是一种偶然，而是历史发展的必然结果。

后世之所以对军人皇帝提出如此多的质疑，实际上是用现代文明统治的观念批评古人，简直像是一种过敏反应。

当然，当时的军人皇帝是应时代需求而出现的，但也确实带有一定的缺点，这也成为导致罗马帝国逐渐走向衰退的重要原因。不过需要澄清的一点是，用现代的观念去评价古人，是对历史的误读。在我们解读历史的时候，不应该用先入为主的观点草率地否定任何事。另外需要说明的是，罗马帝国的“文官”指的是元老院出身的人，而“武将”则是指那些军团中历练出来的人。

当然罗马帝国历史上也不乏文武双全的人物。尤里乌斯·恺撒就是其中最著名的一位，直到帝国中期，虽然没有恺撒那么强大的实力，但是也有不少深知军事的重要性并且精于此道的皇帝。而3世纪的罗马所欠缺的，正是这种类型的统治者。

第三章　公元 235—260 年

皇帝马克西米努斯·色雷库斯（公元 235—238 年在位）

虽然他希望后世能够将他看做尤里乌斯·恺撒和马可·奥勒留这两位伟大皇帝的传人，但这位全名盖乌斯·尤里乌斯·维鲁斯·马克西米努斯的人并没有那么幸运。在罗马史上，他最广为人知的称号是“色雷斯的马克西米努斯”（Maximinus Tracus）。之所以这么称呼他，是因为他出身于古罗马的行省色雷斯。

行省出身的罗马皇帝，早在 100 多年以前的罗马帝国并不少见。比如同为西班牙出身的图拉真和哈德良，但是并没有人将他们称为“西班牙人图拉真”和“西班牙人哈德良”。这是因为在距离当时 300 多年前于意大利出身的军团兵在服役期满退役之后，全都驻扎在一个统称“科洛尼亚”的殖民都市之中，而前面提到的那两个人，就出生于其中一个叫做意大利卡的地方，早在他们上台之前，就已经在帝国的元老院之中占据了席位，而且他们还属于行省的精英阶级。因此他们并不认为自己是当地人，而是地地道道的罗马人，并且作为罗马的皇帝统治整个帝国。

马克西米努斯虽然也和这两位前辈一样同为行省出身，但是他非但不是罗马血统，甚至连行省的精英阶级都算不上。不仅如此，他和首都的统治阶级之间也没有任何联系。他的父亲只是一个羊倌。

马克西米努斯·色雷库斯

色雷斯位于多瑙河下游南岸远米西亚行省（今塞尔维亚与保加利亚地区）南部，是从多瑙河防线通往小亚细亚的交通要道，西邻马其顿。除了毗邻地中海的南部地区之外，整体地形以山地为主，自古以来便以出产良马闻名。亚历山大大帝被认为是最早活用骑兵的将军，在他的率领下远征东方的，就是色雷斯的骑兵。

虽然色雷斯很多人都是羊倌，但并不意味着羊倌只养羊，还养牛和马，特别是马的饲养非常盛行。即便在地中海地区改由罗马人统治，对色雷斯出产的骏马的需求也依旧没有任何的改变。少年时代的马克西米努斯一直跟随父亲放羊，但是在那时候的色雷斯，羊倌并非拿着手杖，带着牧羊犬，能够边走边唱的悠闲工作，而是像牛仔一样，需要随身带着武器骑在马上随时准备防范强盗的袭击。虽然从小便帮助父亲放羊，但是马克西米努斯并不像他的父亲那样只想过安安稳稳的生活，他的愿望是加入罗马军团。因为色雷斯没有军团基地，所以他就打算前往米西亚。在卡拉卡拉颁布敕令之前，行省居民并没有罗马公民权，而没有罗马公民权，就意味着他连成为军团兵的资格都没有。

走投无路的马克西米努斯只好选择加入允许接纳行省居民的辅助部队。据说他当时只有 16 岁，而辅助部队要求年满 17 周岁才拥有入队资格，但是因为他健硕的体格给负责选拔人员的队长留下了非常深刻的印象，所以才破格让他

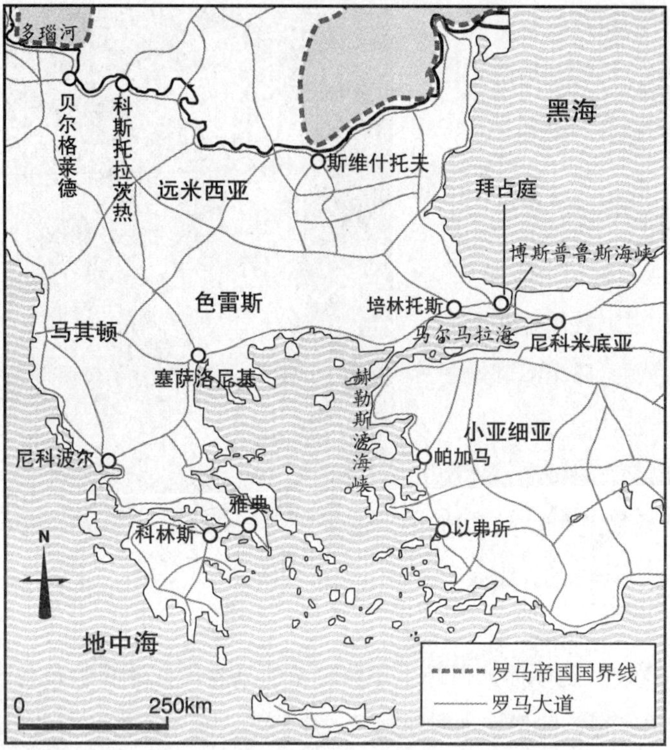

色雷斯及其周边

进入队伍。罗马军中的通用语是拉丁语，而他却因为浓重的色雷斯口音给人留下一种毫无教养并且不懂礼貌的印象，好在他不卑不亢的态度，使得自己重新取得了周围人的信任。他在加入军队不久，就成功地将自己“推销”给后来的皇帝塞维鲁，因此他的军旅生涯可以说非常愉快。

公元 189 年，当时还不是皇帝的塞维鲁的小儿子盖塔刚刚出生。心情大好的塞维鲁在视察军队的时候便组织士兵们进行搏击和体育比赛。虽然马克西米努斯干劲十足地跃跃欲试，但因为他只是一个初来乍到的辅助兵，根本没有引起塞维鲁的注意，只能专心于竞技之中。但是很快他便击败了自己所有的对手，脱颖而出。

于是马克西米努斯来到塞维鲁的近前，用他那带着浓重口音的拉丁语向长官提出了自己的请求。因为新兵都不是他的对手，所以他希望能够和老兵们过过招。

塞维鲁虽然不愿扫他的兴，但是也没办法答应他这个请求。因为在罗马军团当中，不管是比赛还是演习，都绝对不允许老兵与新兵交手。罗马军队素以训练严格著称，甚至可以说演习与实战之间的区别仅仅在于是否会流血牺牲。在有些训练中，士兵们都是真刀真枪地进行战斗。为了防止对老兵心怀怨恨的新兵趁此机会杀伤对方，所以罗马的军规规定，不管是演习还是比赛，都只能够在同级的士兵之间进行。

但是塞维鲁知道如果不违反军规的话，没有办法满足这个年轻人的愿望。于是他允许这名色雷斯的年轻人可以和军团的酒保，也就是负责保管葡萄酒的士兵们进行比赛。虽然只是酒保，但毕竟也是在前线基地服役的士兵，所以对武器的使用都十分精通。

但是马克西米努斯将这些士兵一个接一个地全都打败了，到最后总共击败了 16 个人，之后再也没有人敢上来挑战。这位色雷斯的新兵将塞维鲁为辅助兵准备的奖赏全都揽入自己的怀中，包括银质的护腕和斗篷的纽扣，以及带银质扣环的腰带等。

连续击败 16 名对手取得胜利的消息一下子传开了，这位色雷斯的年轻人顿时成为了军营中的名人。而且他不仅体格健壮，性格也非常忠厚朴实，因此深得大家的喜爱。

两天后，在塞维鲁骑马巡视军团基地的时候，发现马克西米努斯在辅助部队的营帐外与其他士兵发生了争执。于是塞维鲁命令随行的大队长让那个野蛮的年轻人明白罗马军队的规矩。

关于大队长究竟对其作出了怎样的训斥，我们不得而知。但是当这名色雷斯的年轻人被带到塞维鲁面前的时候，认错的态度显然并不诚恳。塞维鲁对此并没有表示任何的不满，只是对他说道："接下来我要策马前行了，你能跟上来吗？”说完，塞维鲁真的开始策马向前方疾驰。

因为这里是军团的常驻基地，所以到处都是用来进行骑兵训练的马场。塞维鲁沿着马场飞速地奔驰了好几圈，但是始终无法甩掉跟在身后奔跑的少年。于是塞维鲁停下来对这个新兵说道：

“色雷斯人，在跑了这么多圈之后你还能进行格斗吗？（就是我们现在所说的摔跤。）”

当然，大气都没喘一下的年轻人给出了肯定的回答。因为是没有武器的较量，所以塞维鲁为这个年轻人挑选的对手都是罗马军队的主力军团兵。结果这名 16 岁的年轻人仍旧连续击败了 7 名对手。塞维鲁破格提拔这名新兵为自己帐篷的警卫兵，色雷斯羊倌的儿子从此走上了自己人生的辉煌之路。

公元 211 年，皇帝塞维鲁在远征途中病死于不列颠的约克，罗马帝国进入其子卡拉卡拉统治时期。这一年马克西米努斯 38 岁，并且已经升任为百人队队长，手下统率着 80 名士兵，由此推断他应该在此之前就取得了罗马公民权，而不是在 212 年颁布“安东尼努斯敕令”之后才得到的罗马公民资格。在卡拉卡拉统治的 6 年时间里，正是他作为一个男人最成熟的时候，因为他总是身先士卒冲锋陷阵，所以深受士兵们的爱戴，他的百人队队长的地位也稳如泰山。即便他出身低微，只是一个色雷斯羊倌的儿子，但是有些权力对他来说也是唾手可得。不过马克西米努斯对塞维鲁一家的忠心却丝毫不为这些外界的诱惑所动。

公元 217 年，卡拉卡拉被害，皇帝的近卫军团长官马克里努斯继位。虽然士兵们也猜测马克里努斯就是幕后策划杀害卡拉卡拉的凶手，但因为当时罗马帝国正在与帕提亚王国交战，所以他们只能在新皇帝的领导下继续战斗，只有马克西米努斯例外。他以马克里努斯杀害了自己恩人的儿子为由，拒绝向新皇帝效忠，并且返回了故乡色雷斯。他的行为严重地违反了军纪，显然难逃军法的处置，但是马克里努斯并没有对他作出任何的惩罚。因为马克西米努斯在士兵中的声望极高，对军队的统率小心谨慎的新皇帝大概也是考虑到这一点，害怕在军中造成不好的影响吧。

马克西米努斯回到色雷斯之后，用兵役期间积攒下来的钱买了一块耕地，开始自己的农耕生活。他的母亲据说出身于哥特人的分支阿拉尼族，因此从事农牧业的马克西米努斯便将收获的农作物通过这层关系卖给哥特人。哥特人是居住在帝国北方防线多瑙河对岸的民族，他们对待马克西米努斯就像同胞一样，由此可见，多瑙河沿岸的蛮族与罗马人之间的交易活动实际上非常顺畅。不过马克西米努斯的农耕生活仅仅持续了一年便因为马克里努斯的被杀而结束了。卡拉卡拉的外甥埃拉伽巴路斯继承皇位。

45岁的“色雷斯人”在新皇帝前往首都罗马的途中请求拜见，并且对新皇帝提出希望自己能够像塞维鲁时代一样重新回到皇帝身边负责警卫工作。因为他一直认为如果自己不去担任百人队队长，而能够一直留在皇帝身边的话，那么卡拉卡拉或许就不会被杀。但是新皇帝埃拉伽巴路斯却这样说道：

> 听说你以前可以跟10个、20个，甚至30个士兵打斗，都能够大气不喘。那么，要是和一个女人连续玩上30次，你行吗？

马克西米努斯难掩失望的神情，一言不发地从皇帝面前退了出去。因为他实在无法忍受跟在这样的皇帝身边担任护卫，甚至产生了回到色雷斯去继续种地的打算。不过，皇帝的外祖母尤利亚·梅萨却对埃拉伽巴路斯提出了忠告。因为马克西米努斯是在罗马军团中非常有名的人物，就这样将他置之不理并非上策。新皇帝接受了外祖母的忠告，任命马克西米努斯担任大队长的职务。于是马克西米努斯将自己的耕地交给别人，带领着1000多名部下以大队长的身份重回前线战场。不过在这名色雷斯人的脸上，看不到任何升迁大队长之后的喜悦和感恩之情。在埃拉伽巴路斯统治的4年间，马克西米努斯一直尽力避免出现在皇帝面前与其见面。一般来说，大队长级别的将官们为了升任军团长或行省总督，都不会放过任何一个能够与皇帝见面的机会，只有他偏偏反其道而行之。即便如此，马克西米努斯还是得到了升迁的机会，可是他屡次以工作繁忙或者身体不适等理由推脱，绝对不肯前往首都罗马半步。

公元222年，埃拉伽巴路斯也被害身亡，亚历山大·塞维鲁继位。已经50岁的马克西米努斯在得知这件事之后立刻起身前往首都罗马。少年皇帝亲自接见了他，并且将这位已经拥有大队长资格的色雷斯人任命为新兵训练负责人。

这个安排大概是皇帝身旁第一红人乌尔比安出的主意，不过也算得上是人尽其才。自从卡拉卡拉颁布敕令以后，行省居民也可以不受限制地加入罗马军团，因为罗马军团的惯例是在驻扎地直接招收兵源，所以在3世纪的罗马军团中就充斥着大量拥有蛮族血统的士兵。因为在国境附近，不管是国境之内还是国境之外，基本都处于民族混居的状态，所以当地的居民也大多都是和蛮族之间的混血。负责训练这些新兵的马克西米努斯本人就拥有哥特人的血统。他高大的身躯和魁梧的体格非常具有北方人的特征，加之被太阳晒过之后会变成红色的皮肤，更证明了他的北方血统。经常被新兵们称为“色雷库斯”（色雷斯人）的马克西米努斯，对他们来说非常具有亲近感。而马克西米努斯自己对于训练新兵这个任务也感到非常满意，并且十分认真。

罗马军队的新兵训练就相当于现代海军陆战队的入队前训练，但是马克西米努斯的训练虽然严格但并不残酷。不管是每四天进行一次的实战训练，还是每天都会进行的装备检查，马克西米努斯都非常严格，但是这种严格并不是长官对下属的严格，更像是父亲对孩子的管教，整个训练都在这样的气氛之中进行着。当新兵们赤裸上身进行摔跤比赛的时候，马克西米努斯也会同样光着膀子加入进来。虽然他当时已经60岁了，但是仍然能够连续击败7名新兵。他在每次胜利之后大喊“下一个”的声音也丝毫不见苍老。

某天，一位大队长对他说道：

“马克西米努斯，你整天在训练中欺负这些刚入伍的新兵，就算赢了他们也没什么值得夸耀的吧。”

马克西米努斯答道：“那我和你比试比试如何？”

大队长欣然应允，随即摆开架势。结果马克西米努斯只是用手向对方的胸口一推，对方便被他重重地推倒在地。紧接着马克西米努斯大声地叫道：“下一个还有谁想挑战，站出来。但是仅限大队长级别！”

由此可见，他受到士兵们的爱戴也是理所当然的。对皇帝亚历山大的懦弱感到不满的士兵们，在将其推翻之后第一个就想到了马克西米努斯。当时这个“色雷斯人”已经62岁了，没当过军团长，也没当过行省总督，当然，在元老院中也没有席位。

实力与正统性

面对眼前的既成事实，元老院只能承认他为罗马帝国的皇帝。但是马克西米努斯虽然得到了元老院的认可，身为罗马帝国权力集团的元老院议员们，却在背地里称呼他为“半蛮族”。实际上他们心里都非常不愿意这位新皇帝来到首都罗马。

马克西米努斯不是既有的权贵阶层，也不是“新贵”，亦即新的权贵阶层，心中或多或少有些自卑。他下令从官方记录中删去他父亲那一听就知道既非拉丁人，也非希腊人，而是巴尔干半岛贱民的姓名，同时也删去了他母亲那令罗马人更听不习惯的姓名。而对于他本人来说，就算罗马是自己统治的这个帝国的首都，他也不愿意前往。

虽然他拥有声望和实力，但是仅仅凭借这些无法使其拥有的地位正当化。为了使地位正当化，除了实力之外还需要正统性。世袭制之所以能够流传这么久，就是因为在实力不明的情况下，只要拥有正统性就可以使其他人理解和接受。身为叙利亚太阳神祭司的埃拉伽巴路斯之所以能够继承皇位，就是因为他是先帝卡拉卡拉的外甥。除了马可·奥勒留以外的贤帝们，在决定让有能力的人继承皇位之前也要将其收为养子，就是为了使其成为皇帝的“儿子”，从而拥有正统性。

因为罗马是多神教的国家而非一神教，如果是一神教的国家，可以通过神的承认来获得正统性，但是对于多神教的国家来说，只有获得国民的认可才行。即便拥有正统性的人，在成为统治者之后也要证明自己拥有统治这个国家的实力。而通过实力占据了统治者宝座的人，也要时刻证明自己拥有坐在这个位置上的正统性。此二者缺一不可，如果稍有懈怠，就算是先帝的亲儿子也会被杀害。因为皇帝是终生的权力，在这种制度下，皇帝被杀意味着人民对皇帝的不信任。

“色雷斯的马克西米努斯”深知自己既没有功绩也没有正统性，很难将继承皇位这件事正当化。他仅有的功绩，只是在新兵训练上小有成效，却没有抵御外敌的显赫战功。

于是马克西米努斯决定在回到首都之前先给自己积累一些战功。对他来说，这称不上是牺牲。元老院的议员们比日耳曼的蛮族难对付得多。不管前方的战况多么惨烈，只要有支持他的士兵们在身边，他就对自己充满信心。

从皇帝亚历山大被杀之后的公元 235 年开始，罗马帝国在背水一战的皇帝带领下，与日耳曼民族之间展开了全面的战争。马克西米努斯率军越过莱茵河前进了 50 公里，直达现在的威斯特法伦，与迎击的日耳曼人发生了激烈的交战。随后他又赶走了入侵高卢的蛮族，还一路乘胜追击，彻底摧毁了蛮族的大本营，使其不得不从高卢境内彻底撤军。罗马军队在所有的战线上都大获全胜，马克西米努斯立刻趁此机会向元老院提交了一份报告书：

> 诸位元老院议员，我很想向你们传达我们罗马士兵们英勇战斗的功绩，但是不知该如何说起。我们越过防线，深入敌境四五十罗马里（相当于 60—75 公里），摧毁了沿途所有的日耳曼人村落，掠夺了他们的家畜，杀掉了他们的士兵，俘虏了他们的女人和小孩。最后阻挡我们前进脚步的

并非日耳曼人，而是一大片沼泽。如果能够越过这片沼泽地，那么我们的士兵甚至可以攻陷日耳曼人著名的黑森林。

在这种积极的进攻战术之下，罗马军队从莱茵河畔一直到日耳曼长城都一路高歌猛进，没有打过一场败仗。春风得意的皇帝再次向元老院发出书信：

> 诸位元老院议员，从我继位至今虽然只有短短数月，但是我敢说目前为止的战绩不输于之前的任何一位帝王。而且，我还在连续不断地取得胜利。通过这些胜利，我缴获了无数的战利品，绝对能够让所有人都大吃一惊。被我们的士兵所俘虏的日耳曼战俘数量，如果全都带回去的话，想必就算是首都罗马也装不下。

在发出了这些战报之后，皇帝向元老院提出在首都中心的回廊上设立一幅描绘罗马军队胜利场面的版画。

听说罗马军队取得了久违的辉煌战果，元老院中立刻响起一片欢呼声。但是那些元老院议员们在聆听皇帝报告的时候都是一副苦涩的表情。被他们蔑称为“半蛮族”的家伙竟然取得了如此出人意料的战果，他们当然高兴不起来。但是更加令他们难以容忍的是马克西米努斯在报告中暴露出来的低劣的文学素养。身为传统贵族阶级的他们，完全无法接受自己被这样一个男人统治。

简洁是优点，坦率也不坏，但是既简洁又坦率就会拉低一个人的品位。同样一件事或一句话，有品位的人做出来或说出来就会显得特别有分量，使人更加容易接受。也许马克西米努斯也对自己的出身感到自卑，所以他不喜欢自己的身边出现有教养的人。皇帝身边一般都有秘书官和负责记录皇帝口述的书记员，但是马克西米努斯将皇帝亚历山大时期擅长这些工作的官员们全都赶了出去。也许他觉得身边的人只要能够将自己所说的内容原原本本地记录下来就足够了。但是他忽视了一点，那就是他和出口成章的尤里乌斯·恺撒相比还差得很远。

元老院议员们连续听了三年皇帝发来的战报，也就是说，这个“色雷斯人”连续打了三年的胜仗。在继位第三年的公元238年，皇帝马克西米努斯将前线大本营迁移到希尔米乌姆。通过积极进攻的战术重新恢复了莱茵河防线与日耳曼长城的防御功能之后，下一个目标自然就是多瑙河中游。同时代的历史学家艾罗迪亚鲁斯这样写道：

> 如果上天能够多赐给他一些时间的话，那么莱茵河、日耳曼长城以及多瑙河等罗马帝国北方的生命线大概就会平稳下来吧。

罗马人所说的平稳，指的是自己所在的国家罗马处于和平状态，用他们自己的话说叫做“pacificatio”。但是罗马人想要享受和平，在公元前1世纪的时候需要通过武力征服高卢人，公元2世纪开始需要用武力征服日耳曼人。也就是说，所谓的“罗马统治下的和平”，实际上只是对罗马人来说的和平。不过即便如此，这个“和平”（Pax）的受益者仍然遍及居住在欧洲、中近东以及北非等地的所有人。

虽然马克西米努斯希望将罗马帝国的北方防线稳定下来，但是本应与他站在统一战线上的罗马人扯了他的后腿。事件的起因是北非行省爆发的抗议运动。

在尤里乌斯·恺撒还是执政官的时代确立的《农地法》，在某种意义上来说，是一个保护中小规模自耕农的政策。这一法令在罗马进入帝国时代之后仍然被保留了下来，所以在意大利本土，中小规模的农场比大规模的农场更加受到重视。对于像格拉古兄弟以及尤里乌斯·恺撒这样以民众支持为基础的政治家们来说，保护那些拥有投票权的中小农民是非常重要的政策。进入帝国时代之后，虽然皇帝的权威同时也要受到来自元老院方面的限制，但是自耕农的支持基础仍然没有发生任何变化。所以后来的皇帝在意大利本土实行了仅限于自耕农的利息优待政策。

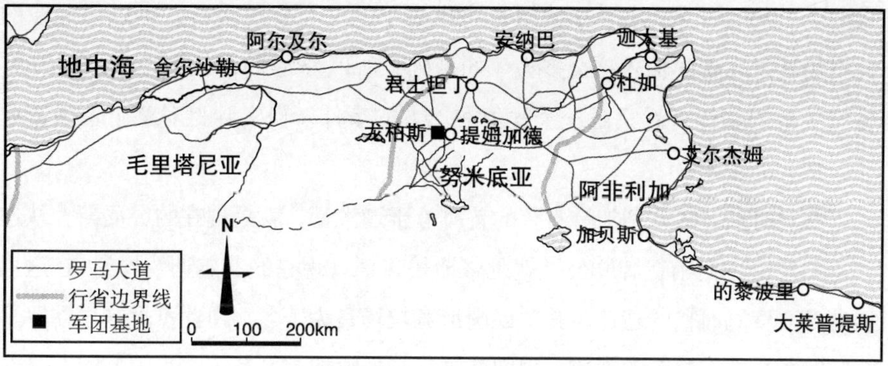

罗马时代的北非

但是，上述情况在被罗马人征服的行省中完全不同。这些地方在被罗马征服之前就已经确立了使用许多奴隶进行劳作的大规模农场形式。而且这一形式在他们加入罗马帝国之后也仍然保留了下来。因为罗马人统治外族的方式一向是具体问题具体分析，再加上行省的农民并没有罗马公民权，对皇帝来说没有投票权，所以罗马方面对此也没有作出什么改变。

大规模农场形式在北非地区普遍存在，基于两个原因：

一、与满是山丘的意大利半岛相比，在布匿战争前一直处于迦太基人统治之下的北非属于平原地势，加之迦太基人自古以来便以高效的农耕技术著称，因此与中小农场相比，大农场更加符合他们的生产模式。

二、虽然在现在看来很难想象，但是在当时北非地区和埃及是罗马帝国重要的粮食产区，向意大利本土提供三分之一的小麦资源。除了小麦以外，还出口大量的其他农产品。既然意大利本土这样一个具有大量需求的市场就在旁边，提供货源的北非的粮食生产效率是一个非常敏感的问题。

现在依然残留在北非一代的壮丽遗迹，非常完美地证明了当时罗马帝国在北非地区强大的经济实力。正因为拥有强大的经济实力，才能够在政治和文化方面作出积极的发展，从而留下这些遗迹。哲学家皇帝马可·奥勒留的老师就是生于北非的弗龙托，他的女婿和手下优秀的武将中也有不少北非出身的人。塞普提米乌斯·塞维鲁也是出身于北非行省的皇帝。可以说北非的大农场就是向帝国输入这么多人才的基础。所以公元 238 年爆发的抗议活动，虽然从帝国整体来看只是一个发生在地方的事件，但实际上对整个帝国造成了非常大的影响。

罗马时期“阿非利加行省”的首府位于迦太基，就是现在的突尼斯。从迦太基向东南方向前行 200 公里就是蒂斯德鲁斯（现在的艾尔迪约姆）。在这里拥有众多罗马时代的遗迹，其中以圆形竞技场最为著名，由此可见这里在罗马帝国时期是一个繁荣的都市，周围都是广阔的耕地。

当负责征收税金的皇帝财务官从行省首府迦太基前来这里收税的时候，农场主们对其提出了强烈的抗议。这位看上去丝毫不懂通融的财务官，宣称在北方作战的皇帝马克西米努斯下令征收战时特别税，并且不接受任何的协商。这件事引起大农场主的强烈不满。其中一些年轻的农场主表现尤为激动，甚至在与财务官发生争执的时候错手杀了对方。结果，原本对于税收不满而产生的抗议因为民众的激昂情绪而演变成一场暴动。年轻的农场主们将自己手下的农民武装起来，率领这些民兵向行省首府迦太基进发。他们打算向行省总督投诉财务官过于苛刻的税收要求，因为当时的总督戈尔迪安是一位非常体谅民众的统治者。

但是当他们在迦太基的总督府进行会谈的时候，事情却发生了完全出人意料的变化。年轻的农场主们决定推举他们的总督作为罗马帝国的皇帝。

元老院的反击

在 5 年前皇帝亚历山大·塞维鲁统治时期，因为深受皇帝的信任（有留传下来的书信证明）而被任命为北非行省总督的戈尔迪安，当时已经 80 岁高龄。但是这个人在所有层面上都能够代表 3 世纪罗马社会的传统统治阶级。

首先，戈尔迪安的家世显赫。他父亲的家族从共和国时期就是名门望族，

戈尔迪安一世

戈尔迪安二世

400年以来一直在元老院中拥有席位。他母亲的家族有图拉真的血统，也常年在元老院中拥有一席之地。他的妻子是安东尼·庇护的曾孙女，为他生有一儿一女。他的儿子戈尔迪安二世一直没有结婚，随他一同前往迦太基赴任。他的女儿则嫁给了一位元老院议员——这位议员的家族自尤里乌斯·恺撒时期便是名门——并且育有一名现年13岁的男孩。

其次，作为传统统治阶级的另外一个条件——财力，戈尔迪安家族也远超其他同僚。他位于罗马七丘之一西里欧山上的宅邸，原本是“伟大的庞培”所建。因为庞培的家族是意大利中部的大地主，所以他的宅邸在当时就以豪华而闻名。在庞培被恺撒打败之后，恺撒的副将马可·安东尼将庞培的这个豪宅买下作为自己的宅邸。很快安东尼也在与克娄巴特拉联手对抗屋大维的斗争中失败，死于埃及，他的产业被后代继承。后来这座宅邸又屡次辗转多人之手，最后在五贤帝时期被戈尔迪安家族买下。因为经过历代所有者的改建和装修，加之当时正是罗马帝国鼎盛的时期，这座被称为罗马市内最豪华的宅邸在整个2世纪都十分著名，就连建在其旁边的马可·奥勒留的老宅，在华丽程度上也无法与之相比。

但是，真正象征着戈尔迪安家族大量财富的并非这座宅邸，而是建立在罗马市中心以东5公里之外、位于帕雷斯蒂纳大道和卡西利纳大道交叉口附近的郊外别墅。

建于郊外的别墅因为可以不受土地限制，所以与市中心的宅邸相比更加气派，可以说豪华程度完全取决于建造者的财力。其中最能够表现出豪宅华丽程度的，莫过于庭院中被无数立柱围成的四方形回廊了。戈尔迪安别墅庭院中的回廊共由200根大理石圆柱组成。这200根圆柱分为产自希腊的白色和绿色花纹圆柱、产自埃及的红色圆柱、产自努米底亚的黄色圆柱以及产自小亚细亚的白色和灰色斑点圆柱四种。这四种圆柱交互穿插，矗立在中庭周围的回廊上。在那个时代，大理石圆柱可以被看做一种资产的证明。这200根圆柱全都是比意大利产的大理石更加昂贵的进口货，同时运费也价格不菲。这些彩色的大理石之所以比纯白色的大理石昂贵，是因为白色的大理石在意大利境内随处可见，同时境内开采的运费相对也比较低廉。甚至可以说，帝国时代初期1世纪与帝国时代中期2世纪的建筑物之间最大的区别，就在于其使用的是纯白色的大理石还是彩色的大理石。由此可见，戈尔迪安别墅的回廊是罗马帝国富豪的象征。

顺便说一句，戈尔迪安别墅中那些在当时令人瞠目结舌的美丽圆柱，于中世纪文艺复兴时期被红衣主教拿去用于建造自己的宫殿，结果现在那里已经一根都找不到了。不过戈尔迪安别墅曾经所在的地方，即便在1700多年以后的今天，仍然被称为“波尔加达·戈尔迪安”。在意大利语中，“波尔加达”是新开垦地区的意思，一般很容易成为低收入阶级的聚居区，这里也不例外。曾经遍及罗马帝国首都郊外的豪华庄园，现在基本上都落得与“波尔加达·戈尔迪安”相同的境地。

相信戈尔迪安一定想象不到自己家族的名字能够流传到1700多年以后的今天，但是出乎意料地被推举为皇帝的他，也确实算得上3世纪罗马帝国元老院议员的典型代表。3世纪罗马的上流社会渐渐不重视后代的军事经验，戈尔迪安也从没有前线的战斗经验。不过身为元老院议员，他也与其他议员一样都要经历许多被称为“光荣职务”的职业生涯。戈尔迪安也同样经历了会计检察官、法务官、执政官等公职，并且以前执政官的身份被派往行省出任总督，可以说人生之路一直都十分顺畅。

生活在顺境之中的人往往也喜欢回报社会，戈尔迪安将自己收藏了6万卷读物的私人图书馆向大众开放，并且热心于赞助艺术家和诗人。他自己也创作了不少诗歌，并且还创作了描写安东尼·庇护以及马可·奥勒留时代的叙事诗共30卷，可惜这些作品并没有流传下来。他的言行举止都非常稳健，虽然其生在3世纪，但精神状态和2世纪时期的罗马人十分相似。用一句话来概括的话，戈尔迪安就是3世纪前期罗马帝国传统统治阶级的典型代表。

但即便是如此合适的皇帝人选，还是需要得到元老院的承认。于是在公元238年6月26日，议员们齐聚在元老院会场，当时担任执政官的尤里乌斯·希拉努斯宣读了非洲行省总督戈尔迪安提交的书简：

> 诸位元老院议员，代表着非洲行省未来的年轻人们，推举我为罗马帝国的皇帝。因为自己年事已高，我本打算拒绝，但是考虑到国家在如此困难的时期，我应该承担起自己的责任和义务。不过，决定权还是在诸位的手上，至于我是否继承皇位，希望遵循元老院的决定。

对“色雷斯人”一直心存不满的元老院立即抓住了这个机会。在戈尔迪安的书简被宣读完毕之后，议员们立刻爆发出热烈的欢呼。激昂的议员们纷纷站起身，嘴里大声地叫道：

“戈尔迪安·奥古斯都！愿众神保佑你。你一定能够给帝国带来美好的明天。”

“我们终于解放了。戈尔迪安一定能够拯救这个国家。让我们向将帝国从野蛮人手中拯救出来的新皇帝致以最诚挚的谢意。”

身为议长的执政官让众人安静下来之后说道：

"诸位议员，现在我们必须决定如何解决马克西米努斯的问题。"

"敌人，他是公敌，应该宣布他为国家的公敌。"

"悬赏通缉他，杀掉他的人将得到褒奖。"

执政官继续问道：

"留在马克西米努斯身边的人要如何处置？"

"他们也是公敌。杀掉他们的人同样将会得到奖赏。"

元老院一致达成以下的处理意见：

"国家公敌将被处以和奴隶一样的刑罚。元老院的敌人不管逃到哪里都会遭到通缉，必须将他们彻底消灭，一个不留。"

第二天一早，使节们便将元老院的通告发布到全国各地：

> 元老院与罗马公民，向行省总督、军团长、军团所属的将士们以及各地方都市的议会等政府机关发表如下通告：为了将帝国从野蛮人手中解放出来，所有国民都必须紧密团结在戈尔迪安皇帝的周围。
>
> 在众神的祝福下就任皇帝的戈尔迪安是我们完美的楷模，身为元老院议员的他长期以来一直为国家作出了卓越的贡献，因此元老院决定授予他奥古斯都的称号。同时考虑到他年事已高，为了避免帝国的统治出现空白期，授予他的儿子作为共治皇帝的地位。
>
> 现在将由你们决定，这个国家是否应该回归到其真正合适的统治者之手。为了不给野蛮的敌人反击的余地，我们必须立刻团结在戈尔迪安父子的身边。元老院一致认定马克西米努斯及其追随者为国家公敌，必须将其彻底消灭。

罗马元老院向皇帝马克西米努斯下达了战书，可以说是元老院打开了内战的大门。驻扎在多瑙河附近的马克西米努斯得知这一消息顿时火冒三丈，将手边能抓到的东西全都用力地扔了出去，拔出佩剑疯狂地挥舞，身边人谁也拦不住他。在他发完脾气之后，吩咐人拿酒过来，这个平时不管喝多少都不会醉的男人，那一天却醉成一摊烂泥。然后，就好像忘了所有的烦恼一样沉沉地睡去了。

第二天，在召集起来的将士们面前，被元老院称为野蛮人和国家公敌而遭到弹劾的皇帝马克西米努斯开口说道：

> 我的战友们，想必你们也早有耳闻。阿非利加行省和元老院，全都违背了在我就任皇帝时对我效忠的誓言。甚至还将那个已经一只脚踏进棺材里的戈尔迪安推上了皇帝的宝座。贵为罗马社会第一阶级的元老院，实际上是经常不遵守誓言的惯犯。罗慕路斯和尤里乌斯·恺撒的死，都是这些家伙干的好事。
>
> 我为了这个国家与蛮族交战，而且取得了如此辉煌的胜利，可是元老院那些家伙却将我看做国家的敌人。他们不仅弹劾了我，还将为了这个国家与我共同浴血奋战了3年的诸位战友也称为国家公敌。元老院将奥古斯都的称号授予戈尔迪安父子，这不仅是对我的侮辱，也是对将我推举为皇帝的诸位最大的侮辱。
>
> 如果你们还是男人的话，如果你们还有身为男人的尊严的话，就和我一起向首都进军，打倒元老院和那些非洲人。如果我们能够战胜他们，那么打倒他们之后所得到的财产将全都属于你们！

皇帝马克西米努斯将与居住在多瑙河对岸的蛮族之间的战争放到一边，率军向首都罗马进发。罗马帝国3世纪的内战正式开始。

一年之中的五位皇帝

反观戈尔迪安皇帝那边，事情也进展得不太顺利。因为这一切都发生得太过突然，他根本来不及作准备。

阿非利加行省西邻努米底亚行省，而努米底亚拥有除埃及之外北非唯一的军团基地。由开国皇帝奥古斯都所创立的第三奥古斯都军团在这300年来一直保护着北非的居民，使其免受穿越撒哈拉沙漠而来的敌人袭击。第三奥古斯都军团的士兵们都具有非常强的军人荣誉感，即便在服役期满退役之后也依旧居住在军团基地附近不肯离去。位于龙柏斯军团基地不远处的提姆加德就是这些退伍兵为了开始他们的第二人生而自己建成的城镇。因为考虑到这些人可以随时作为军团基地的预备力量，所以历代皇帝对于这种退伍兵继续居住在军团基地附近的做法都非常支持。

但是第三奥古斯都军团对东侧的阿非利加行省的居民与首都罗马元老院共同拥立的皇帝戈尔迪安持反对态度。他们并不是对戈尔迪安父子有什么不满，也不是讨厌阿非利加的那些农场主，更不是对皇帝马克西米努斯有什么特别的感情，而是因为元老院否定了军队拥立的皇帝，所以他们对此感到非常难以接受。正如我在前文中所说过的那样，塞普提米乌斯·塞维鲁优待军队的政策，将罗马军队所代表的“士兵”与元老院所代表的“公民”一分为二，并且军队高高在上。因此第三奥古斯都军团才会对元老院的决定作出如此强烈的反应。

军团的士兵们高高举起象征自己军团的银鹫旗，向戈尔迪安父子所在的迦太基进军。一般来说军团不会扔下军团基地倾巢而出，但是在北非另当别论。越过沙漠前来袭击的游牧民族，并不会组成像日耳曼人那样的大军。也就是说，龙柏斯军团基地所负责的防线主要面对的是不知何时出现的小规模敌人。在这里罗马人再次体现出其具体问题具体分析的特点，就算同为面向沙漠的防线，他们在这里的做法也和面对帕提亚以及波斯的防线不同。而且正如之前所说，北非还有一个非常显著的特征，那就是在他们的基地附近有许多退伍兵，当得知防守基地的任务落在他们肩上的时候，这些人都感到十分欣喜并且干劲十足。

迦太基作为北非的中心城市，在罗马统治时期一直是物产资源的集散地，这一点已经在20世纪后半期进行的海中考古学调查中得到证明。在迦太基与

沙漠地带的防线——威胁程度相对较低的地方
（昔兰尼加、阿非利加、毛里塔尼亚等行省）

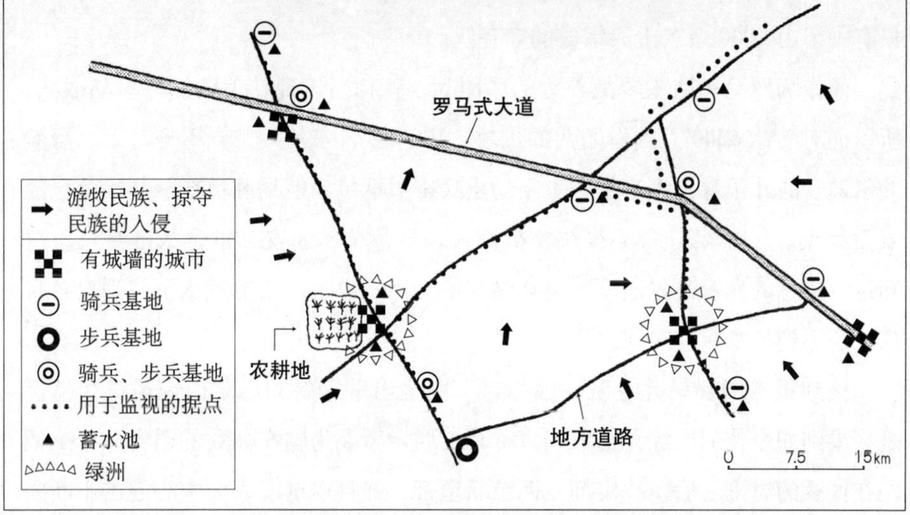

沙漠地带的防线——威胁程度相对较高的地方
（北非的一部分以及叙利亚行省等防线）

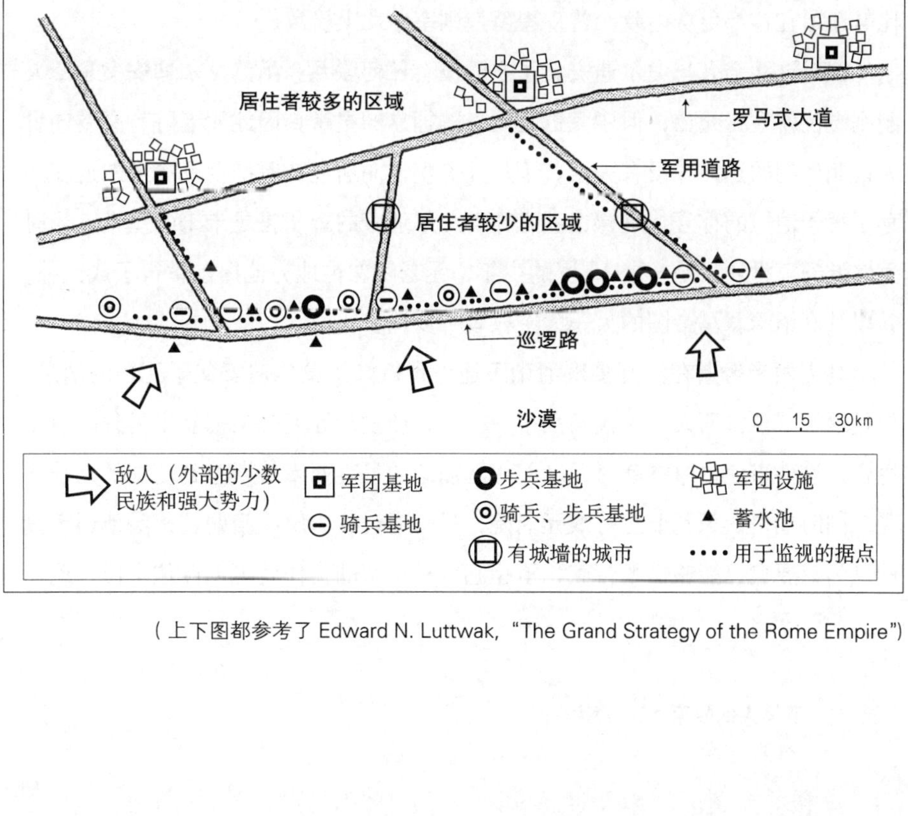

（上下图都参考了 Edward N. Luttwak, “The Grand Strategy of the Rome Empire”）

罗马之间航线下的海底深处，发现了很多古代运输船的残骸。但就是这样一个如此重要的都市，却没有自己的军团基地。就像高卢最重要的都市里昂一样，只有一个由 1000 余名士兵组成的守备队。

而作为罗马军队主要战斗力的军团兵，就相当于现在美国的海军陆战队。所以面对多达 6000 人的军团兵的进攻，1000 多名守备兵完全不是对手。虽然戈尔迪安的儿子身先士卒带领手下的士兵奋勇抵抗，但是胜负在一开始就已经显而易见。1000 名守备兵很快便被消灭，皇帝戈尔迪安二世也战败身亡。得知这一消息的皇帝戈尔迪安一世在绝望中选择了自杀。从他继承皇位到自杀身亡，还不到一个月的时间。

接到报告的罗马元老院，因为这个完全出乎意料的结果而惊慌失措。但是，事到如今他们已经无法取消宣称马克西米努斯为国家公敌的通告。于是他们在彻夜的讨论之后，决定拥立两位新皇帝，并且以这二人为中心迎击不断向首都逼近的马克西米努斯。元老院拥立的这两个人都是元老院议员，其中普皮恩努斯拥有丰富的指挥经验，而巴尔比努斯则是德高望重的政治家。于是巴尔比努斯留在首都负责内政，普皮恩努斯则率军北上抗敌。

但是这两个人与戈尔迪安父子之间没有任何联系。虽然戈尔迪安父子二人刚刚继位就宣告死亡，但毕竟也是元老院拥立的皇帝，因此元老院有必要向世人证明他们的选择并没有失误。于是元老院便向居住在首都罗马的戈尔迪安的孙子授予恺撒的称号，这样也就意味着戈尔迪安的孙子将是未来的皇帝。当时戈尔迪安三世还只是一名 13 岁的少年，元老院匆忙地为他提前举行了成人礼，并将其介绍给罗马帝国的另一大主权者“罗马公民”。

马克西米努斯在离开多瑙河南下途中也得知了戈尔迪安父子死亡的消息。但是这个“色雷斯人”仅仅高兴了一会儿，便发现元老院又拥立了另外两位新皇帝。这件事使得原本就对元老院深恶痛绝的马克西米努斯感到更加的无法忍受。同时他也认识到要想打败元老院，只有通过武力解决问题。曾经他还天真地以为只要自己能够击败蛮族，承担起罗马皇帝的责任就可以保住皇位，现在他终于发现这一切只不过是自己一厢情愿的想法罢了。不过，他现在才认识到这一点实在是太晚了。

因为这 3 年来他率领手下的士兵与蛮族交战大获全胜，保护帝国的边境平安稳定。所以马克西米努斯认为，他的军队所到之处必定会受到当地居民的盛情款待。但是事实完全出乎他的意料。元老院宣判马克西米努斯为国家公敌的通告，早已经传遍了罗马帝国的每一个角落。而且越接近意大利本土，通告的效力就越强。皇帝马克西米努斯的军队也由此陷入了粮草不足的困境之中。

居民们会有这种反应也不难理解。毕竟对于他们很多人来说，别说没见过皇帝的样子，甚至连马克西米努斯这个名字都没听说过。也就是说，马克西米努斯是一个非常陌生的皇帝，而元老院的布告他们却是司空见惯。

对于元老院来说，这次也是背水一战。元老院中主张积极防御的 20 个议员组成了防御委员会，尝试一切可能打败这个“色雷斯人”的办法。

最终决定皇帝马克西米努斯命运的，还是当地居民们的反抗。沿着多瑙河的大道进入意大利本土之后抵达的第一个都市，就是位于亚得里亚海深处的阿奎莱亚。这里的居民在皇帝马克西米努斯到来之前便紧紧地关闭了自己的城门。而在这个时候，从首都赶来的皇帝普皮恩努斯甚至还没有进入阿奎莱亚。

如果是以前的马克西米努斯，一定会使用自己最擅长的速攻战术，绕过阿奎莱亚直取首都。虽然途中会遇到皇帝普皮恩努斯率领的军队，但是马克西米努斯手下的军团在与蛮族的战争中积累了丰富的经验，那些生活在首都的近卫军团根本不是他们的对手。而一旦在与普皮恩努斯的交战中取得压倒性的胜利，马克西米努斯或许能够趁机打破僵局，形势也会发生逆转。

但是遭到居民们抗拒的马克西米努斯已经不再是从前那个信心满满的他了。于是他在阿奎莱亚城前布下阵势，准备进行攻城战。阿奎莱亚城里只有几百名警卫兵，而进攻方则是战无不胜的强大军队。看上去似乎很容易被攻陷的城池，却迟迟未能攻陷。一方面是因为居民们众志成城地顽强抵御对方的进攻，另一方面是因为进攻方的粮食补给也所剩不多。而且冬天即将到来，虽然与多瑙河沿岸相比地中海附近的气候还算比较温暖，但是意大利东北部地区的冬天依然十分寒冷。随着时间的推移，马克西米努斯手下的士兵们内心之中开始产生动摇的情绪。尤其是在首都附近的阿尔巴诺拥有自己的军团基地，并且老婆孩子全都留在那里的第二帕提亚军团的士兵们心中的动摇最为严重。因为他们跟随被元老院弹劾的马克西米努斯一起战斗，所以害怕自己的妻子和孩子会被对方抓去当做人质。

于是第二帕提亚军团的士兵们决定趁晚上皇帝睡觉的时候袭击他的帐篷。这就是以“色雷斯人”的称呼而广为人知的皇帝马克西米努斯最后的下场。“色雷斯人”的首级在 4 天后被送到罗马的元老院接受检查，之后他的尸首被扔进台伯河，没有一位议员对此提出异议。

在马克西米努斯被杀之后，围攻阿奎莱亚的士兵们立刻解除了包围。阿奎莱亚的居民也热情地打开城门，为他们提供温暖的住宿和食物。就这样，当皇帝普皮恩努斯抵达阿奎莱亚之时，马克西米努斯手下的士兵们以及当地居民全都向新皇帝宣誓效忠。成功避免了内战的罗马帝国，在元老院的主导下，似乎恢复了曾经以两名皇帝为中心的一体化统治模式。但是“色雷斯人”才刚刚退出历史舞台，两位新皇帝之间的关系就出现了裂痕。

当时已经 70 岁的普皮恩努斯，身为元老院议员，他的席位完全是凭借自身的实力获得的，用罗马人的话来说，他属于“新贵”。虽然他生于意大利本土，但属于“平民”。像他这样出身低微的人想要往上爬，加入军团是最快的途径。他在皇帝康茂德统治时期开始了自己的军旅生涯，并且一路顺风顺水。在战场上表现突出的士兵会得到皇帝的赏识，从而得到机会被推荐进入元老院，即便是平民出身的人也可以在元老院拥有一席之地。普皮恩努斯曾先后在多个前线和行省中服役，范围西至高卢，东抵小亚细亚，直到被任命为首都长官才终于安顿下来。他在首都的工作得到了大家的一致好评，元老院之所以拥立他为皇帝，就是因为他在首都居民中的声望极高，而且他已经 70 岁高龄，就算做了皇帝在心境上也不会有太大的变化，毕竟这已经是一个无欲无求的年纪了。

普皮恩努斯

巴尔比努斯

另一位皇帝巴尔比努斯出生在一个贵族家庭，生来便属于元老院阶级。但即便如此，他也没有一味地在首都罗马享受奢华的生活。当时已经60岁的巴尔比努斯几乎管理过帝国境内所有的行省，拥有非常丰富的统治经验。由此可见，他并不是一个无能的“贵族”。

巴尔比努斯的魅力，凡是见过他的人都会留下非常深刻的印象。他的身材十分高大，而且是一个美男子。他平时的打扮很有品位，还擅长辩论，所以当他出庭为人辩护时，可以说在视觉上和听觉上给人以双重的享受。不仅如此，他还是一个对自己感兴趣的事物喜欢钻研到底的人，这一点在葡萄酒方面表现得尤为突出。罗马人自古以来就对“酒”（vinum）的产地和酿造年份十分挑剔，3世纪的罗马人最重视的是用来调制葡萄酒的水，他们会在水中加入各种香料来调制葡萄酒。据说巴尔比努斯就曾经发现了好几种新型的香料，并且使之成为当时非常流行的调制方式，在当时他就以这方面的造诣而闻名于世。

他们两人之间的关系之所以会变得紧张起来，虽然也有他们个人的原因，但更重要的是元老院没想到马克西米努斯会如此轻易地被打败，一直紧绷着的神经突然放松下来，导致其内部逐渐产生分歧。元老院逐渐分为两派，各自支持其中一位皇帝独揽大权。而会出现这种情况，也说明不管是普皮恩努斯还是巴尔比努斯，都没有掌控大局的能力和气概。这两个人虽然在身为元老院议员之时表现出与之相应的能力和责任感，但是再往上就不行了。

当元老院内部出现混乱的时候，最先对此感到失望的，正是那些追随马克西米努斯向首都进军，但是在马克西米努斯被杀之后向两位新皇帝宣誓效忠的士兵。身为军人的他们现在才终于意识到，自己竟然因为这些虽然拥有高高在上的地位，但是缺乏统治能力的元老院议员们，杀害了自己的司令官。对他们来说，马克西米努斯与这些人相比简直要强上百倍。

被失望和悔恨支配了所有情感的士兵们决定推翻两位新皇帝的统治。普皮恩努斯和巴尔比努斯甚至都来不及反抗便被群情激昂的士兵们杀死了，而元老院直到这两位皇帝的尸体被扔在他们的面前才知道这件事情已经发生。

在公元 238 年这一年之中，包括皇帝马克西米努斯以及在当年出任皇帝的戈尔迪安一世和他的儿子戈尔迪安二世，还有普皮恩努斯和巴尔比努斯在内共有 5 位皇帝先后出现并死去。最后剩下的，只有一位 13 岁的少年。

皇帝哈德良曾经这样讽刺道：“元老院虽然总是各持己见，但是一旦面临危害到其自身利益的问题就会立刻团结起来。”

元老院在不到半年的时间里先后拥立了戈尔迪安父子以及普皮恩努斯和巴尔比努斯，但是这些人都相继被杀。被拥立为皇帝的人落得如此下场，完全是因为元老院的判断失误。罗马的元老院，并非像其名字“元老”那样是功成名就之人的养老院，而是为国家的重要职位提供人才储备的机构，每一位罗马公民只要年满 30 岁便可以拥有议员的资格。即便从共和国转变为帝国之后，元老院的性质也没有发生任何改变。我之所以说元老院相当于现代的国会，也是基于这个原因。因为其中充满了人才，所以如果能够活用这些资源的话，元老院就能够发挥出相应的力量，而这个时代也不例外。

眼前的危机使元老院议员们再次团结起来。因为当时年仅 13 岁的戈尔迪安三世已经被授予了“恺撒”的称号。所以元老院一致决定授予这位继承人“恺撒·奥古斯都”的称号，这也就意味着元老院承认了其皇帝的地位。

戈尔迪安三世

在拥立普皮恩努斯和巴尔比努斯为皇帝之时成立的“20人委员会”，顺理成章地作为少年皇帝的“政府”保留下来。同时由600人组成的元老院也在当前的紧急事态下答应帮助其迅速地制订相关法案。幸运的是，因为“色雷斯人”所采取的积极战术，防线外侧的蛮族在短期内无法轻易地越过防线入侵罗马境内。

还有另外一个值得注意的地方，那就是这位少年皇帝的祖母与母亲和对塞维鲁王朝造成巨大影响的叙利亚的女人们不同，因为她们都出身于罗马元老院阶级，所以对政治这种男人的事情完全不闻不问。

在未经选举的情况下出现女性把持政权的局面只有两种可能：一种是这位女性生来便为女王，另一种是拥有强烈后宫政治传统的国家。所以说只有在君主专制的国家，才会出现女性活跃在政治舞台上的情形。而“东方”国家绝大多数都处于君主专制的统治之下。所以对于叙利亚的女人们来说，凭借自己的儿子登上政治舞台是天经地义的事情，甚至有些人还会有意为之。但是对于君主专制传统薄弱，甚至在基督教支配以前就非常反感世袭制度的“西方”国家来说，如果一个母亲对她成为皇帝的儿子处处指手画脚，势必会引起人民的不满。皇帝尼禄的母亲阿格里皮娜的下场如此凄惨，也没有得到罗马人民的丝毫同情，就是因为这个原因。

实务专家提梅吉提乌斯

在少年皇帝戈尔迪安三世的统治下，罗马帝国出人意料地平稳度过了6年。虽然上述的那些幸运之处也是非常重要的原因，但是统治方法本身也是不容忽视的因素。由元老院议员组成的“20人委员会”之所以能够充分地发挥功能，就是因为他们拥有某个擅长实务工作的人物的判断与组织才能。

这个人的名字叫做提梅吉提乌斯，全名叫做盖乌斯·弗里乌斯·萨比尼乌斯·阿奎拉·提梅吉提乌斯，这个听起来非常夸张的拉丁风格的名字很容易让人以为他是建国以来的贵族阶级，但实际上用这些罗马历史上的名人的名字作为自己姓名的人，绝大多数都是政治圈里的“新贵”。提梅吉提乌斯的出生地在历史上都没有留下任何记载。有人说他生于意大利本土，也有人说他生于一个叫做“普罗维尼亚”的地方，位于现在法国南部的普罗旺斯。但不管怎样，他毕竟不是“东方”人，并且深知不管在什么领域要想出人头地，必需具备一定的教养。

他的职业生涯可以说不管在什么地方、不管担任什么职务，从事的都是行政类工作。虽然他也拥有在军团中服役的经历，但是并没有率军作战的经验。因此如果要将这个人的履历列举出来的话，那么你一定能够看到一长串罗马帝国行政官职的名称。

提梅吉提乌斯似乎从一出生便拥有罗马公民权，并且在西班牙行省开始了他的职业生涯。在伊比利亚半岛常驻有一个军团，在作为主要战斗力的军团附近，往往会有一个作为辅助战斗力的辅助部队与之一同行动。辅助兵们常驻的基地，为了与军团兵们的基地之间保持及时有效的联系，所以与军团兵的基地相隔并不太远。因为当时还是卡拉卡拉颁布敕令之前，所以辅助部队全部由行省居民组成。年轻的提梅吉提乌斯所担任的职务，就是由这些辅助兵所组成的大队的“praefectus”。一般将这个词翻译为“长官”，实际上就是除了战斗指挥之外一切相关问题的总负责人。

军队因为经常要深入敌境进行作战，所以必须是完全自给自足性质的组织。换句话说，就是能够自己解决绝大多数问题的组织。因此每当出现自然灾害和难民救援等问题时，往往都会派遣军队出面解决。在军队的组织中，管理各种事务的“长官”是仅次于指挥战斗的“军团长”的第二重要的职位。人们常说“罗马的军队赢在兵站上”，而“长官”的任务就是负责军团和辅助部队与兵站当地居民之间的协调，时刻保证部队的供给。军队在召开作战会议的时候，长官就坐在军团长与大队长的旁边，由此可见其作用非常关键。

他在这方面的能力似乎得到了大家的肯定，于是他分别转任各个军团的兵站负责人。但是后来，提梅吉提乌斯所擅长的领域转变为行省的财务方面。正如这个职位的名称叫做“皇帝财务官”一样，担任这一职务的人需要掌管整个行省的财务状况，其主要业务就是征收税金。因为被夹在征税方与缴税方的中间，所以这份工作并不轻松。他偶尔会不得不面对那些对课税抱有不满的民众，搞不好的话就会像之前那个前往阿非利加行省收税的财务官一样有性命之虞。而且自从进入 3 世纪以来，罗马帝国的税率大幅提高引发民众的强烈不满，加之战争临时税以及名目繁多的特别税也频繁出现，所以对于财务官来说征税的工作是越来越难做。

但就是在这样一个步履艰难的时代，提梅吉提乌斯担任财务官的行省并没有发生一起民众因为对税收不满而抗议的事件。大概是元老院也发现了他的业绩，于是他以“皇帝财务官”的身份任职的行省，也几乎遍及广大帝国的一半以上。

他先后任职于高卢北部的比利时行省、莱茵河沿岸的高地日耳曼行省与低地日耳曼行省，相当于现代的约旦的罗马时代的阿拉伯行省；叙利亚以及巴勒斯坦、小亚细亚西部的比提尼亚行省与亚细亚行省。随后他又返回西方，在高卢的卢格杜南西斯行省和阿奎塔尼亚行省任职。财务官是仅次于行省总督的职位，如果总督因为某种原因不在，财务官也可以兼任行省的最高统治者。

直到皇帝马克西米努斯统治时期，提梅吉提乌斯才终于等到在首都罗马任职的机会。他在首都的职务是遗产税总负责人。随后，他一直以实际行动支持着由元老院议员组成的“20 人委员会”。通过这个职务，提梅吉提乌斯的能力得到元老院和皇帝戈尔迪安三世的一致认可。公元 241 年，也就是少年皇帝统治的第三年，提梅吉提乌斯被皇帝任命为近卫军团的长官。

“近卫军团长官”是统领 1 万人近卫军团的总负责人，历代皇帝都会将这个职位任命给自己最信赖的人，提梅吉提乌斯正是最合适的人选。

从皇帝戈尔迪安三世与提梅吉提乌斯遗留下来的信件我们不难看出，这两人之间的关系甚至超出了普通的信赖之情。提梅吉提乌斯在给皇帝的亲笔信中温和地叮嘱这位年轻的最高统治者要明确自己身为皇帝的责任和义务。皇帝 16 岁的时候迎娶了提梅吉提乌斯的女儿为妻。但是皇帝重用提梅吉提乌斯并非因为他是自己妻子的父亲，事实恰恰相反，正因为那是自己最尊敬的人的女儿，所以皇帝才会娶她。不管怎样，年轻的皇帝与脚踏实地一步步爬上这个相当于宰相位置的男人，以非常理想的合作关系共同走过了后来的三年时间。但是最终他们还是不得不面对罗马帝国最为深刻的问题，因为现实总是那么的残酷。

远征东方

公元 241 年，也就是提梅吉提乌斯被任命为近卫军团长官的那一年，波斯萨珊王朝的创始人阿尔达希尔去世。按理说王位应该由他的长子继承，结果却被他的二儿子取而代之。于是在罗马历史上最令人难忘的沙普尔一世登场了。

通过武装政变迅速稳定了王室内部的局面之后，新登基的国王为了转移国内的不满情绪，一般情况下都会选择将这种危机转嫁出去。也就是说发动对外战争。因为波斯萨珊王朝的理想就是重建曾经被亚历山大大帝灭亡的波斯帝国，所以他们进攻的对象也自然是与其国境接壤的罗马帝国。

虽然他为了转嫁国内危机而发动战争的想法是认真的，但实际上并没有完全攻占罗马帝国东部地区的实力。不过毕竟距离上次与罗马军队交手已经过去了 8 年，在当时遭到沉重打击的波斯军队主力重装骑兵也已经基本完成了重新组建。于是越过幼发拉底河向西方进军的波斯军队，很快便逼近了罗马帝国在东方最重要的城市之一安条克。

沙普尔一世

沙普尔与他的父亲阿尔达希尔之间最大的区别就在于，作为波斯萨珊王朝第二位国王的沙普尔，是一个为达目的不择手段的男人。他派遣自己宫廷中一名生于安条克的希腊人偷偷潜进城内。这个叛徒在城内的煽动果然产生了效果，号称中近东最具魅力的城市安条克就这样轻而易举地落入了沙普尔手中。

但是沙普尔并没有打算长期占领这里，他知道配置在罗马帝国东方防线附近的罗马军团很快就会赶来，于是这位波斯国王在进入安条克之后立刻进行了彻底的搜刮。安条克是东西方贸易往来的集散地，许多商人将这里作为他们的根据地，希腊系与犹太系的商人们也普遍比其他的商人更加富有，这些有钱人都有一个共同的特点，那就是只要用钱能够搞定的问题对他们来说都不是问题。所以当他们面对波斯军队的掳掠时，毫不犹豫地交出了自己的财产以求活命。而那些普通百姓可就没有那么幸运了，全都在波斯军队的掠夺下家破人亡。不过波斯军队的暴行并没有持续多久，沙普尔将那个叛徒任命为安条克的市长，然后就带着抢来的金银财宝越过幼发拉底河返回了首都。至于留在安条克的那个“市长”最后的命运如何，史料上并没有记载。但是想必他一定会有一个很符合其叛徒身份的结局。

在西方得知此事的提梅吉提乌斯，立刻意识到这绝对不是一次偶然性的袭击，而是意味着波斯对罗马的攻势再次“开始”。而且作为叙利亚行省首府的安条克竟然如此轻易地被敌人攻陷，对居住在罗马帝国东部的居民们一定会造成非常大的影响。帝国之所以被称为帝国，就是因为其能够保证在其霸权统治下的人民的生命和财产安全。有了这种安全的保障，在其统治下的人民才会向其缴纳税金。曾经在帝国的各个行省之中负责税收的提梅吉提乌斯深知这件事关系重大，于是他说服了认为这只是一次性袭击而不打算进行东征的元老院。于是皇帝和元老院双方达成一致，决定对波斯展开全面战争。

与波斯之间的战争，可以说是完全以提梅吉提乌斯为主角。而且他的做法又非常具有罗马特色。或者说是他将被后世淡忘了的罗马传统战术重新发扬光大更合适一些。

罗马人自古以来就以严谨慎重著称。就连在清除地中海上的海盗之时，罗马人也没有与海盗在海上硬碰硬，而是将海盗在陆地上的大本营和根据地一个不落地全部摧毁，最终实现了地中海上的“和平”。对于战争，罗马人习惯于在上战场之前便确立自己的绝对优势，而且即便面对数量很少的敌人，他们也不惜出动大军与之交战。进入帝国时期之后，罗马再也没有像苏拉、鲁库鲁斯以及尤里乌斯·恺撒那样的战术大师，而这种战术恰恰最适合这个时期的罗马人。实际上，即便是将帝国领土扩张到最大范围的图拉真，也配不上“战术大师”这个称号。

图拉真在进行第一次和第二次达契亚战争之前，都进行了非常充分的战前准备，因此当战争正式开始之后，图拉真的军队只用了不到一年的时间便取得了胜利。在140多年以后，提梅吉提乌斯也决定模仿图拉真的做法。所不同的是，图拉真的目的是彻底征服达契亚，而提梅吉提乌斯则只是想让波斯无法轻易向罗马发动侵略战争。这一点实际上也和罗马在东方战略上的传统做法不谋而合。

远征波斯的罗马军队主力，依然是驻扎在多瑙河沿岸的军团兵。因为他们经常与防线之外的强敌交手，所以都是罗马帝国最精锐的战士。关于东征军队的编成和其他的一切准备，都无法在首都罗马遥控，而必须在多瑙河沿岸的前线基地进行。因为士兵们在准备东征的同时，还要不时地应对日耳曼蛮族的袭击。在大军出发前往东方之前，首先将背后的威胁彻底清除。这对于罗马方面来说，可谓是一石二鸟之计。提梅吉提乌斯在这个时候充分地发挥出他强大的组织才能，使得皇帝率领的东征军在这一年的冬季到来之前便抵达了他们的目的地安条克。

虽然皇帝当时年仅 16 岁，但是御驾亲征还是表明了罗马帝国此番出战的决心。虽然安条克还到处残留着被波斯军队烧杀抢掠的痕迹，但仍然不失其被称为东方“首都”的气派和繁华。当地的居民也对罗马军队的到来表示出踊跃的支持态度。

曾经有一位英国学者说，罗马帝国有如英国人主导、于二战后实现的“联邦国家”。也许对于安条克的居民们来说，与强调中央集权的波斯人相比，更加倾向于对地方自治给予充分认可的罗马人的统治吧。同时，他们也对罗马帝国将被支配者与支配者同化作为基本政策的统治哲学有了更进一步的认识。因此在作为波斯战争补给基地的安条克所进行的一切准备，全都在没有阻碍的情况下顺利地进行。罗马帝国与波斯萨珊王朝之间的战争，即将在公元 243 年的春天拉开帷幕。

古代的地缘政治学

底格里斯河与幼发拉底河都发源于将中东地区南北一分为二的安纳托利亚高原。但是在众多支流汇聚成大河的过程中，底格里斯河与幼发拉底河分别向东西两边迂回，在两条大河中间形成了一个被称为美索不达米亚的平原。在这两条大河附近，自古以来就有巴比伦、塞琉西亚、泰西封以及公元 7 世纪由伊斯兰教势力在泰西封以北 40 公里处兴建的巴格达等重要城市，这些城市的存在表明不管时代如何变迁，美索不达米亚平原都是一个集民族或者国家主要机能于一身的地区。底格里斯河与幼发拉底河在并行 500 公里之后，再次汇聚在一起注入波斯湾。

从帕提亚王国开始，一直到波斯萨珊王朝取而代之之后，东方国家与罗马帝国之间一直围绕着美索不达米亚平原，尤其是美索不达米亚北部地区展开非常激烈的争夺。但这并非因为罗马帝国永无止境的扩张欲望，而是因为“地缘政治”问题。

“地缘政治学”（geopolitics）一词是后世将两个希腊单词拼在一起组成的新词，但是即便没有这个词语，罗马人也非常清楚其重要性。罗马人对于防线之外的国家和民族，一直都尽可能地采取友好的政略。这一政略在东方最具代表性的对象就是亚美尼亚王国。罗马将亚美尼亚视为自己的同盟国，并且为这个国家的基础设施建设提供经济和技术两方面的援助。但是亚美尼亚的文化和文明仍然具有浓重的“东方”色彩。因此，帕提亚王国才会一直声称他们拥有介入亚美尼亚的权利。即便东方的主人变成了波斯，在这一点上仍然没有发生任何的改变。

从之前的帕提亚到后来的波斯之所以一直没有机会染指亚美尼亚，就是因为在前两者与后者之间隔着美索不达米亚北部地区。也就是说，如果这片地区落入波斯手中，那么亚美尼亚对其来说也是唾手可得。用现代的地理位置来说，就相当于一个控制了叙利亚东北部以及伊朗和巴基斯坦，并且主要城市全部集中在伊拉克附近的大国，从东部向土耳其发动袭击。如果这种局面一旦形成，那么罗马帝国从黑海一直到红海的东方防线，将与同样实力强大的波斯发生直接接触。我们都知道，罗马人的对敌方针一向是“分而治之”（divide et impera）。而对敌人的统一置之不理，明显与罗马的传统政略是不相符的。所以美索不达米亚北部地区的归属问题，对于罗马的统治者们来说是一个非常重要的问题。这不仅仅关系到领土的扩张，更关系到地缘政治。

北部美索不达米亚（现在叙利亚东北部地区）的归属问题，直到哲学家皇帝马可·奥勒留统治时期才被重视起来。而在此之前，罗马帝国的防线只在幼发拉底河沿岸，也就是说那时的罗马帝国并没有确保美索不达米亚北部地区的

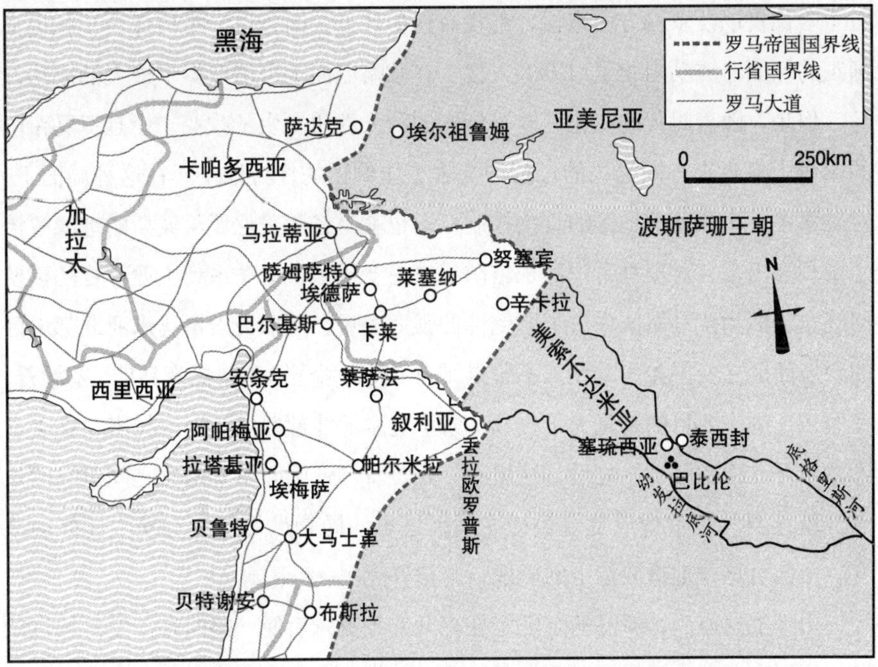

3 世纪中期的美索不达米亚及其周边

必要。这是因为从奥古斯都到安敦尼·庇护时期，罗马一直处于和平稳定的环境之中，而且那个时代的罗马帝国，在军事力量上也具有压倒性的优势。

历代的帕提亚国王都尝试越过幼发拉底河入侵亚美尼亚，但是就算其成功地占领了亚美尼亚，也无法与随后赶来的罗马军队相抗衡。虽然哈德良重新将幼发拉底河作为两国之间的边界，并且承认拥有帕提亚血统的人继承亚美尼亚王位，还表示罗马不会向美索不达米亚北部出动一兵一卒，但是他的这种政略也是建立在压倒性的军事力量之上的。最好的证据就是幼发拉底河防线在此期间没有遭到一次入侵，而且亚美尼亚的国王明显倾向于罗马方面，当地的居民也主要由希腊文明时期的希腊人后裔组成，美索不达米亚北部地区的城市虽然在统治上属于帕提亚王国，但实际上仍然是罗马的盟友。以幼发拉底河为界，对于哈德良以及罗马方面来说，都没有任何坏处。而且这一举措保全了帕提亚国王的颜面，成功阻止了对方的入侵，在政略层面上可谓取得了极大的成功。

但是，随着时代的变化，罗马帝国的敌人性质发生了改变。而且罗马帝国的军事力量也在不断消耗的过程中失去了压倒性的优势地位。在这种局面下，对美索不达米亚北部地区的直接控制权，也就是将亚美尼亚从波斯的地缘政治之中剥离出来，对罗马帝国的东方防线来说变成了一个关系到生死存亡的重要问题。正因为罗马军队失去了压倒性的强大力量，所以美索不达米亚北部地区的归属问题才变得尤为重要。不管是马可·奥勒留还是塞普提米乌斯·塞维鲁，率军东征的主要目的都是为了占领美索不达米亚北部地区。当卡拉卡拉在美索不达米亚北部地区被杀之后，这里就一直是罗马帝国同东方国家之间争夺的焦点。就连罗马皇帝变成基督教徒之后，这里的局势也仍然没有发生任何的改变。由此可见，地缘政治上的问题，与信仰无关。

由于上述原因，罗马的东征军在离开安条克以后便一路向东进发，越过幼发拉底河向美索不达米亚北部发起进攻。首先攻占美索不达米亚北部地区，随后再向波斯首都进军，这是罗马军队不得不遵循的基本战略。

公元 243 年，名义上是皇帝戈尔迪安三世率领，实际上却完全由提梅吉提乌斯指挥的罗马军队，在上述战略的指引下越过了幼发拉底河。沙普尔对罗马军队的这个战略可以说了如指掌，既然已经掌握了对方的行动，那么也就没有必要再派间谍刺探情报，只要将自己放在罗马军总司令的位置上换位思考一下，就可以大概了解对方接下来会采取怎样的战略。虽然这种方法对于拥有出人意料手段的战术天才来说并不适用，但是在 3 世纪的罗马帝国早已没有那样的将领。所以即便在战术上并没有什么过人之处的沙普尔，也可以安心地与罗马帝国交手。于是，当得知罗马军队开始向东部进发的消息之后，波斯国王也毫不犹豫地下令挥军北上。

不出所料，战斗在美索不达米亚北部地区展开。罗马军从一开始便占据了优势，人数超过 5 万的罗马军团主要由驻守在多瑙河沿岸的士兵组成，虽然中近东地区的气候条件与其常驻地完全不同，但是由于罗马军队的补给十分充足，所以士兵的战斗力没有受到丝毫的影响。在常驻于叙利亚与约旦的军团兵的协助下，罗马军团顺利地收复了埃德萨和卡莱，并且继续向东部进军，逐渐逼近底格里斯河。因为这里大部分是希腊裔的居民，所以当罗马军队抵达时，当地居民纷纷开城迎接，使得罗马军队兵不血刃地就收复了大量失地。与罗马军团遭遇的波斯军队，刚一交手就被打得溃不成军，仓皇逃窜。很快罗马人便将波斯势力从美索不达米亚北部地区彻底地赶了出去。

成功收复美索不达米亚北部地区之后，罗马军队就将开始进行战役的第二阶段——向波斯首都泰西封进军。士兵们全都士气高涨，因为一路走来都没有遇到任何阻碍，所以每个人都对今年内结束波斯战争深信不疑。罗马军团如雪崩般从美索不达米亚平原南下，却不知不幸也在这个时候向他们袭来。

提梅吉提乌斯的突然死亡，在这种情况下完全可以看做是正常现象，而且在史书上也没有留下任何关于其被谋杀和毒害的记载。他在一次作战会议中忽然失去意识晕倒在地，并且从此再也没有醒来。从他这 3 年来不辞辛劳、废寝忘食的工作状态来看，他的死因很有可能是过度劳累。这位从平民百姓一步一步走到职业生涯顶峰的“人民公仆”，在去世时刚刚 50 岁。

提梅吉提乌斯死后，完全凭借他一己之力组织起来的罗马东征军顿时陷入瘫痪的状态，攻打波斯首都、将沙普尔赶回东方去的目标也无法实现。更糟糕的是，军队的补给系统也随着提梅吉提乌斯的死而混乱起来，罗马军队在幼发拉底河的岸边陷入了进退两难的境地。虽然提梅吉提乌斯的副手菲利普临时顶替了他的位置，但是对改善当前状况起不到任何的作用，罗马军队只能依靠储备的粮草度日。

在敌人的领地陷入如此困境，对军队来说有覆灭的危险，深知这一点的士兵难免会发生骚乱。本来对皇帝戈尔迪安三世来说，这是一个显示他个人能力的大好机会，但是当时已经 19 岁的皇帝，仍然没有摆脱他继位时的那种青涩。

戈尔迪安三世当着士兵的面倾诉了罗马军队当前面临的窘境。虽然坦白地说出自己内心的想法并没有什么不对，但是这样做需要注意时间、地点和对象。士兵们在这种局面下听到皇帝无能为力的叹息，必然会感到大失所望。于是士兵们为了摆脱眼前的困境，呼吁身为近卫军团长官的菲利普帮皇帝想想办法。但是菲利普以自己没有权力为由，眼看着皇帝的处境一步步陷入绝境而袖手旁观。

即便处境如此艰难，皇帝仍然在作战会议上决定于明年春天继续向波斯的首都泰西封进军。于是，为了来年春天能够立即展开军事行动，皇帝决定全军留在美索不达米亚北部地区越冬。皇帝也没有返回舒适的大都市安条克，而是和士兵们一起在幼发拉底河沿岸等待明年春天的到来。这个被罗马称为“美索不达米亚行省”的地区，即便在冬季也不会出现补给困难的情况。

士兵们在战时压抑于心中的不满情绪，一旦闲暇下来就会突然爆发，而且与绝对的资源匮乏相比，相对的资源匮乏更容易诱使这种情绪产生。虽然位于幼发拉底河沿岸的罗马军队不必忍受饥寒交迫的痛苦，但是一想到距离他们不远处的皇帝帐篷中花天酒地的生活，他们也难免会出现不平衡的心理。按理说身为统治者必须及时地遏制住这种苗头，但是当时年仅 19 岁的皇帝完全没有这种意识。而这种不满的情绪不知为何整整持续了整个越冬期，直到越冬期即将结束的时候才爆发出来。

公元 244 年 2 月末的一天，9 名士兵悄悄潜入皇帝戈尔迪安三世的帐篷，将其杀害。据说这 9 个人都是被菲利普重金所收买。近卫军团长官菲利普在皇帝死后立刻向元老院提交了一份报告，声称皇帝在东征途中病死。随后这位近卫军团长官立刻召集军中全体士兵，以战争中不能没有最高司令官为由，迫使士兵们推举自己继任新的皇帝。

所谓推举，也不过是有几个带头支持的，然后其他人随声附和的过程而已。正如前文所说，这种直接民主制很容易被煽动者所控制。军官们之所以同意推举菲利普做皇帝，是为了避免在战争时期出现最高司令官空缺的局面。毕竟在这个时候提出继承皇位的人，只有菲利普一个人而已，虽然这个人并没有任何值得夸耀的经历和功绩，但是对当时的他们来说也已经别无选择。

面对戈尔迪安三世意料之外的突然死亡，以及既成事实的局面，元老院也不得不承认这个突然冒出来的菲利普就任皇帝。同时，他们还根据菲利普的要求，决定将已故的皇帝戈尔迪安三世神格化。

但是，在幼发拉底河边失去皇帝的罗马军队的士兵们，却自发地为他们的皇帝举行了吊唁仪式。他们临时收集石材、筹措石灰，在皇帝的帐篷处面向幼发拉底河修建了一座雄伟的罗马式墓碑。因为皇帝的骨灰已经被送回首都罗马，所以这只是一个单纯的墓碑。但是士兵们仍然在这座墓碑的四面刻下罗马帝国皇帝戈尔迪安三世被授予的所有称号，并且明确地写下皇帝在此去世的记录。墓碑上的文字分别用拉丁文、希腊文、波斯文以及希伯来文写成。之所以这样做，是为了让居住在这里的人以及路过的旅行者都能够看懂上面的内容。

皇帝阿拉伯人菲利普（公元244—249年在位）

虽然菲利普这个名字非常具有希腊人的特点，但是正如他经常被人在名字前面加上“阿拉伯人”的称号一样，他是一个地地道道的阿拉伯人。菲利普出生于叙利亚行省西南部的一个小城镇，当他坐上皇帝的宝座之后，便立刻将自己的故乡命名为“菲利普波利斯”（现在保加利亚的普罗夫迪夫）。他的家族是久居于此的阿拉伯贵族，这位一心想要出人头地的阿拉伯年轻人，选择罗马军团作为自己将来发展的道路。但是关于他取代突然死亡的提梅吉提乌斯出任近卫军团长官之前的履历，在史书中找不到任何记载。也许对于不问民族出身的罗马军队来说，他之前的业绩没有什么值得记录的地方吧。

行省出身的人成为皇帝，自从图拉真开始已经有150余年的历史。而且在3世纪的时候，以“色雷斯人”的称号而为众人所熟知的马克西米努斯，其母亲出身于多瑙河防线外的哥特人分支。至于母亲出身于叙利亚的皇帝也有卡拉卡

阿拉伯人菲利普

拉、埃拉伽巴路斯以及亚历山大·塞维鲁三位。所以要想成为皇帝，血统并不是问题。不管你体内的拉丁血统多么稀少，甚至一点都没有也没关系，只要你拥有身为罗马帝国最高统治者的自觉，就可以出任这个职位。至少在当时的罗马人看来，皇帝的血统不是问题，问题在于其有没有身为皇帝的责任心。

"阿拉伯人"菲利普在继承皇位之后所做的第一件事，就是向波斯国王沙普尔派遣使节商议媾和。皇帝菲利普并不是什么和平主义者，他只是不想犯下和"色雷斯人"马克西米努斯一样企图以战胜蛮族来获取元老院认可的错误罢了。

萨珊波斯王朝的第二位国王沙普尔一世，虽然在军事才能上和他的父王相比差了许多，但是在其他方面则都明显优于他的父亲。特别是把握时机并最大限度加以利用的能力尤为突出。在罗马方面的领导者普遍缺乏这种能力的公元3世纪，东方却出现了像沙普尔这样的人物，只能说是罗马帝国最大的不幸。

在公元244年时，波斯方面明显处于劣势。甚至毫不客气地说，沙普尔的命运就好像处于强风之中的蜡烛一样岌岌可危。虽然他在打败兄长继承皇位的第三年就成功掠夺了安条克，但是随后便不得不面对罗马帝国的大军压境。波斯宫廷内的反对派趁机活跃起来，说不定在被罗马军队攻入首都把他赶出东方之前，沙普尔有可能被宫廷内的反对派所杀。而向沙普尔伸出援手的人，正是阿拉伯人菲利普。而且自认为拥有东方民族之中最高文明的波斯人，对于在这种情况下阿拉伯人所可能采取的做法可谓是心知肚明。

沙普尔接受了皇帝菲利普的媾和提议。但是作为媾和的条件，罗马人必须完全放弃美索不达米亚北部地区的控制权。不仅如此，沙普尔还要求罗马皇帝默许亚美尼亚王国成为波斯的附属。

虽然这个要求对于罗马帝国来说会留下诸多后患，但是渴望尽快以皇帝的身份回到首都罗马的菲利普，毫不犹豫地接受了沙普尔提出的所有条件。罗马与波斯之间最终达成了媾和协议。

3 世纪的罗马帝国有一个最大的特点就是失去了其在政略层面上的连续性。这一点与皇帝统治的时间长短无关。从前的罗马帝国，即便是被后世称为暴君的皇帝，如果他的继任者认为他的政策是良策的话，不但会彻底地继承下来，甚至还会毫不犹豫地将其发扬光大。因此罗马帝国的基本政策才会得以延续。罗马的皇帝们深知，继承和发扬前人留传下来的政策才是防止资源浪费的最好方法。而 3 世纪的罗马帝国，却不断地消耗着自己的资源。这也是罗马人逐渐失去罗马人特点的征兆。

拉丁民族在哲学和艺术方面不如希腊人，在体力上不如高卢人和日耳曼人，在经济能力上不如迦太基人和犹太人，就连城市的基础设施建设都是依靠从伊特鲁里亚人那里学来的技术完成的。但就是这样一个没有什么长处的民族，却将其他所有民族都收归于自己的统治之下，建立起庞大的罗马帝国，并且将其维持了数百年的时间。究其原因，完全是因为罗马人执着于彻底且合理地活用自己所拥有的力量。

在 3 世纪的罗马帝国中，几十位皇帝相继登场又逐一退场，甚至多到要列表才能搞清楚的程度。伴随着皇帝的不断改变，罗马帝国的政策也随之被打断。在活用力量这点来说，“持续即力量”的确是真理。

而对这种浪费力量的情况最为敏感的莫过于发挥这些力量的当事人——战斗在罗马帝国最前线的军团兵。由于同波斯的媾和而返回多瑙河基地的士兵们心中难免会有不满的情绪，而从海路匆忙赶回罗马的新皇帝菲利普却丝毫没有察觉到这一点。

当皇帝菲利普回到首都罗马时，发现大家对他的评价并没有他担心的那么糟糕。这和他对元老院毕恭毕敬的态度不无关系。在元老院议员们的心中，一直因为这位新皇帝的贝都因人出身而对其持轻蔑的态度。在过去，位于地中海与幼发拉底河之间广阔的沙漠地带，一直是骑着阿拉伯马袭击沙漠商队的贝都因盗贼的天下。后来执着于在境内确立“罗马统治下的和平”的罗马帝国，将这些沙漠之中的盗贼团伙收编为辅助部队。位于叙利亚沙漠中心的帕尔米拉之所以在罗马时期达到繁荣的顶峰，就是因为在沙漠地区也实现了“罗马统治下的和平”。被吸收进罗马军队的贝都因人，在这 200 年来从游牧民族逐渐转变为定居民族。因此，他们认为皇帝菲利普出身于贝都因人的传言，也并非空穴来风。

不管怎样，皇帝菲利普在首都罗马的这两年间，并没有遭到元老院的弹劾，普通市民也没有对其表现出任何的不满。之所以会出现这种平稳的局面，一是因为东方的波斯王国没有采取任何的行动，北方的日耳曼人也一直老老实实，二是因为这位阿拉伯人对元老院从始至终都表现出非常谦虚谨慎的态度，三是因为菲利普在政策层面没有采取任何实质性的行动。

皇帝菲利普提案征求元老院通过实现法制化的政策，基本上都是根据元老院的意见提出的。阿拉伯人菲利普在位期间共通过了以下几项法案：

一、没有皇帝辅佐机构“内阁”的同意，皇帝就无法提出法案。

二、被从首都流放的人全部回归。因为在当时并没有任何人被流放，所以实际上因为这项法令而回到首都的人数为零。这实际上是为了保护元老院议员不会被从首都流放而制定的法案。

三、将亚历山大·塞维鲁统治时期法制化的、赋予各行省总督的控诉权重新收归皇帝和元老院所有。

但是这项法案并没有什么实际效果，一切都是因为卡拉卡拉所颁布的“安东尼努斯敕令”。因为“安东尼努斯敕令”使所有的行省居民（除了罪犯之外）都变成了罗马公民，导致司法层面上的问题陷入无法处理的状态。曾经控诉权是只有罗马公民才享有的权利，而现在拥有这个权利的人数一下子增加了几十倍，位于首都罗马的高级法院每天都人满为患。就是因为这个原因，亚历山大·塞维鲁统治时期才将控诉权下放到各行省总督的手中，而20年后菲利普又想要将其恢复过来。但是，在卡拉卡拉颁布的公民权法还继续存在的情况下，他的这种做法根本没有任何实际意义，只不过是为了帮助元老院维持他们的既得权而做出的一种姿态。

四、地方自治体议员的后代之中，必须有一个人和父亲一样承担议员的责任和义务。

这项法案在历史层面上的意义远大于其政策层面的意义。罗马帝国地方议会的议员和元老院议员一样都是没有薪水的公职。因此这些职务被看做是在社会地位以及经济条件上都处于优势地位的人用以回报社会的责任和义务。而且这些职务不仅没有薪水，甚至还需要任职者自己承担公共支出的费用。就算是"光荣职务"，也是需要凭借自己的财产来回报社会的"光荣职务"。但即便是这样的职务，仍然有很多人对此趋之若鹜，必须经过激烈的选举竞争才能够最后胜出。这只能说那时的罗马人拥有极强的奉献精神。

但罗马人对"光荣职务"的热情在进入3世纪之后逐渐冷淡下来。举世闻名的庞贝古城原本是公元1世纪时罗马的地方都市。时隔1800多年考古学家把它发掘出来后，至今在这些遗迹的墙壁上，还能够看到许多关于地方议会议员选举用的宣传画。但是，如果公元3世纪的地方城市也能够像庞贝古城一样完整保留至今的话，我们一定很难在那个遗迹的墙壁上找到类似的东西吧。就连当时罗马社会的中产阶级，都尽可能地回避参与公职。从这个角度来看，罗马人正在逐渐失去其身为罗马人的特质。

罗马庆祝建国1000周年

关于阿拉伯出身的罗马皇帝菲利普，在史书中最广为人知的记载，是他成功举办了罗马建国 1000 周年的纪念活动。自从罗慕路斯在公元前 753 年建国以来，到公元 248 年刚好是建国 1000 周年。这个由拉丁人组成的国家却由一个阿拉伯人举办建国庆典，在我们现在看来也许会感到有些不可思议，但是对奉行“败者同化”政策的罗马人来说，这恰恰是他们基本哲学路线所取得的成果表现。事实上，在从公元 248 年 4 月 21 日开始连续进行了 3 天的建国 1000 周年庆典中，这位阿拉伯人一直身着罗马式的托加，并且用托加的一角包住脑袋。而参加庆典的元老院议员和罗马市民对此没有提出任何意见。也许在他们看来，这才是罗马帝国所应有的样子吧。

白天和煦的阳光映照在人们的身上，夜晚熊熊的篝火照亮人们的脸庞，建国 1000 周年的庆祝活动在台伯河边庄严而隆重地进行着。伴随着庆典举办了各种竞技类项目，其中最引人注目的战车比赛和角斗比赛一应俱全。皇帝菲利普因为自己能够举办罗马建国 1000 周年的庆祝活动而打从心底里感到无上的荣幸，不惜自掏腰包花费重金将庆典打造得盛况空前。

这位出身于阿拉伯的罗马皇帝，对首都罗马的赞叹是发自真心的。当他来到这个被称为“世界之都”的大都市之后，曾经许多次在城里游览驻足，仍然百看不厌。而且每次他游览的时候，都会忍不住自言自语，无法相信自己竟然就是拥有如此宏伟首都的国家的皇帝。

在叙利亚也遗留有数量众多的罗马时代的遗迹，可见罗马时期的建筑物数量极其庞大。仅仅一个行省的城市都有如此规模，那么位于意大利本土的首都罗马，必然在规模和壮丽程度上都要更上一层楼。公元 1 世纪时建造的公共建筑即便进入 4 世纪之后仍然保存完好而且一样能够正常使用，除了鬼斧神工的建造工艺之外，历代皇帝坚持不懈的改造和修复工作也不容忽视。

所以在公元 3 世纪举办建国 1000 周年庆祝活动时的首都罗马，如果算上公元前的共和国时期的话，实际上是历经 400 余年不断建设而成的结果。罗马与其他地方的区别，不仅仅限于叙利亚，位于帝国西方的伦敦、里昂、科隆、维也纳以及布达佩斯等，在城市的规模和壮观程度上都完全无法与罗马相提并

罗马建国 1000 周年纪念硬币

论。大英博物馆收藏的古罗马文物，不管从品质上还是数量上都和现在罗马任意一个美术馆之中展示的古罗马文物相差甚远，这是因为大英博物馆的藏品大多是在不列颠本土发掘出来的，而在古罗马时期不列颠只不过是罗马帝国的一个行省罢了。由此可见，在古罗马时期，地方行省与首都罗马之间可谓有天壤之别。因为皇帝菲利普在就任皇帝之前从来没有到访过首都，所以当他亲眼见到“世界之都”的时候，才会被其壮观的景象所震撼。

但是，就在罗马人庆祝建国 1000 周年的同时，北方的日耳曼人也如潮水般南下涌入，从此开始了长达半个世纪的大举入侵。这大概是历史对罗马人开的一个恶意的玩笑吧。

很多研究者习惯将蛮族的大举入侵称做是民族的大迁徙。但从我个人的观点来看，公元 5 世纪罗马帝国崩溃之时的蛮族入侵，才称得上是民族的大迁徙。因为 5 世纪时入侵的蛮族，直接在侵入地居住下来。而公元 3 世纪时的蛮族入侵没有这种情况出现。当时入侵的日耳曼人，在突破了罗马帝国的防线之后只是进行了大肆的掠夺，紧接着便返回他们位于防线之外的领地。换句话来说，完全是大规模的强盗行为。

但是，为什么罗马帝国，特别是3世纪的罗马帝国，对于这些蛮族的劫掠行径束手无策呢?

启蒙主义学说将其原因归结为罗马人喜欢在城市中安逸地生活，而不愿驻留在前线基地，长久以来这一观点也被绝大多数人所接受。但是如果这个说法成立的话，那么罗马帝国早在3世纪就应该已经崩溃了。可实际上罗马帝国却在随后的200年间一直在北方蛮族的骚扰中存续了下来。由此可见，罗马人完全能够忍受在前线的危险生活。

还有一种说法是，因为日耳曼民族的人口不断增加，居住地的耕地面积无法满足他们的粮食需求，所以只能向罗马帝国境内入侵。但是这种说法实际上并没有多少说服力。日耳曼民族所在的地区，相当于现在的德国、波兰、乌克兰等地，当时不管在地势上还是在气候上，都是并不适宜人类居住的地区。就连现在欧洲的主要粮食产区法国，在恺撒统治时期也是一片森林和沼泽。罗马帝国在征服了高卢之后，为了保证当地的和平与稳定，让居民能够定居在那里，才进行了开垦荒地的作业，使曾经的狩猎民族转变为农耕民族。

但是日耳曼人与高卢人不同，直到3世纪他们仍然不知道应该如何灵活地利用土地进行耕种。因此他们在斯堪的纳维亚半岛和俄罗斯地区的生活可以说是饥寒交迫，一直无法摆脱贫穷与饥饿的状态。但是在这种生活条件下，他们的体格变得更为强健，远超当时的罗马人。而且有一句老话叫做光脚的不怕穿鞋的，这些“光脚的”日耳曼人在作战时也表现得异常勇猛。

当然，3世纪的蛮族已经不再像公元前1世纪恺撒时期那样，身上只披着一件兽皮。而且从哈德良统治时期之后的罗马人也开始留胡须，所以也不能再以是否有胡须来进行分辨。但是蛮族一直以来留长发的传统仍然没有改变。因为罗马军队的士兵在战斗时需要戴头盔，所以只能留短发，而没有戴头盔进行战斗习惯的蛮族则全都是一头长发。到了2世纪初期图拉真统治时期，“图拉真记功柱”上刻着日耳曼人加入罗马军队作为辅助战斗力，但是他们在战斗时只穿着一个兜裆布。罗马军队对于其他民族的辅助兵在军装上并没有特别的要求，允许他们穿着适合自己作战的任何服装参战，所以这种几乎全裸的服装应该是日耳曼人的活动服。

公元3世纪中期距离图拉真时代已经有150年，日耳曼人的外观会发生一些变化，但是其内在的本质很难改变，亦即他们在提高生活水准时，不是以“汗水”而是以“鲜血”为代价。

2世纪的罗马人将居住在防线以外经常与自己发生接触的蛮族称为“近蛮族”，而将居住在更北方鲜有接触机会的蛮族称为“远蛮族”，但是进入3世纪之后，蛮族的性质发生了改变。“远蛮族”南下向“近蛮族”发起了攻击，并且将“近蛮族”打败吞并，最终取代了“近蛮族”的位置。当这些只知武力掠夺的蛮族逼近罗马帝国边境的时候，给罗马帝国带来了非常大的麻烦。

罗马帝国在2世纪五贤帝时期，就已经对“近蛮族”实施经济援助。罗马方面之所以这样做，是为了提高那些居住在防线以外的居民的生活水平，防止他们入侵罗马境内。但是所谓的经济援助并非只在金钱方面，罗马开放了边境的市场，并且在军团采购生活必需品的时候优先选择从对方购买，为的是帮助其实现经济独立。罗马人还特意向对方的部落族长赠送华丽且价值不菲的军装、武器以及马具，但是这些东西并不适用于实战。罗马方面希望通过这种形式的经济援助，使蛮族罗马化。而这个从综合安全保障角度出发的政略，对“近蛮族”取得了非常成功的效果。

但是，当进入3世纪，“近蛮族”被“远蛮族”吸收之后，这个政略的效果逐渐变得不那么明显。而且与罗马式的经济援助相比，“远蛮族”更喜欢罗马帝国直接支付金钱。简单地说，就是要想不遭到蛮族的入侵，便老老实实地拿出钱来买平安。最恶劣的是，在罗马皇帝之中竟然出现了同意这一条件的人。也许对于他们来说，不管付出多少金钱的代价，都比遭到蛮族侵略要好得多吧。

就这样，曾经的经济援助，逐渐演变成弱小而富有的一方，向强大而贫穷的一方每年支付年贡性质的金钱。公元248年，在罗马帝国建国1000周年那庄严而华丽的庆典活动结束后还不到半年的时间，在多瑙河下游与罗马对峙的日耳曼民族中最强大的部族之一哥特人，就对米西亚行省总督抗议年贡迟迟未缴。其实抗议也只是形式罢了，消息还没传到总督耳里，哥特人就已经大举渡河了。

虽然罗马方面立刻对此作出了反应，但因为敌人的目标只是掠夺，所以前来袭击的都是以骑兵组成的机动部队。而且他们还专门避开了屯驻有重兵的军团基地，专挑那些居民区大肆抢掠。罗马军队所能做的只有埋伏在蛮族抢掠之后的返回途中将对方击退，解救被蛮族掳获的平民并夺回战利品。但是即便如此，被蛮族破坏的城镇和耕地却无法恢复原样，当人们重返住地的时候，眼前所见的只有深深的绝望。

驻扎在多瑙河帝国前线的士兵以及当地居民，全都希望位于首都的皇帝菲利普能够亲临前线，带领罗马军队向蛮族发动大规模的报复袭击。可是菲利普的做法出乎所有人的意料，这位阿拉伯人皇帝仅仅派遣了当时任首都长官的德基乌斯前往多瑙河前线。这不仅使因为没能及时阻止哥特人的来袭而深感悔恨的士兵们大失所望，甚至还激起了他们的愤慨之情。

士兵们对菲利普的不满主要表现在以下三个方面：

第一，他们远赴东方，实现了美索不达米亚行省的光复，结果却因为皇帝与波斯之间的媾和而将这一地区再次拱手让人。

第二，皇帝在首都罗马的政策完全是为了讨好元老院而制定的。而在前线奋战的士兵们对于那些整天在首都享受舒适生活和高高在上的元老院议员们，常常抱有非常强烈的不满情绪。

第三，皇帝身为罗马军队的最高司令官，自从就任以来便从没有在战场上出现过。而且，在这种众人翘首期盼的情况下，他都不肯御驾亲征，而仅仅派遣一个代理人了事。

士兵们对于被派来的德基乌斯并没有什么不满，只是深深地感觉到菲利普果然只是一个“阿拉伯人”，根本不配做罗马帝国的皇帝。

德基乌斯在面对哥特人的战争中发挥出远超士兵们期待的能力。在他的指挥下，多瑙河防线得到了再次的巩固。随后一年间，哥特人的再度入侵也被其成功阻止。但是他的成功，却成为了士兵们发泄不满情绪的导火索。公元249年的某一天，士兵们来到德基乌斯的住处，表达了想要推举其就任皇帝的意愿。

德基乌斯担心如果自己拒绝，驻扎在多瑙河沿岸基地的10个军团不一定会发生怎样的变故。于是他暗地里给位于首都的菲利普送去一封密信，在信中他说自己表面上接受士兵的要求出任皇帝，但是等回到罗马之后就会将皇帝的位置交出来还给菲利普。可是皇帝菲利普根本不相信德基乌斯在信中所说的话，于是他集结手下一切可用的力量，甚至连米塞诺军港的乘务员都被编入近卫军团。皇帝菲利普率领着这支临时编成的讨伐德基乌斯的部队开始北上。虽然菲利普对元老院表现出那样诚挚的敬意，但是元老院中都是一些十分善于审时度势的人。因此当菲利普出阵之时，元老院议员们全都谎称抱病逃回了自己位于罗马郊外的别墅，没有一个人前来送行。

不但被扣上了谋权篡位的罪名，而且讨伐军也在逐渐向自己逼近，别无选择的德基乌斯只能挥军南下，双方部队在意大利北部的维罗纳遭遇。但是这场内战根本没有发生任何激烈的战斗便宣告结束。被自己手下的士兵抛弃的皇帝阿拉伯人菲利普，在被对方俘虏之前选择了自杀。元老院在得到这个消息之后，作出对菲利普进行“记录抹杀刑”（Damnatio Memoriae）的决定。将名字和业绩从帝国一切的官方记录中抹除，这对于极其看重个人荣誉的罗马人来说，是最为严重的惩罚。阿拉伯出身的皇帝菲利普，在这方面倒是得到了和尼禄相同的待遇。

皇帝德基乌斯（公元249—251年在位）

德基乌斯也是一位行省出身并且最终爬上皇帝宝座的人。他出生于远潘诺尼亚行省的希尔米乌姆（今米特罗维察），毗邻近西米亚行省的首府，现在塞尔维亚的首都贝尔格莱德，同时也是第四弗拉维军团的军团基地。另外，远潘诺尼亚行省的首府，现在的匈牙利的首都布达佩斯，当时是第二辅助军团的军团基地。因此，虽然希尔米乌姆不是军团基地，但是全权负责军团基地的补给任务，换句话说，德基乌斯出生于罗马帝国的最前线地区。

他和图拉真与哈德良一样，都是出身在意大利本土的军团兵在服役期满退役之后，与当地的女子结婚所生的后代。当他成为皇帝之后，曾经申请元老院承认他在名字前面加上“图拉真”的姓氏，由此可见德基乌斯的祖先大概是在 150 年前随图拉真进行达契亚战争的军团兵。以希尔米乌姆为中心的这片区域，出现了许多最终坐上罗马皇帝宝座的人，德基乌斯就是其中的第一个。但是，他和后来的皇帝不同，据说他出身于一个富裕的农家。他之所以加入军团，完全是因为在前线地区每天都接触军团士兵和行军打仗的场面，由此习惯性地选择了当兵而已。

他从 17 岁开始的军团生涯似乎十分顺利，最终在 45 岁的时候成功进入元老院。虽然如果是元老院阶级出身的人，只要 30 岁就可以在元老院中获得一席之地，但是对于出身于行省的德基乌斯来说，即便晚了 15 年仍然算是非常成功的。他结婚很晚，妻子是首都罗马上流阶层人家的女儿。两个儿子都在首都罗马接受教育。在皇帝菲利普统治时期，他担任相当于现在首都市长的首都长官，表现出极强的行政能力，得到大家的一致好评。因为他有丰富的军队任职经验，所以当哥特人入侵之时，皇帝菲利普派他前往远米西亚行省，实际上也算是一个正确的选择。

身为皇帝的德基乌斯，在军事上和政治上都具有非常出众的能力，可以说正是罗马帝国最为需要的人才。但是他的不幸之处在于，当时位于多瑙河下游的哥特人，刚好在这个时候将积攒多年的力量一股脑地爆发出来。

在一个男人堪称黄金年龄的 40 多岁登上皇帝宝座的德基乌斯，就任后的第一件事就是重新整顿多瑙河防线。眼下多瑙河防线已经成为帝国的生命线，因此在首都享受舒适生活的元老院议员们对皇帝的这一决定也没有提出任何的异议。罗马帝国在多瑙河沿线总共布置了10个军团，相当于罗马帝国全部兵力的三分之一。问题是这10个军团相互之间缺乏联动，如何灵活运用这作为主要战斗力的6万军团兵，成为摆在德基乌斯面前的一大难题。发源于阿尔卑斯山脉的多瑙河，沿途流经现在的德国、奥地利、匈牙利、塞尔维亚、保加利亚、罗马尼亚，最后注入黑海。虽然罗马军团设置在多瑙河沿线的基地都发展成为现在的重要城市，比如维也纳、布达佩斯以及贝尔格莱德，但是仅仅凭借这10个军团基地无法彻底封锁漫长的多瑙河。在相邻的两个军团基地之间，平均每隔10公里左右就会配有辅助部队、骑兵以及监视用的要塞等警戒措施，因此才称之为“防线”。

德基乌斯

将全部防线重新整顿是一个非常艰巨的工作，皇帝德基乌斯首先做的，是将联结军团基地、城堡和要塞之间的军用交通网作了一次彻底的修复。眼看着多瑙河的对面逐渐被蛮族所占据，士兵们最怕的就是陷入孤立无援的困境，而交通网的修复则会使他们彻底摆脱后顾之忧。在修复了交通网之后，德基乌斯开始着手整顿军纪，重新制定军规。特别是对于那些驻守哨站的士兵来说，他们的任何一个疏忽，都会影响到其附近整个区域的罗马军团。当德基乌斯死后，士兵们提议在他的墓碑上刻下了这样一句话：“reparator disciplinae militaris.”（重整军规的人。）

皇帝德基乌斯不仅重新整顿了军团的纪律，他还尝试恢复社会纪律，并且真的付诸行动。于是德基乌斯也成为了对基督教实行迫害的皇帝之一。

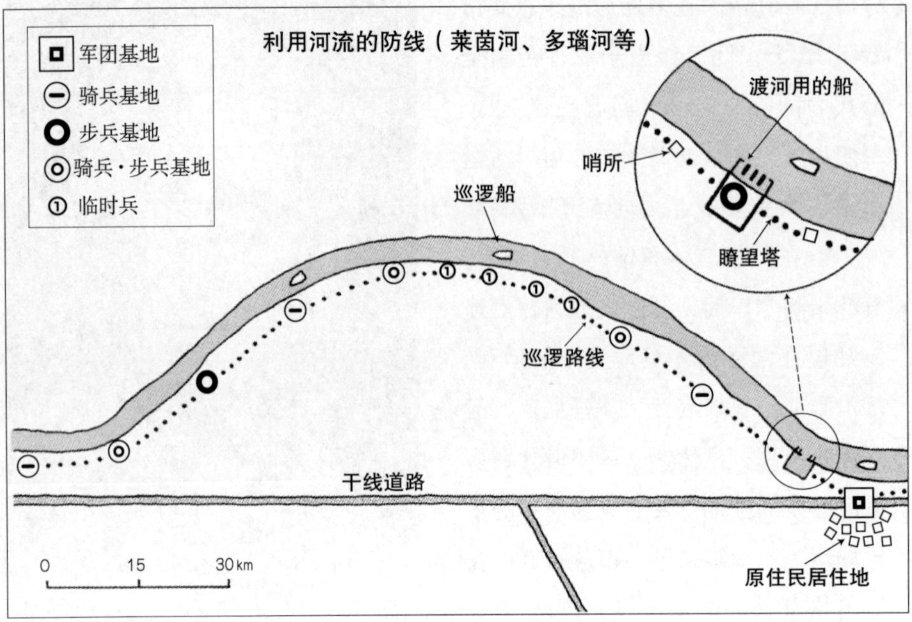

（引自 E. N. Luttwak，“The Grand Strategy of the Rome Empire”）

镇压基督教（一）

罗马人对基督教徒的镇压，并非因为基督教信仰与他们不同的神灵。罗马是一个多神教的国家，而多神教，与其说信仰的神灵数量多，不如说他们认可别人信仰不同的宗教。所以，不管你信仰什么神灵，都不会因此而获罪。但是如果信仰某宗教的信徒组建孤立的小团体，并且通过这个团体进行一些反社会的行动，那么这种行为就是犯罪。在现代法律上有一项条款叫做“破坏公共安全罪”，罗马人对基督教的态度，就相当于将其看做“破坏公共安全”的团伙。

所以说罗马皇帝对基督教的镇压，并不是为了压制他们的信仰，而是为了阻止他们进行反社会的活动。最明显的证据就是因为贤明的统治而被后世称为“五贤帝时代”的这段时期，同样出现了镇压基督教的情况。不过镇压的对象并不是信仰基督教的信徒，而是认定以传教布道为己任、并不断宣扬教义的主教以下的神职人员。

除了皇帝尼禄为了转嫁民众对罗马大火的不满情绪而大量迫害基督教徒的事件之外，从公元 64 年开始直到公元 250 年的 186 年间，共有如下数量的基督教徒殉教：

图拉真统治时期，分别处以安条克和耶路撒冷的 2 名主教极刑。

安敦尼·庇护统治时期，在首都罗马处以 5 人极刑。

马可·奥勒留统治时期，在高卢的里昂有 5 人殉教。

从皇帝尼禄时期大量基督教徒殉教之后，直到图拉真皇帝统治时期的 34 年间，有许多基督教的神职人员被流放，但是其中没有一个人因为其基督教徒的身份被处以极刑。随后直到五贤帝时代，因为信仰而殉教的基督教徒只有如前文所述的 12 人。

虽然塞普提米乌斯·塞维鲁在自己统治的后半段一改从前的宽容政策，对基督教进行严厉的镇压，但也只是为了阻止基督教徒“秘密结社”进行反社会的活动，因为严禁秘密结社是从开国皇帝奥古斯都起便留传下来的帝国方针。塞维鲁仅仅关闭了各地的基督教会，而并没有对基督教徒作出任何惩罚。而且那些被关闭的教会也在后来不知何时重新恢复了。

皇帝塞维鲁死后又过去了 24 年，在被称为“色雷斯人”的马克西米努斯统治时期，偶尔会有教会的主教被人起诉。但是马克西米努斯对这些主教的惩罚也仅仅是流放而已。

上述的那些数字并非出自罗马帝国的记录，而是基督教会的记录。虽然在君士坦丁大帝以前的罗马皇帝，无一不被基督教会看做暴君，但是在公元 250 年之前殉教的基督教徒仅有 12 人而已。

100 多年的时间里只有 12 人殉教，从这个数字上来看，即便对基督教进行镇压，殉教者的人数也应该不会出现大幅度的增加。因为镇压的对象只是那些传播基督教信仰的神职人员，而不是信仰基督教的个人。但是，将打击面首次扩大到一般信教群众身上的，就是皇帝德基乌斯。

因为他决定颁发一份证明持有者不是基督教徒身份的证明书。所以他的打击对象已经不再仅限于基督教的神职人员，而是拥有罗马公民权的所有人。自从卡拉卡拉颁布敕令以来，就连行省居民也拥有了罗马公民权，因此他也能够趁此机会将那些广泛存在于行省之中的基督教徒一网打尽。

颁布于公元 250 年的这个法令，是皇帝在某一时期临时决定的暂时性措施。之所以颁布这项法令，是因为皇帝认为想要实现帝国的彻底和平和长治久安，仅仅依靠前线的士兵们抵御外敌是远远不够的，还需要帝国全体国民在后方的大力支持。而基督教徒却将他们现在居住的这个罗马帝国比喻为堕落而邪恶的帝国，在面对北方蛮族和东方波斯王国威胁的罗马皇帝看来，基督教完全是存在于罗马帝国之内的敌对势力。

这份证明书被称为“Libellus”。在帝国的每一个城镇都设立了专门负责发放证明书的特别委员会。被叫到委员会的市民，要在委员们的监视下参拜罗马自古以来的众神，然后将自己带来的香料点燃，在香料燃起的烟雾中发誓自己不是基督教徒。没有任何其他的确认和调查，只要经过这样的仪式就可以得到证明书。

但是，即便如此简单的仪式，也在基督教徒之间引发了极大的震动。围绕这件事，基督教会分裂成两派：一派主张宁死守护自己的信仰，另一派则认为这种程度的仪式只要装装样子骗取证明书，随后再继续保持自己的基督教信仰，一样会得到上帝的宽恕。当然在这种时候后者的做法明显是比较明智的，但德基乌斯的政策还是导致大量的基督教信徒放弃了自己的信仰。

然而，即便普通的信徒认为这样做会得到上帝的宽恕，但是身兼传教任务的神职人员却并不那么想。于是那些神职人员便在被叫去进行祈祷前纷纷选择了逃跑。迦太基的主教居普良就在这个时候躲了起来，不过他在公元 251 年的复活节，即第二年春天，便再次出现在迦太基。他之所以能够在不到一年的时间内重返迦太基，是因为皇帝德基乌斯在这个时候已经无暇顾及国内的基督教势力了。

蛮族全面入侵

当时的哥特人，就如同即将决堤的大坝一样充满了危险。对罗马方面来说另一个不幸的消息是，哥特人居住的地区，正是多瑙河防线自古以来最薄弱的地区——多瑙河下游北岸。这一地区被分为近米西亚行省和远米西亚行省。德基乌斯在就任皇帝之前便曾经在这里任职过一段时间，所以对这一带罗马防线的弱点十分清楚。

他不仅授予自己两个年轻的儿子以“恺撒”的称号，还在得知哥特人的动向之后，又授予其“奥古斯都”的称号，使其成为自己的共治皇帝。他之所以这样做，与其说是为了世袭皇位，倒不如说是为了面对即将到来的暴风雨所作的准备。因为不管发生什么，他都必须使帝国能够顺利地运转下去。元老院或许也认清了这一点，所以对于这两位尚无公职经验的年轻人成为共治皇帝一事都没有提出反对意见。不幸的是，事情果然按照皇帝德基乌斯预料的那样发展。

与作为新兴民族并且统一在国王领导之下的波斯相比，由众多部族不断地聚散离合所组成的日耳曼民族对于罗马来说更加难以应对。这并非因为日耳曼人与波斯人相比作战更加勇猛，而是因为想要搞清楚日耳曼人的动向基本上是不可能的。

在 1800 多年后的今天，我们站在多瑙河的南岸向北眺望，或许想象不到 1800 多年前的情景，但是只要你走出城市到郊外看看，就能够找到一些当年的影子。一望无际的黑森林一直绵延至多瑙河岸边，在广阔河面的另一边向对岸眺望，根本无法发现对面的森林之中究竟隐藏着什么。罗马帝国经常安排船队在多瑙河上进行巡逻，但是即便在河中央向北岸眺望也很难看清森林深处的情况。所以罗马帝国在多瑙河防线的关键地区都建有军团基地，并且在相应的北岸修建要塞，在河面上用浮舟将基地与要塞相连。即便蛮族向北岸的要塞发动袭击，罗马方面也可以凭借完善的防御体系将对方击退。

但是经过这么多年的交手，日耳曼人也不会再做出这样的自杀举动。而且他们在数量上占据着绝对优势。以另外一个衡量文明程度的尺度来看，日耳曼人偏偏又对人力损害不在意。

当罗马人意识到对岸的森林变得比平时更加茂密的时候，其实就已经来不及了。那些不知隐藏在何处的船只一下子全都涌上河面，中间载有战马、两侧排满水手的大量船只就好像要将河流截断一样向对岸飞速前行。船底碰到岸边的岩石所发出的声音就像是出发的号令，从船上将战马牵下来的水手们也在此时摇身一变成为骑兵。

河边的防线和陆地上的哈德良长城与日耳曼长城不同，无法修建壕沟、栅栏以及城墙。即便罗马帝国在岸边像串珠一样修建了大大小小许多要塞和城堡，但是相互之间仍然有 10 公里到 15 公里左右的距离。而蛮族所挑选的登陆地点，就在这些没有防守的空白区域。当他们成功登陆之后，就会立即奔向有掠夺价值的城镇或是村庄，如狂风扫落叶一般将那里洗劫一空，然后扬长而去。而等当地的士兵快马赶到军团基地通报有蛮族入侵的消息时，他们早已经不知跑到什么地方去了。罗马军队之所以对蛮族的入侵束手无策，就是因为对方的袭击经常像这样突然而且又无法判断。

当日耳曼各部族之间逐渐合并起来，聚集在一个自称国王的人旗下之后，这位国王为了证明自己的能力，势必要扩大掠夺的规模。于是蛮族的入侵开始如同决堤的洪水一样汹涌袭来，而且又一再发生。这成为 3 世纪中期的特色之一。但是即便蛮族入侵的规模不断扩大，想要判断他们的行动仍然十分困难。

对岸那茂密的森林之中，埋伏敌船（上面载着敌人以及他们的战马）的流域范围变得更广了。虽然各部族之间进行了合并，但是日耳曼人仍然没有组织化的军队，君王也不见得成了全军的指挥。各个部队仍然像从前一样，以部族为单位单独行动。这反倒使得他们的行动更加难以捉摸，甚至可以说正好点中了组织严密、行动统一的罗马军团的死穴。

不仅如此，北方蛮族的主要战斗力量由骑兵组成。相对的，罗马军队的主要战斗力量则由传统的步兵组成。像希腊和罗马这样的城邦国家，其城邦的公民，同时也是军队的主要组成部分，从社会构成上来看，这也是理所当然的。而日耳曼人则没有“公民”这个概念，他们的军队是由各部族中最强壮的男人组成的战斗集团。这些战士与战马组合在一起，突击力更提升了一个档次。而且他们身为狩猎民族，没有固定的居住地，战马在他们平时的生活中也具有举足轻重的作用，是他们生活中不可或缺的一部分。因此，他们对于马匹的饲养也颇有心得。

与一天只能行军 25—30 公里的步兵相比，骑兵一天可以行军 75 公里。同时，3 世纪的蛮族与 2 世纪后期的蛮族相比，在规模上也要庞大许多。

虽然经过了如此漫长的岁月，但蛮族仍然没有转变为文明人，所以自然也没有兵站的概念。如果他们有这种逻辑上的概念，那么至少可以根据他们的补给点来判断他们的行动。但实际上这些蛮族是走到哪里抢到哪里，根本没有任何战略可言。面对这样一群不按常理出牌的敌人，罗马军队的士兵们没有一点办法。

哥特人

公元 250 年的夏天，日耳曼人中的哥特人与汪达尔人趁着多瑙河下游水量减少的机会，大举入侵罗马帝国境内。虽然哥特人的国王尼瓦名义上是这次侵略行动的总指挥，但哥特人与汪达尔人依然以部族为单位各自单独行动。

蛮族的渡河地点选择在第一意大利卡军团基地的原所在地诺瓦埃（现在保加利亚的斯维什托夫）附近，但是在公元 2 世纪末期，罗马帝国为了保证达契亚行省的安全，而将这个军团迁移到了上游 60 公里处的奥埃斯库斯。虽然在下游远米西亚行省的特洛斯特姆（现在保加利亚的锡利斯特拉）之中还有第十一克劳狄军团的军团基地，但是蛮族选择的登陆地点是在这两个军团基地的中间地带。

时任远米西亚行省总督的特雷波尼安努斯·加卢斯在奥埃斯库斯得到这个

消息之后，立刻率军向蛮族的渡河地点进发。但是等他赶到的时候，丝毫不见大举入侵的蛮族踪影。因为这时候的蛮族主力部队早已经沿着四通八达的罗马大道一路南下扬长而去了。

蛮族南下的路上，有对罗马军队来说至关重要的补给基地尼可波尔。如果这个补给基地遭到蛮族的劫掠，那么负责远米西亚行省防卫任务的两个军团将陷入彻底的瘫痪。但是，当年的蛮族并没有向尼可波尔发动攻击，而是一路南下径直朝着巴尔干地区的腹地——色雷斯行省进发。

虽然色雷斯行省并不是罗马帝国的边境地区，但是距离多瑙河前线也并没有多远的距离。从西北到东南分别有纳苏斯、塞尔迪卡（现在保加利亚的首都索非亚）、亚历山大大帝的父亲建设的菲利普波利斯、图拉真建设的贝罗埃以及哈德良建设的哈德良波利斯等罗马时代非常重要的城市。也就是说，这个色雷斯地区是联结罗马帝国东方与西方的交通要冲。日耳曼人进攻的目标正是这里。虽然蛮族在马可·奥勒留统治时期就曾经攻打到了西班牙以及意大利北部地区，但是那时候的蛮族入侵规模很小，所以很快就被击败了，而这次却比以往的规模都要大很多。身在首都罗马的皇帝德基乌斯，因为曾经担任过米西亚行省的总督，所以对这一事态的重要性有着非常深刻的认识。于是他决定御驾亲征，同时还带上了与自己共同治理国家的长子赫伦尼乌斯。小儿子奥斯特良因为身体不佳留在首都负责内政。对罗马帝国来说，还是头一次出现蛮族如此深入境内的情况。

名将之所以被称为名将，是因为他们能够指挥自己的士兵用他们最擅长的方法来进行战斗。而对于罗马军队来说，在平原上布阵进行会战就是他们的绝对强项。因为军纪严明、训练有素，在平原作战的罗马军队能够通过最小限度的牺牲取得胜利，可谓是名副其实的“战争机器”。但是要想将这一战略应用在巴尔干地区，就必须将分散于各处忙于掠夺的蛮族引诱到一起，然后一网打尽。皇帝德基乌斯大概就是想要采取这种战术，于是他和自己的儿子分别率领第一和第二部队从西方进军，同时命令色雷斯行省的总督普利斯库斯率领第三

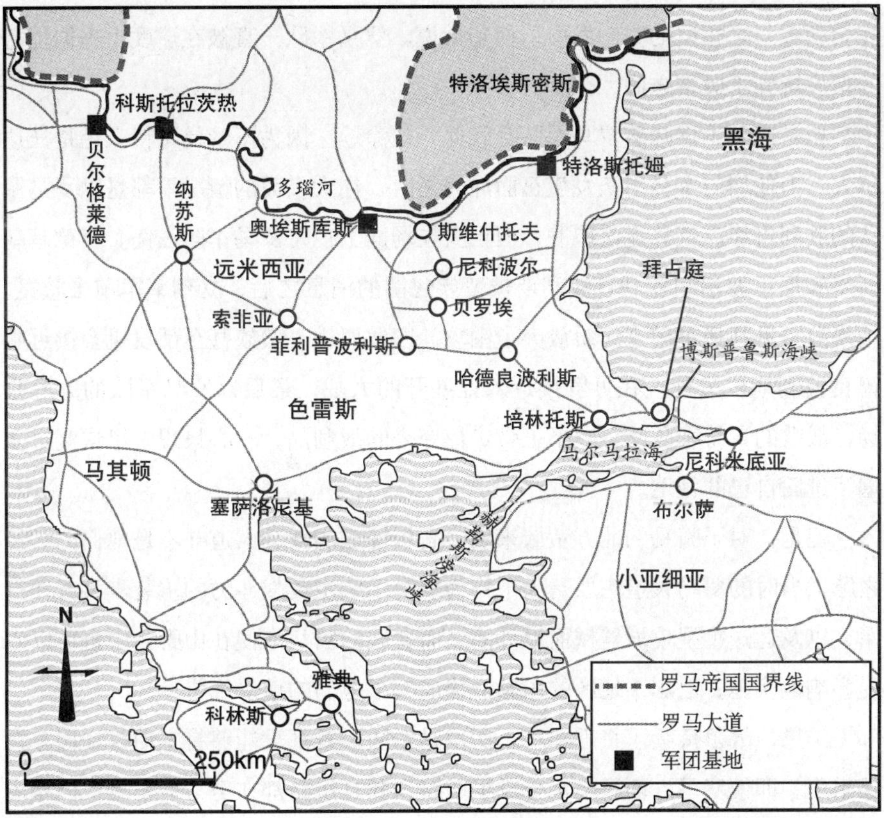

巴尔干地区与小亚细亚

部队从南方进军，米西亚行省的总督加卢斯则率领第四部队从北方进军，意图将敌人赶到色雷斯的平原地区。

这个战术要想取得成功，就必须将主动权从敌人手中抢过来。但是因为蛮族拥有速度优势，罗马军队只能不停地在后面追赶敌人的脚步，这样一来主动权还是掌握在对方的手中。名将如果在战斗初期被敌方占据了主动，那么他一定会想尽办法重新夺取主动权。因为只有掌握了主动权，各部队之间的协同作战才能够顺利地进行。但是发生在公元250年夏季到251年春季的这场战争，完全朝着与之相反的方向发展。换句话说，罗马军队一直被在速度上占据优势的蛮族玩弄于股掌之间。

但是这并不意味着罗马军队会就此一败涂地。因为不管是哥特人还是汪达尔人，当他们与罗马军队发生正面冲突之时，绝大多数的情况下都是以罗马军队的胜利告终。就算无法取胜，但至少在场面上也是罗马军队占优。当德基乌斯得知尼可波尔和菲利普波利斯被蛮族包围的消息之后，立刻率军前去救援，结果敌军见到援军前来纷纷放弃了围攻，四散而逃。蛮族甚至都没机会接近哈德良波利斯。另外，在贝罗埃近郊处展开的大战，最后以罗马军队的大胜收场，战败的哥特军队甚至顾不上带走掠夺来的战利品，一心只想着尽快渡过多瑙河逃回自己的领地。

但是，对于骑马的北方蛮族来说，石板铺成的罗马大道并不是他们的必经之路。当时的罗马大道主要是为了作为罗马军队主要战斗力的重装步兵方便行军，以及运送重型攻城器械而设计的。而蛮族的骑兵即便在山野之中也可以不受影响地疾驰，巴尔干地区的山脉恰恰成为了他们的地形优势。

结果，战争持续了将近一年，而罗马军队一直都没能够将主动权掌握在自己手中。即便罗马方面将全军分成了四路，并且每路都在努力地奋战，但是由于相互之间缺乏联系，导致其迟迟无法彻底结束这场战争。虽然在场面上罗马军队始终保持着优势，但是在不知不觉间为自己挖好了坟墓。在四路部队中，最年轻而且缺乏经验的皇帝之子赫伦尼乌斯所率领的第二部队就成为了第一个牺牲者。

从森林之中突然出现的蛮族向第二部队发起出其不意的攻击，虽然赫伦尼乌斯在被动的局面下奋勇抵抗，但终因寡不敌众战败身亡。儿子战死的消息很快便传到了正在不远处行军的德基乌斯那里。

皇帝德基乌斯在得知这一消息后悲痛欲绝，发誓要为儿子复仇的他立即率军向事发地赶去。当他与杀害自己儿子的敌军遭遇时，其他得知罗马皇帝动向的蛮族军队也如同发现猎物的鬣狗一样从四面八方赶来，敌军的数量顿时增加了两三倍。即便如此，皇帝德基乌斯依然没有丝毫的退缩。但是被复仇冲昏了头脑的他只顾着追击敌军，却没发现自己的军队已经进入了沼泽地带。陷入沼泽之中的罗马士兵遭到蛮族的围歼，死伤大半，皇帝德基乌斯也在力战之后不幸身亡。他的遗体在战乱中沉入深深的沼泽之中，最终也没有找到。在混战中被杀的赫伦尼乌斯的遗体也同样不知去向。

石棺

罗马市内有很多美术馆，其中有一个叫做阿尔忒弥斯的美术馆，以专门展示希腊罗马时期的雕刻作品而闻名。在这个美术馆最大的展厅内，有一具占据了整面墙壁那么大的石棺，这具石棺因为其最初被红衣主教路德维希收藏而得名“格兰第·路德维希石棺”（Grande Ludovisi）。石棺全长 2.73 米，高 1.55 米，宽 1.37 米。整体是一块完整的大理石，从正面到两边全都刻有精致的浮雕，浮雕最深处可达 18 厘米。虽然是公元 3 世纪的作品，但是保存至今依然完好无损，非常完美地体现了罗马雕刻技术的鬼斧神工。

这具石棺正面雕刻有长将近 3 米、宽 1.5 米的战斗场面。从双方武装可以立即判别，这是罗马军队与蛮族作战的场景。而这幅杰作的主角，正是公元 251 年与哥特人的战争中牺牲的皇帝德基乌斯的儿子赫伦尼乌斯。如果仅仅欣赏这幅雕刻作品，会使人感觉罗马是获胜的一方。因为在雕刻中央骑在马上的赫伦尼乌斯，怎么看都像是一副胜利者的模样。但实际上，在这场战斗中，罗马军队全军覆没，年轻的皇帝赫伦尼乌斯也战败身亡。

据说这具巨大的大理石石棺，是失去了儿子的母亲下令制作的。但是，因为没有找到死者的遗体，所以在这座石棺之中并没有遗体。而且在基督教统治罗马之前，罗马人一般都采用火葬的方式，大型的石棺更像是一种用来悼念死者的纪念碑，只能供活着的人寄托哀思罢了。如此巨大而精美的石棺，想必不管是材料费还是雕刻费都相当惊人，虽然赫伦尼乌斯的母亲出身于伊特鲁里亚

路德维希巨石

的名门，但是肯不惜重金建造这样的石棺，足以证明这位母亲对自己英年早逝的儿子怀有怎样的悲痛之情。

据说这具石棺最早在 17 世纪于罗马与蒂沃利之间的提布尔提那大道旁挖掘得来的。一般来说，城市周围、大道附近都是有钱人的住宅区，罗马时期的首都郊外则分布着大量上层阶级的别墅。或许皇帝德基乌斯的妻子，赫伦尼乌斯的母亲就居住在这一带吧。要安置如此巨大的石棺，必须有与之相应的别墅，或许在圆柱环绕的回廊一角，这座石棺一面贴着墙壁，另一面正对着种满了鲜花、装饰有喷泉的美丽庭院，因为在这座石棺的正面和两旁都刻有精美的浮雕，只有背面是空白的。

皇帝德基乌斯是罗马帝国第一位在与蛮族的战争中阵亡的皇帝。但是，罗马帝国即便付出了如此巨大的代价，仍然没能将哥特人和汪达尔人从巴尔干地区驱逐出去。也就是说，罗马帝国与蛮族之间的战争还在进行当中。而且，不仅皇帝德基乌斯，与他共治的儿子赫伦尼乌斯也一同阵亡。虽然在首都还有与德基乌斯共治的另一位儿子，但是正在作战的前线一刻也不能没有最高司令官。

于是以远米西亚行省总督的身份参加对蛮族作战的加卢斯被士兵们一致推举为皇帝。虽然大家希望他能够继续作战，将蛮族彻底赶出罗马帝国，但是这位出身于意大利本土并且属于元老院阶级的新皇帝，却选择了与蛮族媾和。

与蛮族的媾和

罗马帝国所选择的媾和对象，是在蛮族之中实力最强的哥特人。

罗马方面的要求只有一个，那就是蛮族撤出罗马境内，返回多瑙河对面他们自己的领地。代价则是接受哥特人的全部要求。哥特人不仅可以得到掠夺来的全部物品，甚至还可以将俘虏带回他们的领地。而且从今往后每年罗马还会向哥特人缴纳贡金。

在这样的条件下，哥特人自然非常痛快地签订了和约。顺利实现媾和之后，加卢斯将埃米利安努斯任命为远米西亚行省的总督，自己则立即返回了首都罗马。

但是，这个时期袭击罗马帝国的并非只有北方的蛮族。一场非常严重的疫病也同时笼罩在罗马帝国的天空，就连首都罗马也难逃疫病的侵袭。德基乌斯的儿子霍斯蒂利安在这场疫病中不幸身亡，加卢斯也因此而顺理成章地成为了罗马帝国唯一的皇帝，不过他的统治并没有持续多久。

在多瑙河附近的远米西亚行省（现在的保加利亚）担任总督的埃米利安努斯，出身于北非的毛里塔尼亚行省（现在的摩洛哥）。他对于皇帝加卢斯在面对蛮族之时的懦弱表现感到难以抑制的愤慨。当对皇帝的媾和做法十分不满的士兵们发现自己的司令官也怀有同样的心情时，这种积压已久的情绪终于爆发出来。

加卢斯

总督埃米利安努斯不承认皇帝加卢斯与哥特人之间的媾和条款。那些被蛮族掠夺了财产并俘虏了家人的罗马士兵，在得知这一情况之后，再次看到了复仇的希望。愤怒的罗马军队越过多瑙河突袭了哥特人的居住地。虽然这并不是一次有准备的攻击，而且罗马方面仅仅出动了1万人左右的兵力，但是即便如此，仍然达到了他们复仇的目的。他们成功地将被哥特人俘虏的亲人重新抢了回来。终于发泄了心中的怨愤而心情大好的士兵们在返回基地之后立刻拥立他们的司令官埃米利安努斯为皇帝。不过埃米利安努斯在当时并没有立刻答应下来。

哥特人自然不会就此善罢甘休。因为罗马的皇帝加卢斯完全按照他们的要求签订了和约，所以给哥特人留下了罗马帝国非常软弱的印象。于是他们甚至不顾与罗马方面签订的和约，立刻着手准备再次发动进攻。

哥特人对罗马帝国的这种印象，甚至影响到了居住在日耳曼长城之外的阿拉曼人。阿拉曼人也是日耳曼民族中比较强大的一支，现如今居住在德国西南部的德国人仍然还保留有“阿拉曼人”这个称呼。阿拉曼人不断地向罗马行省总督索要贡金，并且提出增加贡金数额的要求。而且交涉过程中，他们已经不使用“经济支援”一词。身为行省总督的瓦勒良也因为不满皇帝加卢斯的做法，而果断地拒绝了阿拉曼人的无理要求。结果日耳曼长城立刻遭到阿拉曼人的全面入侵。而与此同时，因为上一次的入侵而尝到甜头的哥特人也在此挥军南下，侵入罗马境内巴尔干地区。

日耳曼民族第一次来到地中海

从公元252年到公元253年，共有30万蛮族大举入侵罗马帝国境内。而且，蛮族在越过多瑙河之后已经不仅从陆地上发动攻势，从这一年开始，北方的蛮族甚至开始出现在海上。

这一点，显示出蛮族在战略层面上有了非常大的进步。

因为蛮族意识到正面进攻罗马帝国的防线，只会造成大量的伤亡，并且不会获得多少收益，所以他们开始选择军团基地之间的空虚地带突破。但是即便如此，当蛮族带着战利品返回自己领地的时候，仍然会遭到等待多时的罗马军团的伏击。运气好的话，他们或许还能捡回一条命，要是运气不好，他们全都得客死异乡。毕竟以蛮族的战斗力还无法与罗马的正规军发生正面冲突。

于是蛮族想出了一个新主意，那就是不与防线发生正面接触，绕过防线从背部进入罗马境内。于是他们突破多瑙河防线，经由黑海抵达爱琴海，向小亚细亚和希腊的富裕城市发动袭击。

这个战术是非常正确的。虽然黑海之上有罗马帝国的巡航舰队，但是舰队基地都设在马尔马拉海深处的港口城市尼科米底亚。这个远离前线的地方作为海军基地之所以一直都没有发生任何的问题，是因为黑海地区自从罗马帝国开始统治的300年间一直处于和平状态。也就是说，在黑海之上的商船和渔船在这300年间一直没有受到任何的侵扰。但是黑海之中的和平被哥特人彻底打破了，他们将停泊在港口的商船和渔船据为己有，并且强迫船上的水手为他们效力，就这样，原本与大海无缘的哥特人也轻而易举地获得了海上通行的能力。要想容纳30万大军至少需要1500艘以上的船只，虽然黑海之中的船只无法达到这个数量，但是在哥特人经过马尔马拉海进入爱琴海的南下途中，又陆续在沿岸的港口抢夺了不少的船只，所以掠夺1500艘船只对他们来说并不是什么难事。

说起海盗，大家的第一印象都是他们会袭击在海上航行的船只，对其进行烧杀抢掠，但实际上这只是海盗的一面。海盗真正的可怕之处，在于他们会出

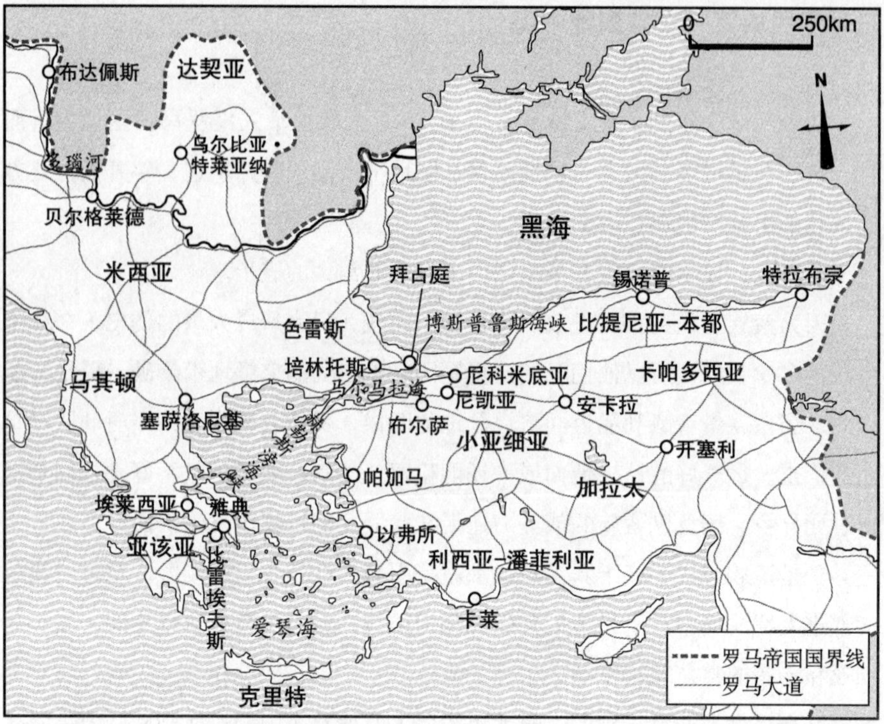

黑海·爱琴海周边

其不意地从海上来到陆地进行烧杀抢掠，得手之后又乘船扬长而去。即便是在地面上防守严密的大城市，在面对海的一面的防守一般来说都比较薄弱，又加上当时“罗马统治下的和平”已经渗透海上 300 多年。而原本是一群山贼的日耳曼人之所以会这么容易地变成海盗，归根结底还是因为 3 世纪的罗马人已经习惯了和平的生活。

虽然和平是无价之宝，但如果醉心于和平，那么便会很容易失去它。也许大家曾经在好莱坞的影片中看到过这样的场面，一群全副武装的罗马士兵将聚集在广场上的市民赶到一旁，然后大摇大摆地横穿过去，实际上这完全是杜撰出来的场面。健全的国家与不健全的国家之间最大的区别就在于这个国家所拥有的军事力量究竟是对外的还是对内的，而罗马帝国的军团基地就几乎全部位于国界线附近。即便是位于国内的军团基地，可以拿斯特拉斯堡基地为例。国内基地设在莱茵河或穿过黑森林的日耳曼长城附近，一接到敌人入侵的消息，马上可以派兵驰援。也就是说，罗马帝国的军事力量，都是为了防守罗马人称之为“Limes”的防线而准备的。因此，在罗马帝国境内的很多行省中都没有军团基地。而在城市之中常驻有1000人守备队的也只有西欧的重要城市里昂以及北非的重要城市迦太基。其他的城市只有负责行省总督官邸安全的100余名士兵而已。

罗马帝国是由罗马公民统治的国家。“罗马统治下的和平”既是每一位罗马公民的愿望，也是通过每一位罗马公民来实现的和平。所以，罗马帝国才能够凭借其不足20万人的兵力，守护帝国长达300余年的和平。因此，在他们看来不会受到外敌入侵的希腊以及小亚细亚地区一个军团基地都没有。而哥特人从海上发动袭击的，正是这个地区。

从黑海通往马尔马拉海的博斯普鲁斯海峡，因为黑海与马尔马拉海的水位差而产生巨大的激流，而且航路还非常曲折。虽然很多船只在这里触礁搁浅，但因为哥特人船队的数量过于庞大，所以还是有大量的船只顺利抵达马尔马拉海。位于博斯普鲁斯海峡出口的拜占庭虽然在半个世纪之后便被命名为君士坦丁堡而成为东罗马帝国首屈一指的大都市，但在公元3世纪中期还只是一个名不见经传的小城市而已。虽然哥特人并不将这个小城市放在眼里，但对强盗来说任何一个能够被称为城市的地方都不能够放过。

尼科米底亚首先沦陷，紧接着尼西亚也没能免于劫难，随后就是布尔萨。而以物产丰饶著称的比提尼亚行省就连都市附近的郊区都惨遭蹂躏。满载而归的哥特人的船队沿着马尔马拉海穿过赫勒斯滂海峡，继续向爱琴海进发。

虽然爱琴海分布着大大小小众多岛屿，但是哥特人绕过这些岛屿直接向雅典发动了袭击。位于雅典外港的比雷埃夫斯，面对从海平面上大举进攻的敌军毫无还手之力。城内几乎没有像样守备队的雅典，彻底落入哥特人的手中。而位于雅典北部不远处的埃莱西亚也同样落入了日耳曼民族的魔掌。

在顺利地实现了他们掠夺的目的之后，心满意足的哥特人满载着他们掠夺来的战利品北上凯旋。

不仅地面上的防线被突破，现在就连海上的和平也宣告结束，居住在罗马帝国境内的公民们首次感到无比的震惊。对蛮族的恐惧，以及因为不断蔓延的疫病而产生的绝望，人们将希望寄托在守护罗马的众神身上。神殿之内挤满了前来祈祷的人群，神殿前的祭坛上摆满了献祭的牲畜，用于祭祀的香火源源不绝。国难当头，罗马市民全都虔诚地为国家祈祷，唯有基督教徒对此反应冷漠，于是人们将积压在心头的不满情绪全都向基督教徒发泄出来。虽然被起诉的基督教徒并没有被处以死刑，但是罗马国内对基督教徒的厌恶和迫害愈演愈烈。

与此同时，因为皇帝加卢斯对蛮族的懦弱政策而感到不满的，也不仅仅限于防守多瑙河防线的士兵，位于日耳曼长城附近的士兵同样对皇帝充满了愤慨之情。特别是当他们发现直到阿拉曼人被击退为止，皇帝都未曾在前线出现过一次的时候，对皇帝这种消极态度的责备声更是日益高涨。但是他们并没有像米西亚行省的士兵那样拥立埃米利安努斯为皇帝。或许是因为埃米利安努斯出身于北非的毛里塔尼亚行省，而且身上还有当地原住民的血统。于是他们决定拥立自己的司令官瓦勒良为皇帝。

当年与尤里乌斯·恺撒共同创立了“三头政治同盟”的另外两名是庞培和克拉苏，瓦勒良正是出身于克拉苏所属的李锡尼乌斯家门。因为其家族从共和国时期就是名门望族，所以他的家族历代都属于元老院阶级的一员，如果将人分为三六九等的话，那么他毫无疑问是罗马帝国中最上等的人。而对于人类来说，越是在乱世，越期待有这样的“贵人”来拯救他们。

当瓦勒良也被他手下的士兵们推举为皇帝之后，原本就处于风雨飘摇之中的罗马帝国，又陷入了同时出现 3 位皇帝的混乱状态。

但是，在皇帝由军团兵推举产生的情况下，即便最终演变成内战，实际上也不会出现罗马士兵自相残杀的局面。内战的最终结果，完全取决于士兵更加支持哪一方。发生在公元 253 年的这场内战也是如此，首先，加卢斯与埃米利安努斯的军队遭遇，因为加卢斯手下的士兵全都倒向了埃米利安努斯一边，于是后者取得了胜利。紧接着埃米利安努斯又与瓦勒良发生了交战，但是这一次埃米利安努斯手下的士兵则投靠了瓦勒良那一边，最后剩下的瓦勒良成为唯一的皇帝。虽然内战仅仅从 6 月持续到 10 月便宣告结束，瓦勒良也在当年秋天顺利地登上了皇帝的宝座，但对于罗马帝国来说，还是因为这场骚乱浪费了整整 5 个月的时间。经常发生这样的骚乱是 3 世纪罗马帝国的最大特点，同时也是帝国实力不断消耗的一个典型事例。

皇帝瓦勒良（公元 253—260 年在位）

普布里乌斯·李锡尼乌斯·瓦勒良在就任皇帝的时候已经 63 岁了。在罗马人看来，63 岁已经是应该退休的年纪了。瓦勒良似乎也明白这一点，于是授予自己 37 岁的儿子加里恩努斯“奥古斯都”的称号，元老院也承认他的儿子作为共治皇帝与他一同统治罗马帝国。由此可见，当时的罗马帝国已经陷入了单独一位皇帝无法应对的境地。

罗马帝国的皇帝，在共和国时期被称为“Imperator”。所谓“Imperator”指的就是带兵打仗的凯旋将军。因此，保卫国家的安全就是一个皇帝最大的责任和义务。一旦前线发生战事，身为罗马全军最高司令官的皇帝，自然要身先士卒御驾亲征。但是对于 3 世纪的罗马帝国来说，因为前线多处战事频发，仅仅依靠一位皇帝无法面面俱到，这也是 3 世纪的罗马帝国会出现这么多共治皇帝的原因。可以说都是因为外敌频繁入侵所导致的连锁反应。

瓦勒良就任皇帝之后所做的第一件事，就是将罗马全军的指挥官队伍进行了彻底的整顿。皇帝亲自选拔人才，将那些怀才不遇的年轻将官破格提拔为军团的

瓦勒良

指挥官。不问出身与阶级，唯一被看重的只有他们在军事方面的才能。

这些完全靠实力说话的人才，基本上都出身于多瑙河南部的潘诺尼亚以及米西亚这两个地区。因为这里临近罗马帝国的最前线，所以居住在这里的人几乎都有亲人在军团中服役。而且这里与意大利本土、希腊、高卢以及西班牙等先进地区相比，属于不发达地区。生于这个地方的人，如果家里没能力供他去首都罗马留学，那么要想出人头地就只有加入军团这一条路。3 世纪后期的罗马帝国，军人皇帝层出不穷，那些最终登上皇帝宝座的军人，几乎都是在这个时候被瓦勒良破格提拔上来的人才。

镇压基督教（二）

似乎每一位认识到帝国面临的困境，并且积极寻求解决方法的皇帝，都会对基督教进行非常严厉的镇压。就连被公认为是贤帝的哲学家皇帝马可·奥勒留统治时期，在里昂也发生了基督教徒的殉教事件，而等到他的儿子康茂德继位之时，基督教徒不但没有继续遭到镇压，甚至连流放的情况都没发生过。与做皇帝相比更热衷于做祭司的埃拉伽巴路斯统治时期，也没有发生过一起基督教徒遭到迫害的事件。之所以会出现这种情况，既说明了罗马帝国对基督教徒的政策缺乏连贯性与一致性，也证明了每个皇帝对帝国统治的关心度各不相同。

罗马帝国长期以来对基督教徒一直沿用皇帝图拉真制定的政策，即只处理被起诉的教徒，而且处理基准和普通的罪犯一样。但是事隔 150 年，即在 3 世纪后半期，皇帝德基乌斯将这一规定更改为不管是否遭到起诉都可以对基督教徒实施镇压。也就是说，罗马社会开始正式将镇压基督教徒作为维持社会治安的方法之一。

虽然德基乌斯的这个政策由于蛮族入侵只维持了不到一年，但仍然使许多人被迫退出了基督教，还有1000余人因为誓死不肯退出基督教而殉教，另外还产生了一部分像居普良一样的逃亡者。

两年后，瓦勒良将德基乌斯对基督教的镇压政策重新推广开来。他要求所有的罗马公民都必须拥有一份证明自己不是基督教徒的“证明书”。颁发证明书的特别委员会也被重新组建，开始继续运作。不过，发生在罗马社会内部的这场运动，并非仅仅出自皇帝一人的想法。

当时的罗马公民都对基督教徒感到非常不满。因为在国难当头的紧急时刻，基督教徒却为了自己的信仰而逃避罗马公职，拒绝服兵役，而这些都是每一名罗马公民所必须承担的责任与义务。因此，自古以来就对一神教持否定态度的罗马人，终于因为3世纪以来不断出现的天灾人祸而将积压已久的愤怒之情爆发出来，并且发泄在基督教徒的身上。

距离公元212年卡拉卡拉颁布敕令使行省居民也获得罗马公民权已经过去了半个世纪。以往行省人民可以免除罗马公民才应当负担的公务与兵役，如今却人人都是罗马公民。原本行省人民里的基督教徒比例较罗马公民高，如今这些教徒也要承担罗马公民的义务，使得3世纪的基督教徒政策更趋复杂。从罗马人的角度来说，如今教徒也是罗马公民了，却不愿意承担公民的义务。而教徒认为，基督教的教义不允许他们承担帝国的政务。

历史学有个专有名词叫“护教论者”，这些人曾试着从基督教徒的角度为当时的行为辩护。护教论者反讽说，蛮族入侵怪罪到基督教徒头上，疫病爆发也怪到基督教徒头上，反正有什么事情都把责任丢到基督教徒头上就是了。

而在这个时期的人物，于公元253年过世的护教论者奥理杰内曾经向与自己有相同信仰的人表示：

信仰基督教的人，比罗马帝国的皇帝更加强大，比皇帝的所有行政官更加强大，甚至比罗马的元老院和罗马公民更加强大。罗马人信仰的神灵总有一天会从这个世界上消失。我们现在对统治者宣誓效忠，以及在皇帝像前的所作所为都将烟消云散。

因为蛮族的入侵而引发的这些惨剧，并不像罗马人所说的那样绝望。那些蛮族总有一天也会领悟到我们基督教的真谛，到那时，他们自然会抛弃那些野蛮而残酷的思想。所以，现在的惨剧，只是在蛮族皈依我们基督教之前，上帝对我们的考验。

我并不是基督教徒，所以对其中那句“我们现在对统治者宣誓效忠”非常感兴趣。或许基督教之所以能够接受罗马帝国的统治，是因为相信终有一天罗马人也会皈依基督教。但是据基督教方面所说，他们所谓的宣誓效忠的对象是罗马皇帝。我认为这或许有什么误会的地方吧。

信奉一神教的基督教徒会拒绝效忠罗马皇帝，是因为在他们看来罗马皇帝就是神。不过，只有死后被神格化的罗马皇帝才是神。而且罗马人所说的这种神，与基督教所信仰的神并不相同。因为皇帝在生前对罗马帝国作出了卓越的贡献，所以罗马人希望他们死后也能够化为神灵继续保佑帝国的和平。虽然在罗马帝国境内到处都能见到皇帝的雕像，但是对罗马人来说，将香料供奉在皇帝雕像的面前，意味着祝愿皇帝身体健康。而在皇帝雕像之前敬礼，就像我们现代人对国旗敬礼一样。也就是说，罗马皇帝的雕像，与其说是神像，更像是罗马帝国的象征。

对于这一点，基督教徒们应该也十分清楚。所以他们拒绝参拜皇帝的雕像，并且在将罗马帝国控制在自己手中之后，开始积极地而且有意识地将这些皇帝雕像全部破坏。

所以说罗马帝国与基督教之间的对立，与其说是两种不同宗教之间的对抗，不如说是两种不同文明之间的抗争。

但是，瓦勒良和德基乌斯一样都没有时间和精力将基督教彻底镇压下去。因为对于罗马帝国的皇帝来说，与镇压基督教相比，抵御外敌的入侵是更加重要的事情。但是即便如此，在基督教方面的记录中，仍然将瓦勒良特别称为“基督教的公敌”，由此可见，虽然瓦勒良的镇压时间很短，但仍然是非常有组织有计划的行为。

公元 257 年，在将原本列为第一优先的帝国防卫体制彻底重整完毕之后，瓦勒良在继位的第 4 年颁布了一项针对基督教的临时措施法。不过这项法令仍然只是针对基督教会神职人员而不涉及一般信众，这项法令规定，基督教的一切祭祀活动以及基督教徒的捐款都被明令禁止。违反这项法令的人，将被直接逮捕并且处以流放或者死刑。

虽然不知道具体有多少人因为这项法令而牺牲，不过神职人员阶级的殉教者却留下了明确的记录。

首都罗马的主教斯提法努斯在当年 8 月 2 日殉教身亡。8 月 30 日，前面提到过的迦太基主教居普良被行省总督逮捕并接受讯问。其实他这次也逃了出去，但是因为与教会有关的人受到了牵连，所以他才返回为其他人辩护，并且最后从容地选择死亡。

到了第二年，即公元 258 年，皇帝瓦勒良好像乘胜追击似的，又颁布了第二项临时措施法。法令中重新规定，凡是拒绝参加祭祀罗马诸神活动的神职人员，都将被判处流放或死刑。其中最值得我们关注的是，这项法令初次将普通的信教群众也列入处罚的范围之内，而且导入了没收财产的概念。

第二项临时措施法不仅以神职人员为对象，还把对象扩大到信徒，尤其富有的信徒身上。由此可见，罗马帝国也已经清楚地认识到，要想阻止基督教在罗马帝国范围内继续扩大，最有效的办法就是截断基督教会的资金来源。

罗马社会原本并没有独立且专业的神职人员，因为罗马是一个多神教的国家，所以并没有统一的教典，也没有教理，而没有教典和教理自然就不必向普通信徒进行传教，也就不需要专门负责传教的神职人员。在罗马社会中，维护神殿和举办祭祀活动等事宜，都是由国家以及地方自治体来负责，费用也由其承担。正因为罗马社会之前并没有专门的神职人员来负责这些运营活动，所以他们也一直不能理解由信徒捐赠资金，用于营运教会、培养教会相关人员、举办弥撒等教会事务的概念。直到因为外敌的频繁入侵而导致国库空虚，罗马帝国无力维持神殿的日常运作时，唯独基督教会的活动依然丝毫不受影响，罗马人才终于发现宗教可聚财的现象。

虽然罗马人不知道为什么教会要聚敛钱财，但身为当事人的教会内部对此清楚得很，而且基督教会的一大特色就是派系纷争非常激烈。围绕教理所展开的争论，即便在被镇压的时代仍然火爆异常。关于教理的详细内容在这里就不予赘述。简单地说，争论的目的就是为主教的位置分出一个高下。之所以会产生这样的争论，是因为成功占据上位的主教，能够掌控信徒更多的捐款。

虽然从动机上来看教理论争非常令人不齿，但这实际上并没有什么不妥之处。因为一个宗教仅仅依靠信仰是无法存活下来的。教会要想保持宗教信仰的大旗，就必须使自身成为一个严密的组织。而要想充分地发挥组织的机能，纯粹的信仰和强大的组织能力都是不可或缺的。而要想维持一个组织的正常运转，金钱更是必不可少的一环。所以说在罗马帝国晚期逐渐兴起的基督教，恰恰反映出了这个从古至今一直保持不变的真理。

虽然皇帝瓦勒良对基督教的镇压已经做得相当彻底，但是因为波斯国王沙普尔再次向罗马帝国发动了攻击，迫使他无法继续对基督教进行镇压。对基督教徒来说，这场来势汹汹的暴风雨终于过去了。而直到公元 303 年皇帝戴克里先再次开始对基督教徒进行大规模迫害为止，居住在罗马帝国中的基督教徒得以享受 45 年的和平生活。

在这 45 年里有许多皇帝上台又下台，光是重要人物就有 6 人。并非因为德基乌斯与瓦勒良对基督教的镇压感到后悔，所以才采取了宽容的政策，而是因为他们在内忧外患面前根本无暇顾及基督教的问题。公元 260 年，在罗马帝国的面前出现了前所未有的关系到生死存亡的巨大危机。

第二部分

3 世纪后期的罗马帝国

NON UNO DIE
ROMA AEDIFICATA EST

第一章　公元 260—270 年

波斯国王沙普尔

因为罗马帝国的皇帝、外号为“阿拉伯努斯”（阿拉伯人）的菲利普与波斯国王沙普尔一世签订的和约，罗马帝国失去了美索不达米亚行省。而且罗马军队从美索不达米亚北部地区撤军，导致波斯势力得以渗透进入亚美尼亚王国。在随后的 15 年间，罗马帝国因为北方蛮族的不断入侵而一直疲于应对，波斯国王则趁此机会为向西方的进军作好了充足的准备。

从美索不达米亚北部地区撤军之后，曾经是罗马与帕提亚之间的国界线——幼发拉底河——又再次成为了罗马与波斯之间的国界线。以幼发拉底河为界与帕提亚王国相安无事，现在的对手却换成了一心想要重振波斯雄风的萨珊王朝。因此波斯国王越过幼发拉底河进攻叙利亚，也可以说是意料之中的情况。毕竟距离上次大战已经过去了 15 年，曾经被皇帝戈尔迪安三世的近卫军团长官提梅吉提乌斯重创的波斯军队主要战斗力重装骑兵得到了充分的重整和再建，同时，在波斯人看来如果再不向西方发动攻击，恐怕复兴波斯帝国的理想就将失去号召力。

波斯国王沙普尔在首都泰西封整编大军的情报，通过叙利亚行省总督传到首都罗马皇帝耳中。

皇帝瓦勒良在继位当初便将儿子加里恩努斯设为自己的共治皇帝。在这6年间，瓦勒良一直在首都统治帝国全域，加里恩努斯则在莱茵河、多瑙河以及日耳曼长城负责北方最前线的防卫任务。也就是说，两位皇帝分别在首都和前线两地维持着帝国西方的和平。但是，当波斯军队大举入侵帝国东方之时，两人之中必须有一个人前往东方进行抵抗。当时的瓦勒良已经70岁高龄，但是不知为何，他仍然执意亲自前往遥远的东方。或许在瓦勒良看来，相对于无法预知侵略规模与时间的北方蛮族，波斯国王率领的大军更加容易对付一些。于是他将帝国的西方交给儿子，而自己则亲自踏上了东征的道路。这样做元老院也同意。

虽然已经上了年纪，但是瓦勒良在与波斯的战争中依然一上来就占据着主动。这是因为他来到叙利亚之后，在当地又选拔了许多年轻有为的将官。之所以在当地选用人才，为的是更好地调动起当地士兵的斗志。在这些被瓦勒良选中的将官中，就有后来成立了帕尔米拉独立王国的奥迪纳图斯。

虽然皇帝瓦勒良号称统领7万大军，但实际上远远没有达到这个数量。当时因为罗马境内疫病流行，很多士兵都被从军团基地派遣出去帮助稳定疫情。但即便如此，在双方的交手中罗马军队仍然始终占据着主动，瓦勒良不仅将占领安条克的波斯军队赶了出去，随后还率军越过幼发拉底河，就连收复美索不达米亚北部地区也是指日可待。

波斯军队之所以如此不堪一击，并不是因为波斯士兵的战斗力有多低下，而是因为他们的总司令沙普尔是一个非常不善于带兵打仗的人。

在波斯萨珊王朝的历史中，沙普尔一世堪称最为著名的君主，同时他也是第一位给东方带来启蒙的君主。他不仅在文学和艺术领域拥有非凡的造诣，同时还深知科学技术的重要性。他将希腊与东方的学者都召集到一起，建立了一座科学与医学的研究中心，这就是在后世非常著名的“贡德沙普尔”(Gundeshapur)。不过他虽然是一位非常优秀的政治家，在战场上的表现却只能用“无能”两个字来形容。这个人担任总指挥的战斗，基本上都打了败仗。当然罗马方面也有不擅长战斗的优秀皇帝，比如奥古斯都和哲学家皇帝马可·奥勒留都属于此类。毫无疑问，沙普尔一世也是这种类型。

但问题在于沙普尔是东方的君主，他的臣民们认为自己的统治者必须在政治和军事上都拥有首屈一指的能力。不管采用什么样的手段，只有胜利才能够使他的臣民们得到满足。即便奥古斯都和马可·奥勒留因为手段过于卑劣并且效果不甚明显而放弃的方法，沙普尔却不得不去尝试。

皇帝被俘

公元260年年初，一个爆炸性的消息迅速地传遍了整个欧洲世界。罗马帝国上下尽皆骇然，就连居住在罗马帝国周边的人都因为这个消息而感到极度的震惊——罗马皇帝瓦勒良被波斯国王沙普尔俘虏。关于这个消息，波斯方面的记录如下：

> 罗马帝国皇帝瓦勒良率7万大军朝我国进犯，敌我双方之间展开激烈战斗，最终我军成功俘虏瓦勒良。我军得此重大战果，趁势进攻叙利亚、西里西亚、卡帕多西亚，烧杀抢掠，将敌方居民俘虏为奴。岂知此地，原本就是我波斯帝国之领土。

沙普尔深知宣传工作的重要性，而自己获得如此辉煌的战果，自然要想方设法地流传下去。位于波斯帝国的首都波斯波利斯（位于现代伊拉克与伊朗国界线附近）以北不远处的纳卡西·鲁斯塔姆（Naqshi Rustam）的岩壁上，就留有记载这一内容的浮雕。

沙普尔一世骑在马上，罗马皇帝瓦勒良则跪在马前。站在旁边的另一位皇帝，则是在15年前为了缔结和约而答应了沙普尔全部要求的阿拉伯人菲利普。波斯国王征服了两位罗马皇帝，这既是波斯国王沙普尔一世渴望向世人夸耀的

雕刻在纳卡西·鲁斯塔姆岩壁上的沙普尔一世与两位罗马皇帝

辉煌，同时也非常直白地表现出3世纪的罗马帝国与波斯之间的“关系”。

但是，关于罗马皇帝究竟是如何落入波斯国王手中的，在历史上没有留下任何记载。

总之，瓦勒良率领的罗马军队与沙普尔指挥的波斯军队之间肯定是发生了战斗。在得知罗马方面正式出阵迎敌的消息之后，15年间一直处于波斯统治之下的美索不达米亚地方城市埃德萨与卡莱也纷纷起义反抗波斯的统治。沙普尔对此当然不能置之不理，于是波斯军队向这两个城市发起了攻击。而罗马帝国——15年前统治此地的统治者——自然也不能眼看着这两座城市遭到波斯的围攻而袖手旁观。于是皇帝瓦勒良与“7万”罗马大军赶去救援这两座城市，并且在当地与沙普尔率领的波斯军队遭遇。战斗就是在这个时候进行的。

但是关于这场战斗，最后的结果似乎是不分胜负。关于皇帝瓦勒良落入波斯国王沙普尔一世手中的原因，自古以来有一个流传甚广的说法是，并非因为罗马军队战败，而是中了沙普尔的某种计谋。总之，如果胜利的天平明显倒向波斯一边的话，那么沙普尔也不用如此冒险玩弄策略了。

后世的历史学家认为，沙普尔所采用的计谋是假借双方首脑会谈的机会诱骗瓦勒良前来约定的地点，随后趁机将罗马皇帝与为数不多的随从一网打尽。

面对因为皇帝御驾亲征而士气高昂并且始终占据着优势的罗马军队，一直处于被动防守状态的波斯军总司令官沙普尔，为了一举扭转这种被动的局面而采取的这种方式，也确实符合波斯萨珊王朝一代枭雄沙普尔一世的作风。毕竟，他就是这样一个为达目的不择手段的人。

不管实际情况如何，皇帝瓦勒良被敌人生擒是千真万确的。在此之前的罗马皇帝，像马可·奥勒留以及塞普提米乌斯·塞维鲁，是在与外敌交战的前线基地中去世的。还有德基乌斯父子，是在与哥特人的战斗中阵亡的。但是，被敌人生擒的罗马皇帝，瓦勒良是史无前例的第一个。

罗马军队以前也曾经出现过一位差点被敌军俘虏的最高司令官。这个人就是公元前 53 年率军远征帕提亚结果全军覆没的克拉苏。这位与恺撒和庞培共同组成三头政治同盟的巨头之一，在东方战败即将被捕之时，被身边的侍卫及时地用短剑结果了性命。这样一来，就避免了罗马的统治者被敌人生擒，从而避开了政治层面上的不利影响。但是公元 260 年的瓦勒良就没有这么幸运。难道是因为 300 年后皇帝身边的侍卫们失去了关键时刻弑君以保全大局的气概吗？还是说他们连做出这种举动的时间都没有，就被立即与皇帝分隔开了呢？

得知皇帝瓦勒良被捕的消息，居住在罗马帝国境内的每一个人都遭到了异常沉重的打击。他们感到的并不是愤怒和绝望，而是一种难以言表的茫然和失落。发生在公元 260 年的这一事件，对罗马人精神层面所造成的打击远远比物质层面要大得多。

因为这一消息而感到高兴的，只有居住在罗马帝国境内的基督教徒。当时年仅 10 岁、后来成为基督教史学家的拉克唐提乌斯在其著作《论迫害者之死》

中这样写道：

> 瓦勒良的统治时间虽然不长，却是一位对上帝大不敬的皇帝。因为他的镇压政策，造成许多善良的人无辜身亡。但是上帝用一种前所未有的方法，给予这个迫害者以最为严厉的惩罚。这个令人欣喜的事例表明，上帝必将对基督教的敌人施以相应惩罚的佐证之一。
>
> 被波斯人俘虏的瓦勒良，不仅失去了皇帝的权力，同时也失去了他从我们手中夺取的自由。曾经的罗马皇帝现在过着奴隶一般的生活，据说每当沙普尔要骑马的时候，都会命令罗马皇帝跪在他的面前，将他作为自己上马的垫脚石。瓦勒良的名字既是罗马帝国的耻辱，也是波斯人嘲笑和愚弄的对象。囚犯的身份使他生不如死。

这篇文章，是在承认基督教合法地位的君士坦丁大帝时期写成的，属于基督教的官方记录。但是后世的研究者们认为，这篇文章所描述的内容并不都是事实。尤其是关于沙普尔侮辱瓦勒良的这段描述，多半是因为公元 3 世纪基督教徒出于对瓦勒良的憎恨，因此希望这个基督之敌落个悲惨下场，而到最后转化成文字叙述。

实际上瓦勒良在被捕后不到一年便因病去世了。毕竟他当时已经 70 岁高龄，而且作为共和国时期的名门之后，在元老院中也占有一席之位的上层阶级，仅仅成为敌人阶下囚的这件事就足以使他的心脏停止跳动了吧。而且波斯国王沙普尔一世被人称为东方第一位启蒙君主，可见也不是会做出那种野蛮行径的人。甚至那些与皇帝一并被俘的罗马官兵，都没有被他单纯地贬为奴隶。

波斯的基础设施建设

当时遭俘虏的官兵，让波斯人押解到首都泰西封，又往东渡过底格里斯河，最后到了现代的伊朗西南部一带。被波斯俘虏的罗马官兵实际数量已经无从考证，但可以肯定的是并没有 7 万那么多。后世的研究者认为，既然是因为沙普尔的计谋而被一网打尽，那么这个数字大概在 1 万上下。沙普尔命令他们在波斯民族自古以来的发源地进行基础设施的建设。

沙普尔深知罗马军团是号称“用丁字镐获取胜利”的战斗兵团，自古以来就以善于建造工事著称。而且波斯人在入侵叙利亚之时，也亲身体验到了罗马军团兵们所铺设的道路交通网络。所以波斯国王沙普尔决定利用一下这些罗马士兵的能力。

在得知竟然要为俘虏自己的敌国进行基础设施建设时，这些罗马士兵心中究竟会是怎样的滋味呢？但是不管建造什么样的工程，对于这些罗马士兵来说都是迫于无奈的选择。他们身为俘虏，如果不听从波斯人的命令，等待他们的只有死路一条，要不然就是被送到环境更加恶劣的矿山劳作，或者被送到奴隶市场变卖为奴。虽然他们建造的设施都将为敌国提供更为便利的条件，但是既然没有别的选择，他们还是决定认认真真地建好每一座建筑，不负罗马人能工巧匠的称号。当时的那些罗马士兵，想必都是在这样的信心支撑下，才能够在波斯国内建造那么多的基础设施吧。

即便敌人能够夺走他们肉体的自由，但是精神上的自由是任何人都无法限制的。而精神上的自由之所以不受任何人的限制，是因为有自尊心的支撑。那些被波斯国王俘虏的罗马士兵，就是在自尊心的支撑下，建造了一座又一座建筑。

让我们来看一看他们在波斯都建造了哪些建筑吧。

首先，他们建造了一座城市，这座城市被沙普尔命名为“贡德沙普尔”，在波斯语中这个名字的意思是“沙普尔的武器”。这座城市与罗马帝国内的城市一样，都是模仿军团基地的正方形模样建造而成的。

在建成了这座城市之后，沙普尔将每一位罗马军团兵都单独作为技术指导，又给他们安排了很多工作。有人负责道路，有人负责桥梁，但所有这些都是公共设施。其中有三座兼具大坝功能的桥梁，历经 1700 余年的历史仍然保

过去的 Band-i-Kaisar（现已经崩塌，只剩遗迹）

留了下来。这三座桥梁全都位于舒什塔尔（Shushtar）近郊，除了作为桥梁之外，还具有蓄水以及向周围耕地供水的作用。

其中被称为“Band-i-Gurgar”和“Band-i-Miyan”的两座桥梁已经遭到了严重的破坏。只有三座桥梁中规模最大的“Band-i-Kaisar”，意为“皇帝桥”，一直到近代仍然发挥着作用。我并没有亲眼见过这座桥，但是从研究人员拍下来的照片上来看，与其说是桥梁，不如说其水坝的功能更为重要。

“皇帝桥”全长 550 米，或许是因为河床的原因，其形状并非直线，而是以弯曲的蛇形与两岸相连。支撑桥梁的拱形桥墩共有 41 根，其中 35 根都是建筑当初保留至今的，另外 6 根被近年来的大洪水冲毁，后又被重新修建。

这座桥梁不仅具有桥梁和水坝的功能，同时还是将河水引到舒什塔尔的水道。

支撑这座桥梁的 41 根桥墩都是正方形，长 4.5 米。夹在两根桥墩之间的拱顶高度受河床岩石的高度影响，从 8 米到 10 米不等。

最令专家们叹为观止的是，这座桥梁完全根据河床的实际情况，选取了一种最为坚固的建造方法。而且桥墩底部通过十分巧妙的设计将水流所造成的影响减轻到了最低。想必在这 1700 多年之中，这座桥梁也承受了无数次洪水的袭击仍然屹立不倒。这些被俘的罗马士兵用他们的聪明才智，顽强地维护了罗马人的尊严。如果沙普尔命令他们到附近砍树赶工搭桥的话，也许他们会顶嘴说，要建这样的破桥宁愿去死。

皇帝加里恩努斯（公元 253—268 年在位）

罗马皇帝落入波斯国王手中的消息，在罗马军中，尤其是在军官群体之中引起了巨大的反响。因为这些将官几乎都是被瓦勒良破格提拔起来的，所以他们极其盼望另一位皇帝加里恩努斯能够率军东征，将被俘虏的父皇以及其他官兵营救回来，而且他们也都自告奋勇地想要随军前往。可是，加里恩努斯并没有那样做。应该说，局势不允许他那样做。

西方当前的局势不允许皇帝东征。罗马皇帝被波斯生擒的消息也同样传到了北方蛮族的耳中，因此日耳曼人的袭击必将愈演愈烈。要想进行东征，必须保证西方处于安全的状态之下。即便是五贤帝统治时期的罗马帝国，也没有在西方与东方同时展开大规模战役的实力，所以五贤帝全都通过非常巧妙的方法避免了这样的情况发生。但是在公元 3 世纪，西方与东方的敌人全都变得异常强大。就算加里恩努斯也想进行复仇，却并没有多余的兵力让他这样做。

所以，42 岁的皇帝加里恩努斯迫不得已放弃了他的父亲。在瓦勒良被捕的前一年，罗马帝国还在发行以他的头像为装饰的银币，但是在他被捕之后，这种硬币便彻底停止了铸造，甚至连官方的记录都消失了。也就是说，当皇帝被波斯人俘虏的那一瞬间，他的存在本身就被从罗马帝国的历史中彻底地抹消掉了。既然身为罗马皇帝的瓦勒良已经不存在了，那么即便这个人被波斯俘虏也和罗马帝国之间没有任何的关系了。虽然这对于加里恩努斯来说是一个非常痛苦的决定，但为了帝国的未来，他别无选择。罗马帝国从公元260年开始，陷入了前所未有的危机之中。

实际上，在这个时期，即便罗马帝国就此彻底崩溃恐怕也不足为奇。

前所未有的国难

罗马作为一个由众多民族组成的国家，其皇帝具有非常重要的作用。而就是这样一个重要的人物，竟然被敌人所俘虏，如此前所未有的灾难性事件，对罗马帝国的方方面面都造成了极其不良的影响。

首先，这件事对罗马帝国皇帝的权威造成了不可挽回的影响。对这一变化感受最深的，莫过于那些在前线带领士兵守卫帝国的总督和军团长们。虽然这些人在刚刚得知皇帝被俘的消息时感到有些茫然失措，但是在帝国面临生死存亡的危机之时，他们非但没有团结一致，反而变得四分五裂。人类社会每当权威扫地，不知为何，剩下的人四分五裂的概率总是要比团结一致大得多。也许是因为将所有人团结在一起的力量消失了，结果一直以来被这股力量约束在一起的人就自然而然地散乱了吧。总之，从此以后，罗马帝国进入了被后世称为“30位皇帝”的时代。

在北方的蛮族看来，罗马皇帝成为敌方的俘虏这件事，意味着罗马帝国的衰退。原本由于加里恩努斯在北方前线的英勇表现，蛮族在这7年中一直无法逾越防线半步。但是东方发生的变革，却给这些蛮族带来了继续入侵罗马帝国的勇气。

首先是法兰克人越过莱茵河涌入高卢地区，然后是阿拉曼人突破对罗马帝国来说相当于“要害”的位于莱茵河与多瑙河上游交汇处的日耳曼长城，翻过阿尔卑斯山直逼意大利北部。紧接着，哥特人也顺着多瑙河涌入罗马帝国境内。哥特人在不久前曾经穿过黑海进入小亚细亚西部与希腊进行掠夺。即便这次他们故技重施，罗马方面也束手无策。300年来守护帝国西方的“防线”，现在几乎处于全线崩溃的状态。

相比之下帝国东方的状况更加令人感到绝望，就连幼发拉底河防线甚至都已经不复存在。

波斯军队虽然不善于会战，但是在入侵掠夺方面却能够发挥出非常强大的威力。这是因为波斯军队的主要战斗力量是重装骑兵。重装骑兵直到中世纪还是军队的主力，到了近代又拿起了火枪，转型为龙骑兵（Dragoon）。龙骑兵到了现代就转变成所谓的战车了。不管是重装骑兵还是战车，都是依靠速度和突击力取胜。也就是说，在公元260年的时候，罗马帝国的东方遭到了波斯“战车”的无情蹂躏。

对于当时的罗马帝国来说，并不是没有迎击波斯军队的战斗力量，而是没有将这些残存的罗马兵力集结在一起，团结一致抵御外敌的领导者。不仅如此，分散在各地的军团长还梦想着借此机会一战成名从而登上皇帝的宝座。结果这种无政府的状态，反倒被波斯军队所利用。在这个极其艰难的时期，唯一积极果断、始终如一地与波斯军队抗衡的，只有一直被罗马人看做商人的帕尔米拉人以及他们的统治者奥迪纳图斯。

公元261年，罗马帝国还遭到了疫病的袭击。不知为何，疫病总是从东方传到西方继而扩散开来。这种被罗马人称为“黑死病”（鼠疫）的疫病，自古以来便一直存在，并不是在公元3世纪突然出现的。但是，因为这种疫病的流行而造成的危害，会因为国家陷入战争状态而变得更大。这是因为战争时期粮食不足而导致人民体质普遍偏弱，同时卫生状况也得不到保障。总之，这时候爆发的疫病比之前任何一次的情况都更加严重。

像这种持续性的灾害，与地震造成的危害一样。因为罗马帝国的领土幅员辽阔，其中很多地区都处于火山地震带上，因此自古以来罗马帝国就建立了应对地震灾害的国家政策。这项政策基本分为三个部分，在灾害发生的同时，这三个部分同时发挥作用，将灾害造成的损失降低到最低限度。

一、皇帝从国库中拿出援助金，作为向受灾地区民众发放的应急款项。

二、从距离受灾地区最近的军团基地中派遣军团兵，帮助受灾地区恢复基础设施建设。

三、从设置在元老院内的特别委员会中派遣调查团前往受灾地区，根据实际情况，减免当地3—5年占收入一成的行省税。

这个由罗马的第二位皇帝提比略制定的政策，被后来历代皇帝作为罗马帝国的国策沿用，即便到了3世纪仍然存在。但是3世纪后期的现实，使得罗马帝国的这个政策无法发挥其应有的作用。

一、为了迎击不断入侵的敌人，导致罗马帝国的军费激增，皇帝的国库中没有多余的资金来赈济灾民。

二、军团兵不是在抵御外敌的入侵，就是被将军们动员起来发动内战，根本无暇顾及受灾地区的民众。

三、因为卡拉卡拉的敕令，行省居民在半个世纪之前就已经成为罗马公民，因此行省税也不复存在。所以曾经的免税政策也随着这个税金的消失而变得名存实亡。至于其他的间接税以及营业税等，因为本身的税率就很低，即便免除，对灾民们的帮助也不大。而且最重要的问题在于，帝国的国库还要依靠战时特别税等临时税的征收来勉强维持，所以对受灾地区的重建工作根本提供不了任何的帮助。

结果，受灾地区迟迟得不到重建，灾民们复兴家园的希望也变得渺茫起来。于是人们纷纷抛弃了毁坏的家园、抛弃了因为灌溉设施遭到破坏而无法耕种的土地，源源不断地涌入城市之中。

而且这种现象还不仅仅发生在遭受自然灾害的地区。那些因为蛮族的入侵而遭到破坏的地区，也同样出现了这种现象。其中最严重的，就是那些因为接近前线而反复遭到蛮族蹂躏的地区。

罗马帝国的安全保障，不只依靠配置在防线之上的军团基地。作为纯战斗集团的罗马军团，只有在周围居民的支持下，才能够充分地发挥其作为纯战

加里恩努斯

斗集团的力量。深知这一点的罗马政府，特别鼓励那些服役期满退役的士兵继续居住在军团基地的周围，同时给予当地一般民众优惠税率，让军团向他们采购物资时可享受特别待遇，力图建造一个以军团基地为中心的城市生活圈。

在人们逐渐定居下来的同时，这片区域的周围环境也会变得更加适宜人类生活和居住。这就是罗马时期的军团基地和补给基地，即便经过中世纪漫长的荒废期，到了近代之后仍然能够以大都市的姿态复活的重要原因。人类定居过的土地，会在无形之中留下生命的力量。即便会经历暂时的荒废，但是这个深埋在土地之中的种子总有一天还会生根发芽。由此可见，3 世纪后半期的罗马帝国所面对的最大威胁，就是大量的人口涌入城市，而其他地区广阔的国土变得愈发荒芜。

失去父皇之后成为唯一皇帝的加里恩努斯不得不面对的，就是罗马帝国的这个现状。

这位全名叫做普布里乌斯·李锡尼乌斯·加里恩努斯的人，不管好坏，都是 3 世纪后半期的罗马人中精英的代表。

他不仅是 3 世纪后半期为数不多的从共和国时期便存留下来的名门之后，还具有非常好的教养。他十分热爱希腊文化，甚至迎娶了一位出身于小亚细亚的希腊人元老院议员的女儿为妻。他在希腊哲学上的造诣很深，最崇拜的哲学家是新柏拉图学派的普罗提诺。他还和哈德良与马可·奥勒留一样，进行过依洛西斯秘密仪式。如果他出生在五贤帝时期的话，他一定会将毕生的精力都用在保护和振兴文化都市雅典之上，并且在这个他无比憧憬和向往的地方充实而安稳地度过一生吧。可惜他生活在 3 世纪后期，这对他来说实在是一种不幸。

不过加里恩努斯也是一名地地道道的罗马人，只要他肩负着皇帝这个帝国最高统治者的责任，那么他就必须履行自己的义务。只不过，对于他的统治方法，与他生活在同一时代的人和后世的历史学家毁誉参半，因为他和在帝国兴盛期的 1 世纪与稳定期的 2 世纪进行统治的皇帝们相比有很大的不同。

自从公元 260 年瓦勒良被波斯俘虏这一前所未有的国难之后，一直到公元 268 年，皇帝加里恩努斯总共统治了罗马帝国 8 年时间。如果将他统治时期的所有事件全都逐一记录下来的话，不但身为作者的我会写花眼，身为读者的诸位也一定会看花眼。总之，在这 8 年中加里恩努斯几乎就没怎么回过首都罗马，而是一直奔波在帝国的西方不断地修补着已经千疮百孔的帝国防线。而且他要面对的还不仅仅是防线外侧的北方蛮族，还有防线内侧觊觎皇位的军团长和总督们。

面对如此繁重的事务，皇帝加里恩努斯竟然还能够坚持得住，完全得益于他当时正处于 42 岁到 50 岁之间这段男人的黄金时期。对当时的罗马人来说，这个年龄正是男人肉体和精神都最充实的时候。

当听到皇帝被俘的消息之后，那些被瓦勒良一手提拔起来的将官面对这突如其来的不幸以及罗马史上最大的危机，感到的只有茫然失措。而加里恩努斯却和他们完全不同，他并没有慌慌张张地去寻找解决危机的办法，而是尽自己的最大努力，使这个关系到帝国生死存亡的危机不会继续恶化下去。可是他的这个做法，遭到了前线的将官以及元老院议员们的一致反对。

高卢帝国

公元 260 年，当皇帝瓦勒良被波斯国王俘虏的消息传到罗马帝国西方的时候，直接引起了一场事件，那就是名字听起来很威风的高卢帝国的创建。虽然这一事件导致高卢行省从罗马帝国之中独立出去，但实际上这件事的起因既不

波斯图穆斯

是叛乱也不是独立运动。

这件事的起因源于负责莱茵河防线安全的两位将军之间的争论。在成功击退进犯的蛮族之后，这两位将军围绕着从蛮族手中抢回的战利品的处理问题产生了争论。波斯图穆斯主张将战利品分配给参加战斗的士兵，而希尔瓦努斯则主张先将战利品收归国库，然后再返还给那些遭到蛮族掠夺的人。双方各不相让，最后甚至升级到武装冲突。波斯图穆斯向希尔瓦努斯驻扎的科隆发起攻击。但是科隆的居民们一致认为不值得为这样的事情牺牲自己的生命和财产，于是他们将总督希尔瓦努斯以及他的手下全都抓了起来献给波斯图穆斯。波斯图穆斯毫不留情地将这些人全部处决。

可是在这些被处决的人中，有一位年轻人是皇帝加里恩努斯的长子。当波斯图穆斯知道这件事的时候已经晚了，于是他干脆一不做二不休，直接宣布高卢从罗马帝国中脱离出来。

高卢帝国（Imperium Galliarum）就这样诞生了，实际上并不是高卢的居民希望从罗马帝国之中独立出来而建立的国家。最有力的证据就是，独立之后的高卢不管在统治形式上还是在其他各个方面，都与罗马毫无二致。皇帝当然非波斯图穆斯莫属，同时每年还有两个人被选为执政官负责内政，作为立法机关的元老院也必不可少。高卢帝国的首都位于莱茵河附近的托利亚。虽然这个地方现在只是德国境内临近卢森堡的一个小城，在罗马时期却是比利时高卢行省的首府，与附近的亚眠与兰斯联系在一起形成一道坚实的屏障。将首都设立在托利亚，就是为了将包括比利时高卢行省的整个高卢地区都挡在其后面。

对于罗马皇帝来说，当然不能坐视高卢帝国的创建而置之不理。如果允许

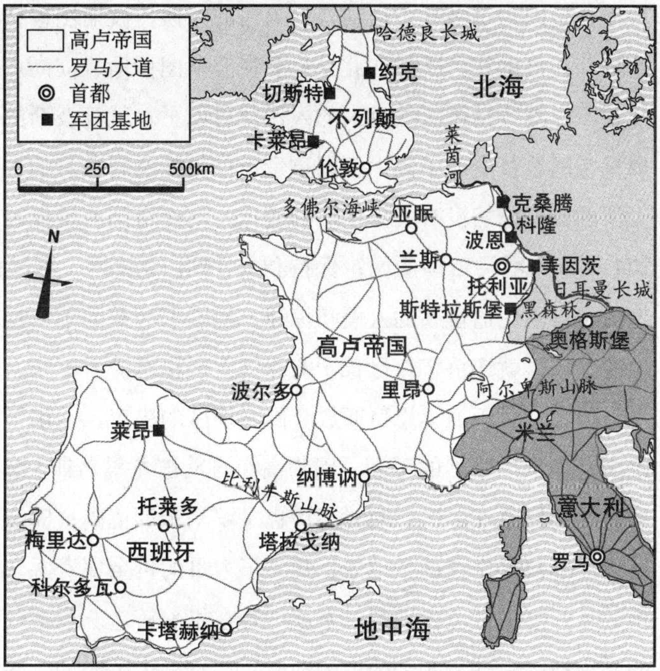

高卢帝国（公元 263 年）

高卢地区从帝国之中分离出去，那么就意味着帝国将失去与高卢只有一山之隔的伊比利亚半岛的控制权，甚至连多佛尔海峡对面的不列颠也难以保全。

加里恩努斯首先尝试使用武力夺回高卢。但是波斯图穆斯手下拥有负责莱茵河防卫任务的 4 个军团，基地分别位于波恩、克桑腾、斯特拉斯堡以及美因茨。这 4 个军团都是常年与法兰克人交战的精锐力量，共 4 万人。加里恩努斯与波斯图穆斯率领的这 4 万大军总共交手了两次，结果是一胜一负。由此可见，不管是罗马帝国还是高卢帝国都没有一击制胜的能力，不过这也是理所当然的，毕竟双方都是同等规模的罗马军队。

于是加里恩努斯对高卢的态度发生了 180 度的转变。他知道波斯图穆斯拥有如此强大的力量，与当地居民对他的支持是分不开的。而高卢人之所以支持他，是因为每当高卢遭到蛮族入侵的时候，波斯图穆斯都身先士卒奋不顾身地战斗在最前线。既然如此，只要在波斯图穆斯成立高卢帝国之后，拜托他和从前一样继续抵御法兰克人的入侵就可以了。就算波斯图穆斯的地位从曾经的罗马帝国总督变成了高卢帝国皇帝，但是他所肩负着的保护高卢地区不受蛮族入侵的责任仍然没有发生任何的变化。高卢帝国就这样被默许下来，直到公元274年重回罗马帝国版图，保持独立14年的时间。不过在这十几年间，高卢地区也得以免遭蛮族的入侵和掠夺。在国家利益面前，加里恩努斯不仅舍弃了他的父亲，就连杀害自己长子的深仇大恨也忍受了下来。

但是，对于加里恩努斯放弃高卢地区的决定，从前线的官兵到首都的元老院全都表示出强烈的不满。因为高卢自从被尤里乌斯·恺撒征服之后，一直是罗马化的代表性地区。同时高卢也是罗马帝国境内最安全的地区，就连货币的铸造厂都被安排在这个地区，集中了大量的贵金属资源。罗马帝国的金币与银币，从开国皇帝奥古斯都以来就一直在里昂铸造。现在分别属于法国与比利时的高卢地区中部与北部的广阔地区，在罗马帝国时期，除了负责里昂铸币厂警戒任务的1000名士兵之外，甚至连军团基地都没有。高卢人很久以前就认为自己是罗马人，即便高卢帝国成立之后，他们仍然没把自己当做高卢人，而是依然将高卢看做是罗马帝国的一部分。

至于现在法国南部的普罗旺斯，就因为其自古以来便被罗马人称为“prõvincia”（行省）而得名，其罗马化的历史甚至可以追溯到被恺撒征服以前。皇帝安敦尼·庇护就出身于高卢南部的这个地区。

另外，罗马时代的伊比利亚半岛，后世把此地区分为葡萄牙与西班牙，这个地区也是通过罗马化的南法地区与意大利本土相连，如果包括南法地区的高卢地区全部独立出去，那么也就意味着图拉真与哈德良两位皇帝的故乡，也将被从罗马帝国中分离出去。

与高卢和伊比利亚相比，虽然位于边境地区的不列颠并没有为帝国提供任何一位统治者，但这一地区与罗马帝国之间的联系仍然十分紧密，就连后来的英国首相丘吉尔都曾经说过，大英帝国的历史是从尤里乌斯·恺撒越过多佛尔海峡之后才开始的。因为罗马帝国将不列颠全岛都看做是罗马帝国的“防线”，因此当克劳狄乌斯皇帝征服不列颠之后，特意安排了3个军团常驻于此。哈德良皇帝在公元2世纪初期修建的哈德良长城（Vallum Hadriani）更成为后来英格兰与苏格兰之间的分界线。而皇帝塞普提米乌斯·塞维鲁就是在这里抵御敌人入侵的时候，病死于约克的军团基地。

高卢、伊比利亚以及不列颠，早已经超出了罗马帝国行省的范畴，成为罗马帝国不可或缺的一部分。反观罗马帝国从前的这些历史，完全可以理解为什么那么多的罗马人无法接受这些地区从帝国之中被分离出去的现实。

加里恩努斯制定的另一项政策，就是将北方蛮族的部族之一阿拉曼人引入日耳曼长城以内。阿拉曼人经常突破这道位于莱茵河与多瑙河上游的日耳曼长城入侵罗马帝国境内，现在加里恩努斯允许他们居住在防线内，但同时也将防卫这一地区的任务交给了他们。

当时的罗马人认为这是因为加里恩努斯无法阻止阿拉曼人的袭击而不得不作出的妥协，甚至还有人传言说加里恩努斯爱上了阿拉曼人族长的女儿。但是后世的研究者认为，加里恩努斯之所以遭到如此严厉的批评，是因为他将守护帝国的重任寄托在蛮族的身上。但是，至少在当时，他的决定使这一带成功地获得了短暂的和平。不过，阿拉曼人还是以建筑居住地的名义向罗马方面索要援助金，从蛮族的立场上来说，或许是将其当做不进行掠夺行为的贡金了吧。

不管怎样，这条由提比略提议、图拉真开始建设、哈德良和马可·奥勒留进一步强化、守护了罗马帝国250年的日耳曼长城，在进入3世纪后期不久便失去了它的作用。内卡河与黑森林再次成为任由日耳曼民族纵横驰骋的地区。

将莱茵河防线交给高卢帝国，将日耳曼长城交给蛮族之后，皇帝加里恩努斯得以将罗马方面残余的军事力量全都集中起来专心整顿多瑙河防线。不过他的这一举措只能够起到暂时性的作用，因为多瑙河一带的哥特人早已经拥有了抵达爱琴海的经验，并且还尝到了从海上进行掠夺的甜头。而要想阻止他们前往爱琴海，仅仅依靠多瑙河防线是完全不够的，还需要将小亚细亚西部全都划入防御范围。小亚细亚地区与罗马帝国的东方之间存在着非常重要的联系。对于皇帝加里恩努斯来说，与在帝国东方凭借一己之力同波斯国王相抗衡的帕尔米拉的统治者奥迪纳图斯建立合作关系，成为摆在他面前最重要的问题。

帕尔米拉

帕尔米拉位于幼发拉底河与地中海之间刚好正中的位置，是叙利亚沙漠中首屈一指的绿洲。虽然这里自古以来就是商队的中转站，但被称为“叙利亚沙漠中的珍珠”而繁荣发展起来，却是在其被纳入罗马帝国统治之后的事。

罗马人深知帝国东方以安条克为中心的经济基础建立在东西方的贸易交流之上，于是罗马人将经常在沙漠中袭击往来商队的贝都因人吸收为帝国军队的辅助战斗力，从而实现了沙漠中的和平，帕尔米拉也就是从这时开始逐渐地繁荣起来。分散在幼发拉底河与地中海之间的城市都由罗马大道联结在一起，就是“罗马统治下的和平”同样存在于这一沙漠地区的最有力证明，帕尔米拉也是“罗马统治下的和平”的产物，因为商业贸易只有在和平的环境中才能够不断发展和繁荣。通过这一地区众多遗留至今的文物遗迹不难想象出这里曾经的繁荣景象，而这些全都是“罗马统治下的和平”的产物。当“罗马统治下的和平”成为过去的时候，帕尔米拉也只能随之消逝。

据说奥迪纳图斯生于帕尔米拉的贵族家庭。不过帕尔米拉是以通商起家的城市，奥迪纳图斯想必也是出身于靠东西贸易发财的仕绅家庭，因为保卫帕尔米拉是罗马的责任，所以帕尔米拉人没有武将的血统，也没有身为武将的必要。

因此奥迪纳图斯的出现，意味着进入 3 世纪之后帕尔米拉周围的局势发生了巨大的变化。就连原本没有自卫必要的帕尔米拉，也出现了拥有军事才能的领导者，并且还编成了自己的军队，肩负起自我防卫的任务。

帕尔米拉的遗迹

虽然在罗马军中有不少行省出身最后出人头地的例子，但是像奥迪纳图斯这样一开始就自己组建军队参战的人却是史无前例。当皇帝瓦勒良为了迎战波斯军队而来到东方时，奥迪纳图斯率领着自己组建的以弓箭为武器的波斯式轻骑兵团出现在皇帝的面前，瓦勒良当即任命他为罗马军队的正规司令官，并且同时授予他“vir consularis”（前执政官）的称号，能够获得这一称号的人必须是元老院议员，而奥迪纳图斯并非元老院议员，由此可见，皇帝给他的待遇甚至比一般的司令官还要高。可以说这位帕尔米拉出身的武将，在罗马军中的政治生涯一开始就站在非常高的起点之上。

两年后，皇帝瓦勒良被俘的消息传来，面对这前所未有的灾难，众多罗马高官不是茫然失措就是互相斗争，唯有奥迪纳图斯依旧保持着冷静。当波斯国王以为俘虏了罗马皇帝就等于征服了罗马帝国，趁势越过幼发拉底河攻入叙利亚地区之时，正是奥迪纳图斯的英勇抵抗，才使得沙普尔不得不放弃了继续进攻的想法，返回幼发拉底河以东。而每当波斯军队越过幼发拉底河进犯之时，这种情形都会重复上演，使波斯军队每次都无功而返。

皇帝瓦勒良被俘，加里恩努斯又一直忙于帝国西方的事务而分身乏术，导致帝国东方处于无人问津的状态。而恰好在这个时候出现的奥迪纳图斯自然得到了当地居民的大力支持。在这些人看来，既然罗马帝国已经无力保护他们，那么只有将希望寄托在那些能够保护他们的人身上。于是原本只是商业城市帕尔米拉一介武将的奥迪纳图斯，一下子成为了整个帝国东方唯一能够与波斯抗衡的人。

于是，皇帝加里恩努斯开始考虑如何利用奥迪纳图斯的力量。加里恩努斯任命这个帕尔米拉人为“Dux Orientis”，直译过来就是“东方总司令”，负责从分隔小亚细亚、叙利亚的托罗斯山脉起，到阿拉伯边界为止的帝国东方的防卫任务，相当于现在的叙利亚、巴勒斯坦、黎巴嫩、约旦、以色列等中近东整个地区。小亚细亚与埃及并不包括在其中。因为小亚细亚与多瑙河防线紧密相连，所以属于西方防卫体系，而埃及则是皇帝私人的领地，并不属于“帝国东方”的概念。

一般来说，保护罗马帝国东方的安全是叙利亚行省总督的职责。而东方总司令在罗马军队中的地位，可以说仅次于身为罗马全军最高司令官的皇帝。如此重要的职位竟然任命给一个帕尔米拉人，说明在公元260年时，罗马的东方防御体系已经形同虚设。

对于罗马皇帝加里恩努斯的厚爱，奥迪纳图斯也用实际行动作出十分令人满意的回报。在公元260年到267年的这段时间里，这个帕尔米拉人对罗马皇帝一直都贯彻着被罗马人看做是最高道德准则的“信义”二字。虽然小亚细亚不属于奥迪纳图斯的防卫范畴，但是当他得知哥特人入侵小亚细亚西部地区的时候，仍然亲自率兵击退了蛮族的入侵。如果他们二人之间的关系能够一直保持下去的话，也许加里恩努斯会和奥迪纳图斯建立同盟关系，并且授予他一直以来渴望的帕尔米拉国王的称号吧。

但是皇帝加里恩努斯与奥迪纳图斯之间的良好关系，却在公元267年的时候戛然而止。在一次庆祝战胜哥特人的宴会上，奥迪纳图斯被他的一个外甥所杀，同时被杀的还有奥迪纳图斯的长子。

这次事件似乎完全是由于个人的恩怨所导致，最后以杀人者当场被杀的结果告终。奥迪纳图斯的妻子芝诺比阿在这件事情发生之后则表现得十分冷静。芝诺比阿是奥迪纳图斯的第二任妻子，她在丈夫被杀之后立即将自己的亲生儿子立为奥迪纳图斯的继承人，并且作为国王的监护人将实权掌握在自己的手中。帕尔米拉的女王芝诺比阿就此登上历史的舞台。

帝国三分

因为我自己也是女性，所以每当想到这里都会感到十分遗憾，不过一旦权力落入女人之手，就好像越过了不可跨越的界线一样。而且当女人执掌大权的时候往往喜欢乘虚而入，也就是说奥迪纳图斯不会做的事，芝诺比阿却毫不顾忌。为此感到苦恼的自然是皇帝加里恩努斯。因为从小亚细亚东部的卡帕多西亚到埃及的大片领土全都被帕尔米拉所侵占。

卡帕多西亚行省是帝国东方防线的北半部，其重要性自然不言而喻。至于埃及行省则不仅仅是皇帝的私人领地，更是罗马帝国最重要的粮仓，负责向意大利本土提供其所需小麦数量的三分之一。深陷帝国西方事务之中无法自拔的加里恩努斯眼看着芝诺比阿的嚣张气焰却无可奈何，而芝诺比阿则将此看做是罗马帝国承认了自己的统治权。

或许她认为罗马皇帝就算摆脱了西方的困境，也无暇顾及东方的重建，甚至她根本就认为罗马帝国已经无力改变现在的局面。不过即便如此，芝诺比阿还是宣布埃及地区仍然会像从前那样向罗马出口小麦。但是对于已经习惯了将埃及作为自己粮仓300多年的罗马人来说，这绝对不是一纸宣言所能够解决的问题。

因为芝诺比阿对埃及的占领，导致皇帝加里恩努斯的地位进一步动摇。自

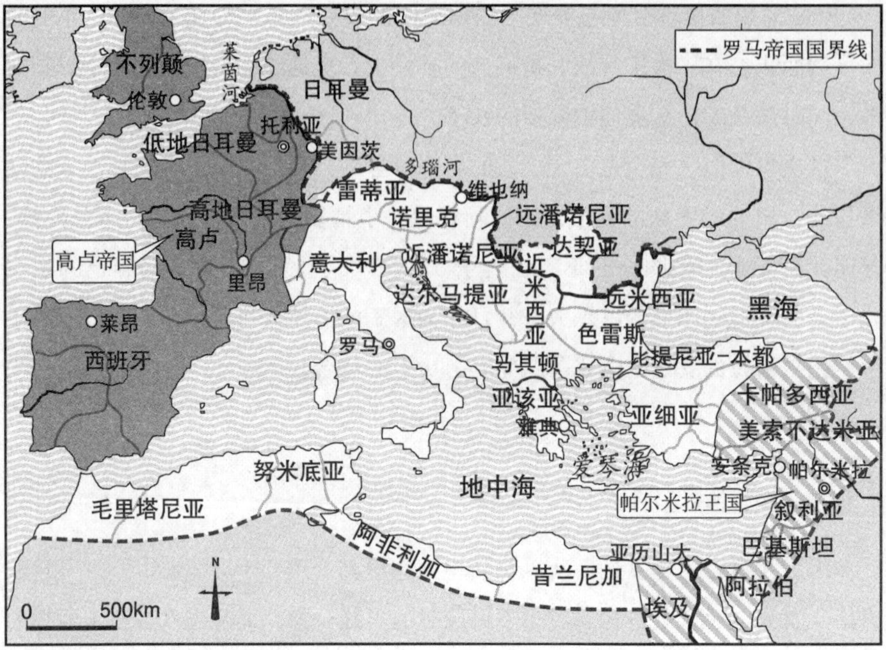

三分的罗马帝国（公元 270 年左右）

从公元 260 年父皇瓦勒良被俘以后，他一直将保持现有状况不会继续恶化作为自己统治的基本方针，但是卡帕多西亚以及埃及全都落入芝诺比阿的手中，非常充分地证明了他并没能够阻止情况的恶化。

一条法令

在加里恩努斯所制定的法令中，或者说由他构思并实施的政策中，遭到后世一致否定的，就是将“元老院”（senatus）与“军队”（exercitus）完全分离的法令。这条法令将元老院议员从罗马军队的将官级别中彻底排除了出去。

加里恩努斯的家族从共和时期便属于元老院阶级，他本人也可以说是元老院阶级的宠儿，所以我们很难理解他为何会提出这项政策。有人说，他是因为元老院在他为了解决困境而苦苦奔走的时候没有提供任何帮助，所以才恼羞成怒。还有人说，他认为蛮族的入侵已经成为一种常态，而只会躲在安全的首都罗马撰写演讲稿的元老院在战场上起不到任何作用，他只需要军事专家来迎击敌人。在我看来，恐怕这两种说法都没错。毕竟这条法令并不是皇帝只要经“内阁”同意就能颁发的临时措施法，而是在皇帝提案后得到元老院多数赞成并最终得以法制化而能够长期持续下去的法令。

元老院议员们对这项将他们从军务之中解放出来的法令全都投了赞成票。虽然加里恩努斯之后的罗马帝国军人出身的皇帝层出不穷，但拥立这些军人皇帝的实际上并不是军人，而恰恰是那些军队之外的文人。这就是 3 世纪的罗马帝国越来越失去其自身特点的原因之一。同时，这也是一条对后来的罗马帝国走向产生深远影响的法令。

罗马不管在共和时期还是帝国时期，元老院都是向国家源源不断输送高级人才的人才库，而那些在元老院中拥有一席之地的人，都有进入军团服役的责任和义务。

从 17 岁成年开始，每一个想要进入帝国统治阶级的人都必须拥有至少 10 年以上的军事经验。即使中间允许有断层期，也一直是领导者应该经历的课程。即便进入帝国时期，因为“罗马统治下的和平”的确立使得对军事经验的年限要求稍微有些放宽，但是观念上依旧认为，对于在元老院中拥有议席的人来说，在军团中服役仍然是非常重要的经验。因为指挥一个军团的军团长必须拥有元老院议员的资格，所以那些出身低微但通过自身的努力终于在军团内升任为军团长的人，都会通过皇帝的推荐而直接获得元老院的席位。罗马帝国的统治阶级中，几乎没有一个人曾经在希腊的雅典或者埃及的亚历山大港接受过大学教育，就是因为这些人的青年时期基本都在军团中积累实战经验，而没有时间去学习那些理论知识。

一个率领士兵冲锋陷阵的中队队长，即便完全不知政治为何物，也可以很好地完成他的战斗任务。但是一个完全没有军事经验的人，却绝对搞不好政治。在罗马人看来，军人可以不懂政治，但是政治家不能不懂军事。

罗马人自古以来理解这个人性现实，所以不在军务和政务之间设限，重视于两者间自由往来所培育起的拥有广阔视野的人才。

综合由爱德华·吉本至现代的诸位罗马史专家对加里恩努斯法令的批评，结论是不再参与力量者终将失去统治力。以罗马帝国而言，力量就是军队，因此这个批评相当正确。正如我之前所说的那样，将军务与政务完全分离对人才培养方面造成的损失，也对今后的罗马帝国造成了非常深远的影响。加里恩努斯之后出现的那些军人皇帝，虽然在军事才能上十分出众，但没有一位称得上是政治家。而罗马帝国从此以后再也没有出现精通军事的政治家以及深谙政治的军人，就是对这一点最好的证明。罗马从此变得越来越不像罗马了。

皇帝卡拉卡拉颁布的“安东尼努斯敕令”使行省居民全都拥有了罗马公民权，使得罗马公民权从期待权变成了既得权。在五贤帝时代小普林尼曾说，罗马公民权是“最有魅力的权利”。可是当其成为人人与生俱来的权利时，魅力也随之消失。不分人种与宗教，只要对国家作出卓越贡献人人都可以获得的罗马公民权，自从皇帝卡拉卡拉的敕令颁布之后就失去了其真正的意义。

皇帝加里恩努斯所制定的这条将军务与政务完全分离的法令，在使罗马失去自身特色这一点上所起到的作用，和卡拉卡拉的“安东尼努斯敕令”相比也不遑多让。卡拉卡拉的法令使普通公民失去了奋发向上的动力，加里恩努斯的这条法令则连统治阶级的干劲都给抹杀了。

不过，考虑到当时那段历史时期罗马所面对的巨大变革，加里恩努斯的这条法令也是迫不得已的选择。甚至在颁布这条法令的同时，他还将以重装步兵为主体所构成的罗马军队传统体系，转变成了以骑兵为主的日耳曼式军队。

防线的历史变迁

绝大多数情况下，图解只是为了对文字叙述的部分进行补充说明。但是，有些情况无论如何都无法用文字来进行表达，在这个时候就必须直接用“图”来进行说明。接下来的这4幅图就是如此：

图（1）、（2）和（3）表示的是位于河流附近的防线根据时代的不同而发生改变的情况。对于罗马帝国来说，沿河修筑的防线主要集中在莱茵河与多瑙河沿岸地区。

图（1）显示的是罗马军队通过主动攻击，使北方蛮族一时间无力向帝国境内发动侵略时期的国境图。从共和末期的公元前1世纪正式开始实施的这项战略，一直持续到进入帝国时期的公元1世纪和2世纪。正所谓“进攻就是最好的防御”，当时的罗马帝国采取的正是这种“以攻为守”的战略。

这一时期的帝国防线，即便称之为铜墙铁壁也毫不为过。位于防线内侧的城市和乡镇全都没有城墙。就算有也仅仅是木栅栏之类的围墙，甚至都挡不住强盗的袭击，也就是一个摆设而已。

由于帝国的防线完全集中在国境附近，因此首都罗马的城墙已经起不到任何的作用，于是尤里乌斯·恺撒以妨碍首都罗马发展扩张为由，拆除了从王国时代一直保留下来的塞尔维乌斯城墙。恺撒的这种想法不仅影响了首都罗马，还发展到罗马帝国的其他地方。正如图（1）所示的那样，即便在防线附近的地区，被石头围墙保护起来的也只有军团宿营地和武器库等军事设施而已。

能够反映社会安全程度的，除了当地人民居住区周围是否有城墙保护之外，还有另外三点。这三点同时也能够反映出一个社会的健全程度。

第一，人民不居住在易守难攻的高地，而是分散居住在平原之上。这能够反映出对土地的有效利用度。

第二，主要产业并非能够随时带着逃跑的畜牧业，而是固定在一处的农业。农耕盛行说明社会处于和平时期。

第三，便利的交通条件以及安全的交通环境，使人与人之间的贸易往来更加频繁，打破各地区居民相互之间的封闭状态。用现在的话来说，就是在罗马帝国境内实现了“经济全球化”。

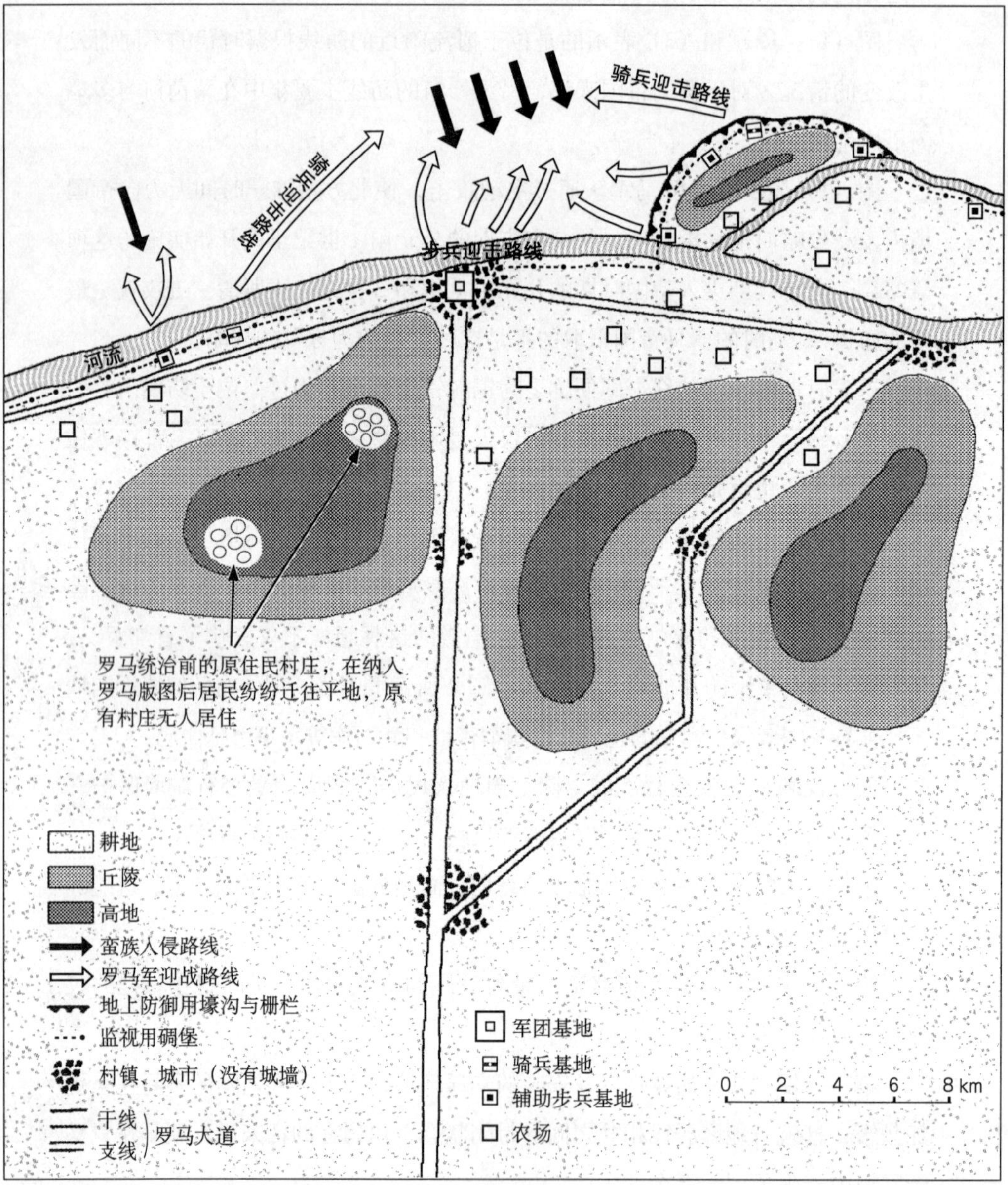

（1）罗马的防线：共和时期、帝政时期的公元 1 世纪和 2 世纪
（引自 E. N. Luttwak,“The Grand Strategy of the Roman Empire”）

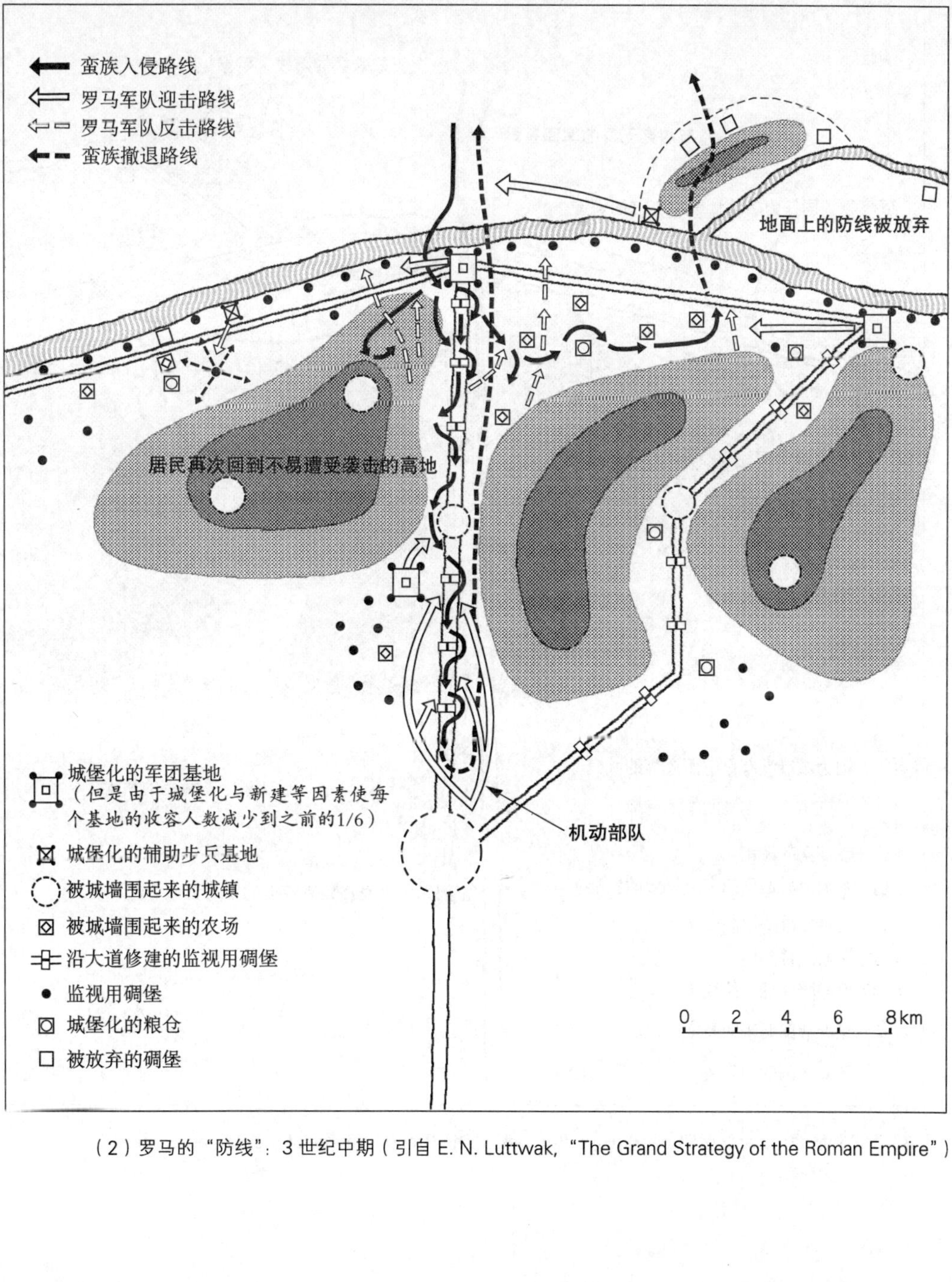

（2）罗马的“防线”：3 世纪中期（引自 E. N. Luttwak，“The Grand Strategy of the Roman Empire”）

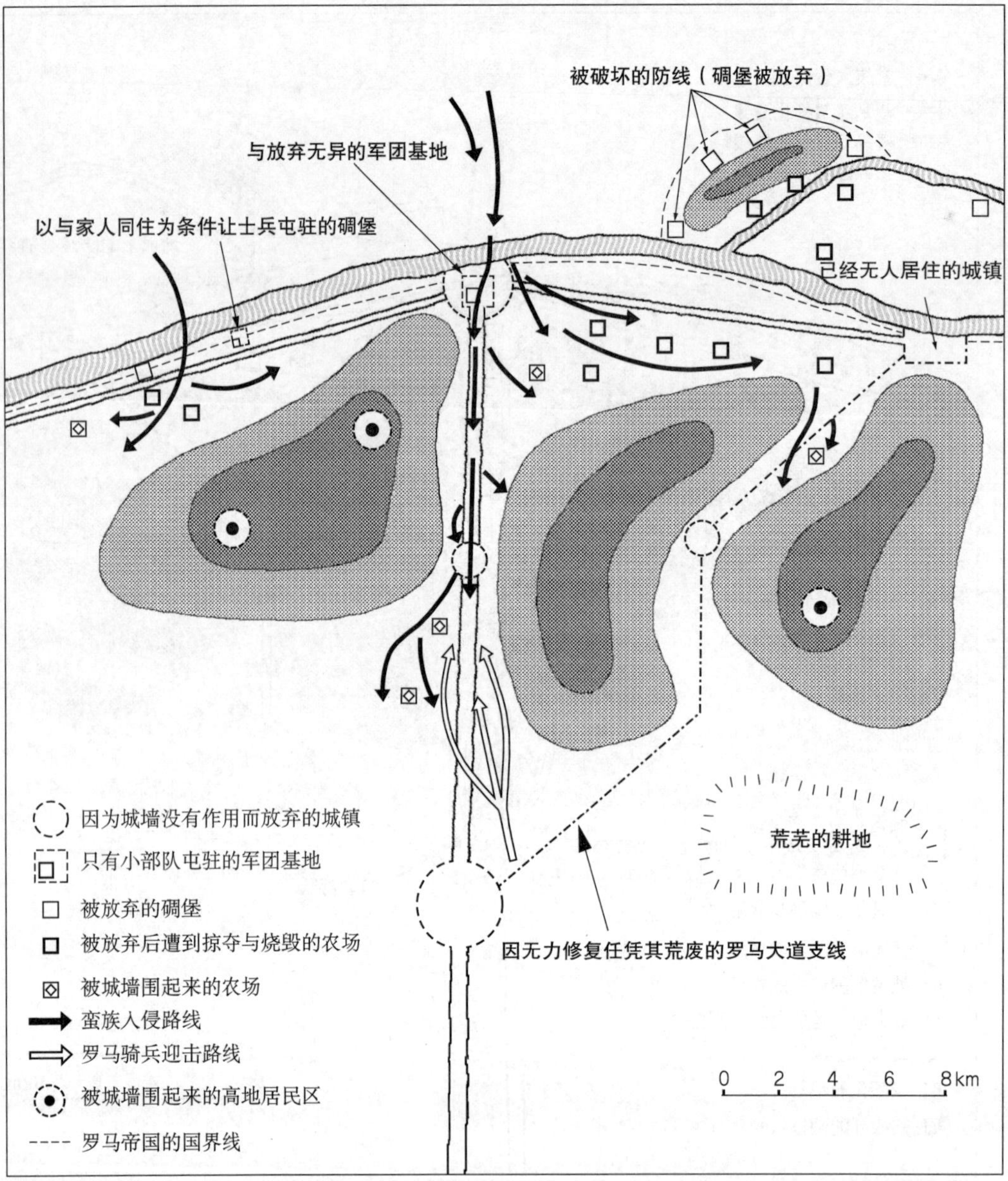

（3）罗马的防线：3 世纪后期（引自 E. N. Luttwak,“The Grand Strategy of the Roman Empire”）

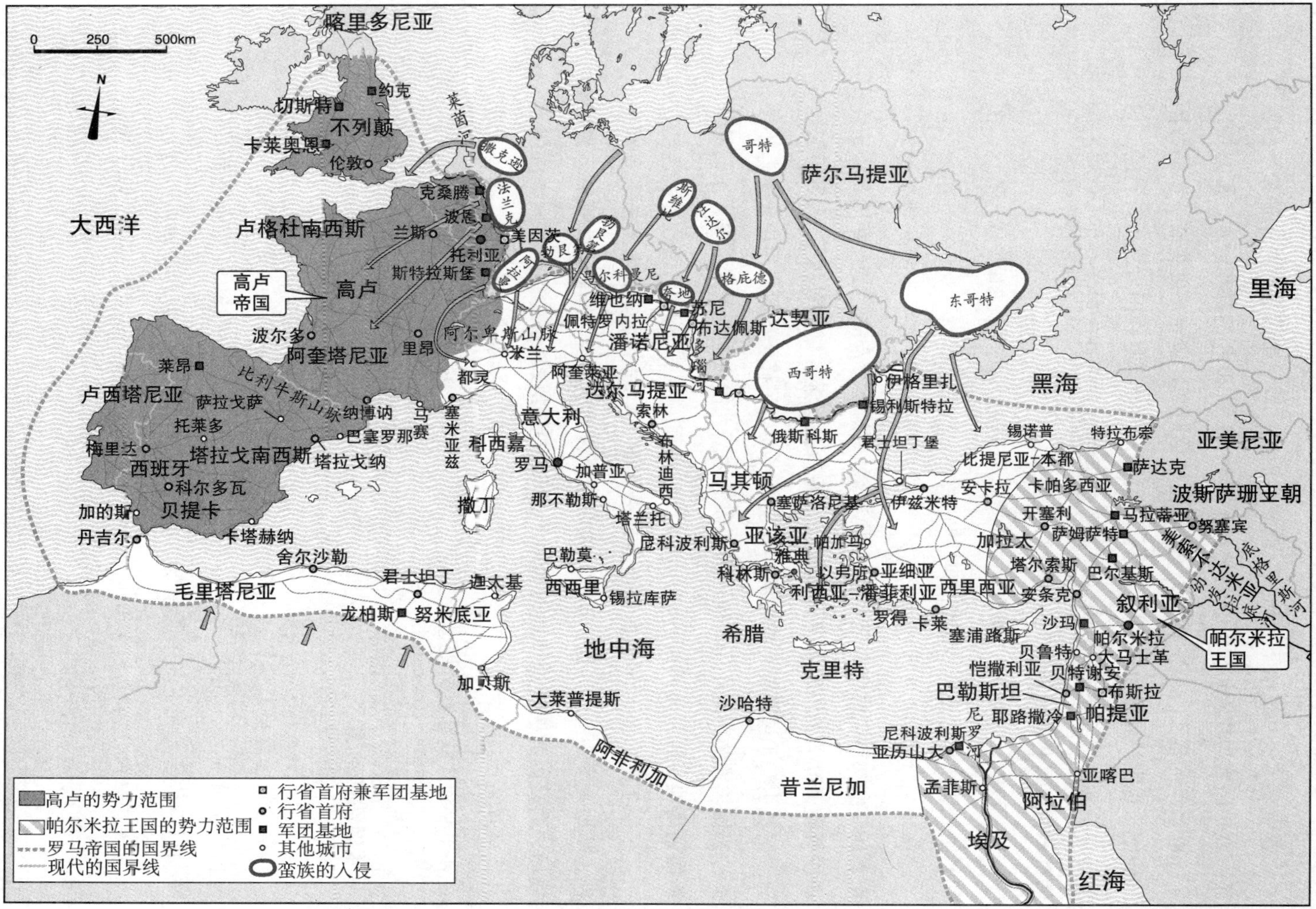

（4）遭遇前所未有的危机的 3 世纪时期的罗马帝国从公元 260 年到 270 年的状况（选自意大利高中的历史教科书）

这就是“罗马统治下的和平”的真实面貌。罗马帝国甚至将这种和平的状态一直扩展到边境附近，并且这种和平并非 10 年 20 年的昙花一现，而是持续了 300 余年的现实。即便在马可·奥勒留统治时期，蛮族一度突破了罗马帝国的防线，也很快就被罗马军团击退，随后的战斗全都是在国境之外进行的。也就是说，在“罗马统治下的和平”充分地发挥着其自身作用的时代，罗马帝国的基本战略是将战场转移到帝国的防线之外。

“罗马统治下的和平”被破坏的时代，帝国边境的情况如图（2）所示。图（3）则是边境局势进一步恶化之时的状态。

各地的“防线”都被蛮族突破，而且这种情况每隔一段时间就会重复一次。所有的都市和城镇甚至乡村都被高高的围墙保护起来。就连军团基地也在周围修建了高耸的塔楼和坚固的城墙，更有甚者还在城墙外挖了深深的壕沟，时不时地引河水过来充当护城河。就连在当地居民移居平原之后由于交通不便而被当做羊圈的高地小屋，也因为蛮族的频繁入侵而重新受到重视，人们又纷纷回到高地定居下来。

平原上的农业，不但在安全上缺乏保障，同时在经济上也失去了有利条件。耕地荒废的主要原因，不能单纯归结于耕地成为罗马军队迎击蛮族入侵的战场，而是因为像街道和运河等用于灌溉的基础设施都遭到了不同程度的破坏，当时的罗马帝国却没有能力及时地进行修复。基础设施的修复工作，只有在和平年代才能够充分地进行。

军队组织的改革

皇帝加里恩努斯深知，要想改变现状，只有恢复和平这唯一的办法。于是他为了解决这个难题，将希望寄托在改变军队的组织结构上。他将罗马传统的以重装步兵为主的军团系统，改编为以轻骑兵为主的日耳曼式结构。实际上这一系统早在 40 多年前皇帝卡拉卡拉在位时期就已经提出“机动部队”

(vexillationis)，但是因为 3 世纪的罗马帝国政策缺乏连续性，导致后来没有被保留下来，加里恩努斯只是将曾经的“机动部队”重新建立起来。唯一的区别在于，卡拉卡拉时期的机动部队由步兵与骑兵共同组成，而加里恩努斯组建的则是完全由骑兵组成的真正的“机动部队”。

实际上，这也是罗马变得越来越不像罗马的一种表现。从历史学的角度上来看，就是罗马逐渐变得“中世纪化”。罗马的军队体制反映的是罗马的社会构成，同时军队体制的变化也会导致社会构成的改变。重装步兵不再是罗马军团的主要战斗力量，意味着城邦时期以公民为主的公民兵退出主角地位，取而代之的则是在当时社会中仍然属于少数派的骑兵。

骑兵军团与以步兵为主力的军团相比规模变得更小。动辄出动几万骑兵这样的事情首先就是不可能的，在战术上也起不到积极的效果，而且率领 5000 人和率领 5 万人，对总司令的能力要求也是不一样的。也就是说，素质参差不齐的大规模集团军的领导者，必须是一个全才，而少数精锐部队的领导者，只要挑其中最优秀的专才即可胜任。

而且加里恩努斯将元老院与军队完全分离的政策，也加速了这一变化的进程。罗马元老院自古以来就以为国家培养全才为已任。即便是军团出身的精英分子，也会在升迁途中给予其元老院的席位，逐渐将其培养成一个全才。结果这一过程却由于加里恩努斯的政策而彻底中断。不仅如此，因为罗马军团的主要战斗力量从步兵转变为骑兵，罗马军队的主力指挥官也从军团长变为骑兵队长。在加里恩努斯死后继位的罗马皇帝几乎都是军人，而且清一色都是骑兵队长，充分地说明了在这 时期罗马军队的实权已经发生了转移。

通过军队组织上的改变，使罗马帝国面对蛮族入侵的时候，在速度上不再处于劣势，这样一来罗马帝国就能够成功击退蛮族的入侵。但是蛮族在罗马帝国境内肆意掠夺的情况，以及战场完全位于罗马帝国境内的状态依然没有得到改善。也就是说，现在的罗马帝国“只有招架之功，而无还手之力”。至于“以攻为守”的时代，早已经成为了过去。

滞胀

想必在各位读者看到前面那四幅图的时候，一定会感觉到3世纪的罗马帝国，在经济方面的生产力也十分低下。实际上，3世纪的罗马帝国之所以在经济方面持续衰退，最主要的原因之一就是国税收入的不断减少。而且在收入减少的同时，支出还在不断增加，其中最主要的支出都在军费方面。

军费激增的主要原因并非军事机构过于庞大。因为自从进入3世纪以来，罗马军团的数量就一直维持在33个，没有进一步增加，军费激增的主要原因在于战争次数的增多。与驻扎在军团基地之中相比，前往战场作战自然会消耗更多的费用。

那么，对于由此产生的“赤字”，罗马皇帝究竟要如何应对呢？在卡拉卡拉颁布敕令之后，罗马帝国就失去了行省居民缴纳的10%行省税这一稳定的收入来源。仅仅依靠5%的关税和1%的营业税远远不够填补军费激增所带来的财政赤字。

于是以战时特别税为名的临时税就成为了皇帝们的救命稻草。这些临时税由于战争的频发而变成了固定税，结果遭到罗马人的一致反对，甚至还因此爆发了人民起义。

所以皇帝们最终只能采取降低银币之中的含银量这个下下之策。最早采用这种办法的，是以重视军事力量著称的皇帝塞普提米乌斯·塞维鲁，他因为新编成了3个军团导致军费激增，于是只能通过降低银币之中的含银量来维持军费。

但是这种做法会导致币面价值与实际价值之间的差别增大，相当于促使通货膨胀的产生。对于身为帝国最高统治者的皇帝来说，这是绝对不允许出现的过失。

于是在塞维鲁之后继位的卡拉卡拉，在将第纳尔银币的含银量降低到50%的同时，发行了另外一种含银量相同但重量高达5.5克的安东尼银币，希望以此来阻止银币价值的下跌。罗马帝国的货币政策之所以总是围绕着银币展开，是因为罗马社会当时采取的是银本位制，银币自古以来就是罗马帝国的基准货币。因此，银币价值的变动，往往反映出罗马经济实力的变动。

皇帝卡拉卡拉在公元215年发行的安东尼银币以及罗马帝国自古以来代表性的第纳尔银币，在半个世纪之后的加里恩努斯统治时期究竟变成怎样了呢？

重约3克左右的第纳尔银币已经消失不见。当时成为唯一流通银币的安东尼银币不仅重量从5.5克降低到3克左右，含银量更是降低到了5%。与其说是银币，不如说是镀银的铜币。至于曾经的塞斯特斯铜币则因为价值过低而从市场上彻底销声匿迹。

与开国皇帝奥古斯都时期重达3.5克、100%的纯银、沿用了200年的第纳尔银币相比，3世纪时期罗马帝国的通货膨胀已经达到了极其严重的程度。由此可见“罗马统治下的和平”的消失，对罗马社会的方方面面都造成了十分深远的影响。

罗马帝国主要流通货币银币的价值变迁

奥古斯都至克劳狄时期（公元前23—公元64年）		
第纳尔银币	3.8—3.9克	100%纯银
尼禄至马可·奥勒留时期（公元64—180年）		
第纳尔银币	3.2—3.8克	含银量92%
康茂德至塞普提米乌斯·塞维鲁时期（公元180—211年）		
第纳尔银币	3.2—3.8克	含银量70%
卡拉卡拉至瓦勒良时期（公元214—253年）		
第纳尔银币	3—3.2克	含银量50%
安东尼银币	5.5克	含银量50%
瓦勒良被俘至加里恩努斯时期（公元260—268年）		
安东尼银币	3—3.2克	含银量5%

皇帝加里恩努斯的
安东尼银币（原大）

在纯银货币的时代，不仅印度，连远方的中国都能找到罗马货币的踪迹。可悲的是，镀银硬币也在历史上留下了痕迹。我手中有一枚皇帝加里恩努斯的银币，虽然在重量上与马可·奥勒留、康茂德、塞普提米乌斯·塞维鲁以及亚历山大·塞维鲁时期的银币相同，但是因为加里恩努斯的银币比上述那些皇帝的银币都要大上一圈，所以厚度就相对薄一些。而且银币上面的浮雕也没有以前的那些银币凹凸有致，给人一种稍微用点力就能够将这枚硬币掰成两半的感觉。另外加里恩努斯银币之中的含银量只有5%，使人不免担心如果将附着在表面的那层镀银擦掉，是不是就会露出里面的铜芯。手中拿着这枚硬币，能够使人真正地感受到3世纪的罗马帝国处于怎样的经济困境之中。因此很多研究者认为，3世纪罗马帝国面临着非常严重的货币贬值问题。

但是在我看来，给3世纪、特别是3世纪后半期的罗马帝国带来巨大冲击的，是由于货币贬值引发的通货膨胀，以及紧随其后发生的通货紧缩。

但是这种通货紧缩并不是因为市场商品极大丰富所引发的通货紧缩，而是因为当时罗马境内成为迎击蛮族的战场，因而耕地荒废，生产力大幅下降，物产不可能充斥市场。

由于耕地变成了战场，土地荒废、农村人口流失，使投资者失去投资农业的意愿，最终导致通货紧缩的产生。

从3世纪后半期开始，罗马帝国的存款利率就开始不断下调。“罗马统治下的和平”时期罗马的存款利率为12%，但是到了3世纪后期，存款利率仅为4%。这正是投资者缺乏投资热情的一种表现。

如果我的推断没有错的话，那么3世纪后期的罗马帝国所面临的情况，用现在的话来说就是“滞胀”（stagflation）——经济增长停滞与通货膨胀同时存在。对于以农业为主要产业的古代社会来说，这无异于一种满目疮痍的国家状态。

“藏在家里的存款”？

说起罗马帝国的银币第纳尔，正好借此机会和诸位读者共同探讨一个困扰了我多年的问题。

因为我渴望亲手触摸到罗马的历史，于是开始收集古罗马时期的硬币，这些用在封面上的硬币，都是在伦敦召开的古董硬币拍卖会上买来的。也就是说，罗马货币虽然是古董，但还是有市场的。在帝国初期1世纪以及鼎盛时期2世纪流通的纯银第纳尔银币的拍卖价格并不高，就连我都买得起。也就是说，这些银币的数量很多。

拍卖会上拍卖的罗马时期第纳尔银币数量很多，如果是在罗马时代的遗迹中零散发现的话，那么绝对不可能在2000年后的古币市场上出现这么多。由此可见，这些银币肯定是装在坛子里或者其他的什么容器之中，被一次性地大量挖掘出来的。

而且，在伦敦的硬币拍卖市场上，到公元2世纪为止，含银量100%的第纳尔银币的数量比公元3世纪后半期含银量5%的银币数量要多出很多。于是在2000年之后的古董硬币市场上，当年的“精品”和“次品”卖出了同样的价格。因为那些硬币收藏家和渴望通过硬币触摸历史的我不同，在他们眼中，古董硬币的价值只在于其稀有程度以及保存是否完好。

因此，每当我手中拿起奥古斯都和哈德良的硬币时，都会对自己也能买得起这些硬币感到十分的庆幸。可是当我把玩这些硬币时，心中却产生了疑问：

这些在公元1世纪和2世纪之时一直保持着币面价值与实际价值一致的“精品”，却在公元3世纪后期便从市场上销声匿迹的第纳尔银币，为什么在2000年后的今天仍然会保存下来如此之多的数量呢？

这个疑问困扰了我许多年，直到某天我看到皇帝瓦勒良的货币政策才终于有了灵感。虽说是货币政策，实际上只是政府允许公民用从前的第纳尔银币兑换等值的安东尼银币（含银量5%）。

不过据说愿意拿第纳尔银币兑换安东尼银币的人寥寥无几，这项货币政策自然也以失败告终。

当时罗马人的心情实际上也不难理解，即便是皇帝的命令，这样的赔本买卖想必也是没人愿意去做的吧。于是这些钱被罗马人藏在家里，幸运地躲过蛮族的掠夺，在地下埋藏了千百年之后最终被发掘出来陈列在博物馆中，甚至还出现在古董硬币的拍卖市场上。我猜测，大概就是这样一个过程吧。

失去信任

将话题重新回到1700多年前，在我手中这枚薄到几乎能够被掰断的银币被铸造出来还不到一年时间的公元268年秋天，皇帝加里恩努斯在军队的武装政变中被杀害。事情的起因是骑兵队长奥莱欧鲁斯在米兰谋反，虽然皇帝加里恩努斯率军将其逼入米兰城内，但是皇帝身边的其他骑兵队长纷纷发动政变将皇帝杀害，当时加里恩努斯才刚刚50岁。

杀害加里恩努斯的骑兵队长们并没有归顺与他们属于同一级别的奥莱欧鲁斯，而奥莱欧鲁斯也在随后不久遭到杀害。骑兵队长们之所以发动政变，是因为他们认为加里恩努斯身为皇帝却没有表现出相应的能力。不过政变的主谋者克劳狄乌斯以及其他骑兵队长，实际上全都是被皇帝加里恩努斯一手提拔上来的军事专家。也就是说，在这些专家的眼中，加里恩努斯的军事能力遭到了质疑。

罗马的皇帝是终身制的，而身为终身制的最高统治者一旦失去人民的信任，那么等待他的下场只有死路一条。加里恩努斯的死，就是由这种不信任所导致的。实际上正如前文图（4）显示的那样，自从皇帝瓦勒良落入波斯国王之手以后，罗马帝国所面对的前所未有的危机一直持续了8年时间仍然得不到任何的改善。高卢帝国仍然存在，被允许居住在罗马境内的阿拉曼人也没有停止他们的侵略，哥特人的入侵成为家常便饭，帕尔米拉的女王芝诺比阿在罗马帝国的东方为所欲为。

后世有很多为加里恩努斯辩护的研究者认为，面对前所未有的困境，他努力地尝试着使罗马帝国重新振作起来的办法。实际上，加里恩努斯也确实为了使罗马帝国摆脱危机而一直东奔西走。但政治要的是结果，经过 8 年的时间仍然交不出令人满意的答卷，他自然难免会失去人民的信任。另外，身为罗马帝国精英代表的皇帝加里恩努斯在统治时期所显示出来的无能，也证明了罗马帝国统治阶级的能力开始下降。从此以后，在罗马帝国中频繁出现原本不属于统治阶级的人进入统治阶级的事例，这种被称为“以下犯上”的现象，说明罗马人民已经对传统的帝国精英们失去信任。由此可见，权威的崩溃是不仅仅体现在银币之上的。

皇帝克劳狄乌斯二世（公元 268—270 年在位）

在失去人民信任的加里恩努斯被杀之后，克劳狄乌斯二世继承皇位。克劳狄乌斯二世作为皇帝的全名是马可·奥勒留·克劳狄乌斯·奥古斯都·哥特库斯。虽然 33 年前的马克西米努斯在名字中有“色雷库斯”而被称为“色雷斯人”，24 年前的菲利普在名字中有“阿拉伯努斯”而被称为“阿拉伯人”，但克劳狄乌斯与他们完全不同，他名字中的“哥特库斯”并不是“哥特人”的意思。与当年在第二次布匿战争中因为击败了战无不胜的汉尼拔而获得非洲征服者“阿非利加努斯”称号的西庇阿一样，“哥特库斯”是在克劳狄乌斯击败哥特人之后所获得的称号，意思是“哥特征服者”。因为公元 1 世纪的时候也有一位名叫克劳狄乌斯的皇帝，所以当时的罗马人习惯将克劳狄乌斯二世称为“哥特征服者克劳狄乌斯”来加以区分。

当然，克劳狄乌斯二世和公元 1 世纪的克劳狄乌斯一世之间并没有任何的血缘关系。不仅如此，他和公元 1 世纪的皇帝提比略、克劳狄乌斯所属的那个

克劳狄乌斯二世

从共和时期便堪称名门中的名门的克劳狄乌斯家族也没有任何的关系。那么，他又是如何获得克劳狄乌斯这个家族名的呢？

罗马人的姓名正如盖乌斯·尤里乌斯·恺撒这个代表性的名字一样，由个人名、家门名以及家族名三部分组成。而行省出身的人，绝大多数的家族名都是尤里乌斯与克劳狄乌斯。这是因为尤里乌斯·恺撒最早提出向行省出身的居民开放门户的政策，而克劳狄乌斯则是随后的几位皇帝之中最为积极推进这一政策的人。所谓开放门户政策，就是指为行省出身的居民打开一条通往罗马上层社会的道路，具体来说包括授予罗马公民权，为强大的部族族长以及能力出众的人才提供元老院的席位等。在这些行省出身的人才被国家录用的时候，往往会赋予他们尤里乌斯或者克劳狄乌斯的家门名，以示对这些人的身份保证。

关于尤里乌斯·恺撒的这个开放政策，我在《罗马人的故事·恺撒时代》中已经多有提及，至于克劳狄乌斯，则留有一篇专门关于这个问题的演讲稿。我在《罗马人的故事7·臭名昭著的皇帝》中也曾经说过，这是对罗马帝国同化政策的统治哲学最简洁明快的解读。

正如我之前所说过的那样，在行省中有很多人自称属于尤里乌斯家族和克劳狄乌斯家族，但实际上这些人并非都是被赋予恺撒以及皇帝克劳狄乌斯家族名之人的后代子孙。即便是一些与这两个家族毫无关系的行省出身者，在军团中得到晋升机会的时候，都会虚报尤里乌斯或者克劳狄乌斯作为自己的家族名。因为这两个家族都非常庞大，因此就算深究也不怕被人拆穿。公元268年继承皇位的克劳狄乌斯二世，也和那些人一样。

被罗马人称为伊利里亚的地方，大体上来说就是指位于多瑙河与亚得里亚海之间的那一片区域。不过这片区域却因为地理和历史上的原因而被分为两部分，山脉众多却有着天然港口优势的南部地区早早地便被罗马帝国建设起来，都市化程度较高，北部地区虽然有大量适宜耕种的平原，却因为毗邻罗马帝国的边境防线而发展缓慢。发展到后来，南部地区被重新命名为达尔马提亚，伊利里亚成为仅仅针对北部地区的名字。如果说位于亚得里亚海与意大利本土之间的达尔马提亚属于都市经济体系，那么位于帝国国境附近面向多瑙河的伊利里亚地区则属于农村经济体系。

正是这个属于农村经济体系的伊利里亚地区，在罗马军队的主力从步兵转变为骑兵后，成为罗马帝国统治者的摇篮，而且这种现象一直持续了半个多世纪。

罗马军队主要战斗力的变迁

时代	主要战斗力	辅助战斗力
到公元212年为止近500年的时间	重装步兵（罗马公民）| 骑兵 军团（罗马公民）	轻装步兵（行省民）| 骑兵 辅助部队（同盟国与行省民）
公元212年卡拉卡拉颁布敕令以后	重装步兵（老兵）　轻装步兵（新兵） 全体都是罗马公民	骑兵
公元257年开始步兵向骑兵转变	骑兵 全体都是罗马公民	步兵

克劳狄乌斯二世就出身于伊利里亚的一户农家。虽然克劳狄乌斯二世日后成为了罗马帝国家喻户晓的皇帝，但是他父母的名字早已经无从考证。因为

他生于公元214年以后，由于卡拉卡拉颁布的敕令，他一出生就拥有了罗马公民权，这样他就可以直接加入骑兵队。克劳狄乌斯二世的军旅生涯一直都是骑兵，在35岁的时候他被当时的皇帝德基乌斯任命为骑兵队长，紧急派往希腊的温泉关抵御南下入侵的蛮族。随后他率领骑兵队又取得了大量骄人的战绩，可以说皇帝加里恩努斯之所以将罗马军队的主力从步兵转变为骑兵，多多少少也是因为受到了他的影响。

军队主力从重装步兵转变为骑兵之后，主要战斗力的屯驻基地也必须随之改变。因为罗马人无法预知蛮族究竟会从防线的什么地方入侵，所以如果将基地设置在防线上，那么当蛮族入侵时必然无法及时进行迎击。于是罗马军队将骑兵基地后撤到远离防线的国境内，这样不管蛮族从哪个地方入侵，都可以及时地前往当地防线进行迎击。目前被确定有罗马时期骑兵军团基地的只有希尔米乌姆和米兰两处。希尔米乌姆距离多瑙河防线不到20公里的距离，而米兰却是位于意大利本土。考古学家之所以仅仅确定了这两个基地，是因为当时的骑兵部队根本没有优哉游哉地等在基地的空闲，绝大部分时间都在不断地往来于被蛮族入侵的各个地区之间。

由此可见，即便将军队的主要战斗力转变为骑兵，罗马帝国在防卫战略上仍然没有改变被动挨打的局面。因为罗马帝国已经无力将战场推到国界线以外，所以不管骑兵部队多么神勇，对于阻止耕地荒废以及居民迁徙都起不到任何的作用。

哥特人来袭

继位皇帝之后甚至没时间回到首都罗马的克劳狄乌斯二世，在一次迎击哥特人的入侵之前向位于首都的元老院送去一封书信。从文体来说，与其说是皇帝的报告，不如说是一个戎马一生的骑兵、至今50岁过半的男人单纯率直的表白：

诸位元老院议员，听了我接下来要说的事情你们一定会大吃一惊。但是我所说的事情并非噩梦，而是现实。现在有32万名全副武装的哥特人侵入罗马帝国境内，并且已经越过了阿尔卑斯山，接近意大利北部。如果我们不能阻止敌人的大军，那么罗马帝国一定会陷入极其悲惨的处境之中，但是我们的军队已经筋疲力尽，不只精神上如此，就连我们的武器也已经残破不堪。

这既是自从皇帝瓦勒良被俘以后征战连年不断的结果，也说明我们的武器，无论盾牌、剑，还是标枪，早就过了使用年限却仍然被继续使用。此外，长年向帝国提供活力的高卢与西班牙现在也已经落入泰特里库斯（高卢帝国当时的皇帝）手中。还有一点，虽然我觉得丢脸，不太愿意提起，但是我们罗马军队中最优秀的弓箭手，全都被那个东方的女人芝诺比阿据为已有了。

这就是我们罗马帝国现在的状况。在这种情况下，哪怕仅仅取得一丁点的成绩恐怕都是值得我们去庆祝的吧。

皇帝克劳狄乌斯二世在发出这封书信之后不久便在意大利北部的加尔达湖附近与入侵的哥特人发生了激战，并且成功将对方击败。惨败的哥特人丢下掠夺来的战利品和俘虏仓皇逃回多瑙河北岸。

拯救了意大利本土的克劳狄乌斯二世从此被冠以“哥特征服者”的称号，用以纪念他在抵抗哥特人时的英勇表现。

不过，哥特人在第二年改变了入侵的路线，沿着多瑙河下游涌入巴尔干半岛。克劳狄乌斯二世立刻率领骑兵部队前往迎敌，双方的战场位于现在的保加利亚，罗马时期的米西亚行省之内。这一次交战也以克劳狄乌斯二世大获全胜告终，使得他“哥特征服者”的称号愈发地名副其实。

经过这两次战役之后，皇帝克劳狄乌斯二世对哥特人的政策发生了转变。他挑选年轻力壮的哥特人俘虏加入罗马军队，其他人则以放下武器为条件，允许他们在米西亚行省进行农耕作业。自愿成为农民的人还可以从故乡把他们的妻儿接过来，并且获得相应的耕地。

米西亚行省属于罗马帝国多瑙河下游的防线之一。“哥特征服者”克劳狄乌斯二世之所以将哥特人安置在这片区域，是希望以此来阻止耕地的继续荒废和人口密度大幅降低的问题。

他的这一政策取得了极大的成功。加入罗马军队的哥特人即便在面对自己同胞的入侵时也毫不手软、英勇战斗。成为农民的哥特人也顺利地在安置地定居下来。

皇帝克劳狄乌斯二世的统治似乎一直都十分顺利，但是他的统治并没有持续多久，夺走他性命的既不是蛮族的入侵也不是士兵的叛乱，而是疫病的爆发。

在帝国全境都处于“罗马统治下的和平”之中的时代，即便人与人之间的往来十分频繁，但是因为那时的人们普遍都身体健康，也没有营养不良，加之罗马人喜欢入浴的生活习惯，使得旅途中的卫生状况也非常好，所以就算发生疫病也不会大规模流行。但是进入3世纪后期，帝国境内的人员流动主要以因为蛮族的入侵而逃离家园的难民为主，同时罗马帝国在各个方面都捉襟见肘，对基础设施的维护和建设更是无能为力。罗马帝国之所以在后期疫病频发，就是因为连年的战火导致难民不断增加，难民又将疫病散播到帝国各处。公元270年1月，在潘诺尼亚行省的主要城市希尔米乌姆的骑兵基地越冬的克劳狄乌斯二世，仅仅统治了罗马帝国一年半之后，便死于当时爆发的疫病。在出身罗马名门的加里恩努斯死后拒绝承认其神格化的元老院，对克劳狄乌斯二世却毫不犹豫地追封了他的神格。这位生于帝国边境伊利里亚地区的农民的儿子，终于在死后加入了“神君”的行列。

克劳狄乌斯二世没有子嗣，只有一个弟弟。在他去世的时候，他的弟弟昆提卢斯正在位于意大利东北部的阿奎莱亚。在当时那个蛮族入侵意大利本土也不足为奇的年代，位于意大利西北部米兰和东北部阿奎莱亚的这两个军团基地，肩负着守护意大利本土的重要任务。而负责指挥屯驻在阿奎莱亚的军团的人正是昆提卢斯。

当首都罗马的元老院得知克劳狄乌斯二世去世的消息时，立即承认身在阿奎莱亚的昆提卢斯为继任皇帝，并且将这一决定通告全国。因为克劳狄乌斯二世得到军队的一致推崇，所以元老院认为他的弟弟也一定会得到同样的支持。实际上这也是元老院尊重军队意见的一种表现。虽然昆提卢斯在军事方面的才能非常一般，但是在选定罗马帝国皇帝这个问题上，元老院一直处于主导地位，所以才如此当机立断地作出了决定。

但是元老院的这一决定引起了士兵们的强烈不满。他们认为罗马帝国现在的状态，必须有一位十分优秀的武将来担任身为罗马军队最高司令官的皇帝。虽然元老院也知道士兵们的意见完全正确，但是元老院已经宣布的任命是无法撤销的。皇帝加里恩努斯颁布的使元老院与军队完全分离的法令，很快便显露出其中的弊端。军队一致推举奥勒良继任皇帝，元老院也只能承认军队的这一决定。昆提卢斯发现手下的士兵们全都站在奥勒良那一边，就连元老院也背叛了自己，最终因为无法忍受这种耻辱而选择了自杀。

在克劳狄乌斯二世继位皇帝之前，曾经担任罗马全军骑兵总司令的职务。而在克劳狄乌斯二世统治期间，罗马全军骑兵总司令的职务落在奥勒良的肩上。从前军人出身成为皇帝的都是军团长，而现在则都变成了骑兵团团长。另外，不管出生地还是出身阶级也脱离了过去的常态，这也是当时社会发生急剧变化的证明。

如今，公元3世纪已经过去了四分之三。克劳狄乌斯二世以及其后的奥勒良、普罗布斯、卡鲁斯、戴克里先等都出身于一个被称为伊利里亚的地方。他们的出身阶级也无一例外都属于下层阶级，而且这种出身低微最终登上皇帝宝座的现象，在当时那段时期从曾经的特例演变成为一种常态。在公元270年就任皇帝的奥勒良，堪称这种类型皇帝之中的佼佼者，并且留下了令后世赞叹不已的成绩。

第二章　公元270—284年

皇帝奥勒良（公元270—275年在位）

路奇乌斯·图密善·奥勒良，从姓名上来看很像是出身于意大利本土的罗马人，但实际上正如前文所说，他出身于位于多瑙河附近的边境地区。当时居住在边境地区的人都被称为“罗马化的蛮族”，奥勒良正是其中之一。他的出生地位于现在塞尔维亚的首都贝尔格莱德以外30公里处，距离多瑙河不到20公里的一处边境城市。在罗马时期，这个地方以希尔米乌姆的名字为人所熟知。这个城市之所以频繁地出现在罗马帝国末期的历史中，是因为罗马帝国的多瑙河防线在帝国末期的时候重要度逐渐提升。虽然自3世纪后期开始，以希尔米乌姆为中心的附近地区出现了众多皇帝，但是希尔米乌姆的兴盛并非因为这些皇帝。因为这些军人出身的皇帝，对于建设故乡之类的事情没有多少兴趣。

奥勒良父亲的名字已经无从考证。据说他的父亲从军团退役之后主要依靠农耕生活，并且娶了一个太阳神殿的女巫为妻。由此可见，奥勒良的出身也十分低微。对那些出生于帝国不发达地区的人来说，要想有朝一日出人头地，加入军队是他们最好的选择。也许奥勒良在刚满17岁获得参军资格的同时就迫不及待地开始了他的军旅生涯吧。

他和自己的前任克劳狄乌斯二世算得上是同辈。所以他在继位皇帝的时候应该在56岁左右。古罗马将40多岁看做是男人的黄金期，奥勒良成为皇帝的时候正好比这个基准晚了10年。但是奥勒良在40多岁的时候就已经成为众人瞩目的焦点。因为他也是被皇帝瓦勒良破格提拔上来的行省出身的人才之一。

奥勒良

瓦勒良生前不仅破格提拔优秀人才出任军中要职，而且不只是升迁而已。当他发现在军中扶摇直上却对发财不关心的人员时，也会在经济上给予资助。瓦勒良曾下旨赠与下列财物给当时年约45岁的奥勒良：

按照官职给予一定数量的金币、银币以及铜币。墨林斯产的男用短衣10件。埃及产的粗麻上衣20件。塞浦路斯产的宴会用餐巾2打。阿非利加行省产的地毯10张。毛里塔尼亚产的宴会用垫子10张。还有几头用来举办宴会招待客人的羊和猪。因为在罗马时期人们都是用手抓取食物就餐，所以餐巾是宴会上的必需品，而宴会时罗马人的正规姿势是一只胳膊肘支撑身体侧躺，如果坐在椅子上吃就好像我们现在快餐店或者路边摊随便吃一口或者站着用餐。礼品的最后则是数头食用猪、羊。

通过这份清单我们可以看出，身为最高司令官的皇帝，对于自己下属的关怀可谓是无微不至的。同时这些产地各异的奖赏品也反映出3世纪时期的罗马帝国仍然保持着其广阔的贸易范围。

虽然生活上的关怀也具有一定的效果，但是对于这些被破格提拔上来的人来说，能够在战场上得到重用才是最使他们感到开心的事情。皇帝瓦勒良也深知这一点，于是他对奥勒良可以说是委以重任，在皇帝发给军团基地负责人的亲笔信中这样写道：

奥勒良是难得一见的人才，我委任他视察各个基地，并且有权对他认为有必要改善的地方进行修正。

通过这项任务，奥勒良对堪称帝国最重要防线的多瑙河防线全域都有了一个系统性的把握。在《罗马皇帝传》中，也有关于奥勒良这次视察的记载。

奥勒良在视察途中，对各自手下拥有1000名士兵的大队长这样说道：

如果你们想保住自己大队长的位置，或者说你们想要在战场上保住性命，那么最重要的一点就是时刻将你们手下的士兵完全掌握在自己手中。

随后，他又向士兵说道：

你们身为罗马军团的士兵，绝对不允许抢夺平民的任何东西，就连一枚鸡蛋也不行。哪怕是橄榄油、盐，甚至是一根柴火都绝对不允许随意从平民那里夺取。你们必须满足于军队分配给你们的粮饷。如果你们抢夺了平民的东西，使他们没有东西拿去贩卖，他们就无法维持自己的生活。罗马士兵的财富，应该建立在打败蛮族所获得的战利品上，而不应该建立在行省居民的泪水上。

你们应该时刻保养好自己的武器，磨尖你们的刀刃，不要让你们的皮靴有任何破损，及时更换你们的武装。因为我们不知道敌人究竟会在何时攻来，必须随时作好充分的准备。

你们的军饷都存在基地内的银行中。勤俭节约是每一位罗马战士所应有的美德。不过，希望带着金链子、手镯和金戒指上战场的人，我也不会阻止。

他实际上并不是在鼓励罗马士兵一身珠光宝气地上战场，而是希望这些士兵能够为了保护自己的财产而更加奋勇地进行战斗。

在骑兵面前，他是这样说的：

对于你们来说，最重要的问题是保养好自己的马匹。当然需要保养的不仅仅是战马，拉货车用的马和牛也同样不容忽视。偶尔会有人将喂马的饲料偷运出去卖给别人，这种事情一旦被发现绝对不会轻饶。另外要时刻牢记，这些牲畜不是你的个人财产，而是整个部队的财产，所以在保养它们的时候要特别小心谨慎。

紧接着，他将全体士兵召集在一起，向他们说道：

在军队中，因为军官与士兵所处的立场不同，因此难免会在方方面面都有着不同的看法与做法。但这一切都是为了维护军队内部的纪律，并不涉及个人的人格问题。军官不能像对待奴隶一样对待手下的士兵，士兵也没有服侍军官的义务。因为不管是军官还是士兵，都是军队组织中的一员。

每个人都有平等接受军医治疗的权利。那些通过支付金钱来获得更为优越治疗条件的事情，绝对不允许发生。

最后，他这样说道：

不管你们信仰什么宗教都是你们的自由，但是不能因为你们的信仰影响到军团的行动。对平民必须时刻保持彬彬有礼的亲切态度，我把丑话说在前头，如果有人在外面惹是生非，那么等待他的只有死路一条。

因为奥勒良非常严格地执行军规，因此士兵们给他取了一个绰号：拉丁语写作“Aurelianus manu ad ferrum”，翻译过来就是“手执宝剑的奥勒良”。

一手将奥勒良提拔上来的皇帝瓦勒良，还派遣他到各个前线积累经验。其中关于奥勒良在拜占庭负责防卫任务时的记载，因为他将手下的士兵按照民族区分而令人印象深刻。

出身于巴勒斯坦北部的弓兵 300 人。亚美尼亚士兵 600 人。阿拉伯士兵 350 人。出身于美索不达米亚地区的士兵 400 人。多瑙河地区赶来的骑兵 800 人。还有 4 名大队长，全都出身于叙利亚以及巴勒斯坦。

上述的军队构成，也反映出罗马作为一个多民族国家所具有的特点。虽然在罗马帝国的东方希腊语比拉丁语更为普及，而且罗马几乎人人通晓这两种语言，就连皇帝的布告都是用双语写成，但是在军队中统一使用拉丁语。因为只有统一语言才能够使士兵之间的交流不会出现任何障碍。奥勒良的任务就是在皇帝瓦勒良前往东方与波斯国王交战的这段时间里，率领这支由 2450 人组成的多民族军队保障罗马军队大后方的安全。拜占庭（在 70 年后改名叫君士坦丁堡）的防卫任务并不仅仅局限于那一个城镇，而是意味着这条联结欧洲与亚洲通道的整体安全保障。

但是仅仅过了不到一年，进入了令罗马帝国举国上下一片震惊的公元 260 年。皇帝瓦勒良被波斯国王俘虏的消息，使每一位罗马士兵都陷入茫然失措的状态之中，尤其是对于备受瓦勒良器重的奥勒良来说，一定是他 46 年人生中所遭受到的最大冲击。而且这件前所未有的惨剧，还发生在距离他镇守的拜占庭极其遥远的幼发拉底河东岸。即便他想要赶去营救也完全来不及，更何况当时的奥勒良不但没有擅自带兵救援的权力，就连手下士兵的数量也不到 2500 人。

公元 260 年的 10 年后，即公元 270 年，奥勒良自己登上了皇帝的宝座。但是，他继承的这个罗马帝国，和 10 年前的状态相比没有丝毫的改善。

奥勒良虽然身材魁梧，但是与身体相比头部不成比例地显得很小，而且在狭窄的额头上刻满了深深的皱纹，完全没有皇帝威武霸气的形象。但是在 3

世纪的罗马皇帝当中，他是唯一在继位初期便拥有明确统治方针的皇帝。而且他不仅拥有远大的理想，同时还拥有为了使其实现而必不可少的沉着与冷静。对于被罗马人看做国耻的瓦勒良，他一直毫不掩饰自己对他的感恩之情，同时他也能够平静地接受恩人之子加里恩努斯由于失去人民的信任而遭到杀害的事实，当时的历史学家将奥勒良称为“真正拥有罗马人灵魂的皇帝”。毕竟奥勒良在继位初期便明确了应该优先处理的问题，为罗马帝国争取到许多宝贵的时间。

反击开始

奥勒良继承的罗马帝国，和10年前相比几乎没有任何变化，仍然是一个被分成三份的帝国。

西方的高卢帝国和东方的帕尔米拉王国基本上与独立的国家没有什么区别，罗马皇帝的统治范围只有被这两方势力夹在中间的一片区域。

奥勒良决定先将高卢帝国的问题放在一边。因为这个在政体上几乎可以称为小罗马的帝国，虽然拥有高卢全境、西班牙以及不列颠等地，但是从来没有越过阿尔卑斯山对意大利本土做出过任何有威胁的举动。所以这个从来没对罗马帝国采取过任何敌对行动的帝国，可以暂时先不必考虑。

同样，对于在帝国东方拥有广阔势力范围的帕尔米拉王国，奥勒良也没有急于动手。

自称女王的芝诺比阿对扩张势力范围的执着，即便与她崇拜的对象克娄巴特拉相比也有过之而无不及，不过她也和克娄巴特拉一样，从没有组织军队主动向罗马帝国发出过挑战。而罗马帝国之所以在这10年间一直没有向帕尔米拉派遣军队，是因为虽然女王芝诺比阿一直在蚕食着罗马帝国东方的领土，但是从来没有公开宣称帕尔米拉脱离罗马帝国而独立。

关于这一情况，从帕尔米拉发行的货币上就能够看得出来。奥勒良继承皇

正反面都刻有肖像的帕尔米拉硬币
左（正面）瓦巴拉图斯
右（反面）奥勒良

位之后罗马帝国发行了刻有他肖像的银币，在芝诺比阿统治下的帝国东方也同样发行了背面刻有奥勒良肖像，正面刻有芝诺比阿的儿子、帕尔米拉国王瓦巴拉图斯肖像的硬币。从硬币正反两面的安排上来看，似乎瓦巴拉图斯比奥勒良的地位要高，但是从雕刻在硬币边缘的文字上来看，非常清楚地表明处于上位的是皇帝奥勒良，而不是身为“Dux Romanorum”（罗马东方司令）的帕尔米拉国王。这种自相矛盾的情况在芝诺比阿的统治中随处可见。也许皇帝奥勒良正是看准了芝诺比阿的这个特点，所以才没有将帕尔米拉的问题放在第一位。

最终，奥勒良将帝国北方边境的防卫问题即对蛮族的政策放在了最重要的位置。因为这个问题已经由先帝克劳狄乌斯二世开了个好头，接下来应该继续沿用先帝的方法，将之前取得的战果善加利用，就是最好的办法。

但是奥勒良在这个时候在战略上犯了一个错误，那就是在蛮族入侵的时候他没有选择第一时间迎击，而准备等对方带着掠夺来的战利品而行动缓慢时，在对方返回的路上进行伏击。

可是当时入侵的汪达尔人似乎不知道通过什么方法得知了罗马军队的伏击计划，于是他们将掠夺来的战利品和俘虏全都集中存放在意大利北部的某处，然后留下一部分人防守，其余的全部军队则继续沿着意大利半岛南下。

从意大利北部的皮亚琴察到中部的里米尼，汪达尔人的大军势如破竹般穿过埃米利亚大道，一路上没有遭到任何抵抗。帕尔马、摩德纳、博洛尼亚以及埃米利亚大道的终点里米尼，一路上的所有城市都没有逃过蛮族的烧杀抢掠。这一惨剧又继续沿着亚得里亚海南下持续到法诺。而从法诺沿着弗拉米尼亚大道就可以直达首都罗马。

感觉到后院起火的奥勒良，终于在法诺进入弗拉米尼亚大道的入口处附近追上了蛮族的部队。双方的骑兵以梅托罗河注入亚得里亚海的入海口附近为战场展开激战。

奥勒良取得了这场战斗的胜利。虽然罗马军队大获全胜，但因为敌人全都是骑兵部队，所以也让他们逃掉了不少。不过这时的蛮族已经无心恋战，只想着尽早逃回多瑙河北部。而奥勒良的脑海里也只有将敌人一鼓作气彻底消灭这唯一的想法。最终双方在米兰以南 30 公里处的帕维亚展开决战。在这场战斗中失败的汪达尔人被奥勒良全部歼灭，没有一个人活着逃回他们的故乡。

虽然奥勒良击败了入侵的汪达尔人，但是之前在描写罗马帝国与蛮族之间的交战时从来都不用打开意大利的地图，结果到了 3 世纪后期的时候，意大利的地图也不得不被打开了。这就是历史上所说的“3 世纪危机”的真实体现。

身在首都的元老院议员也被这次事件所震惊，他们不由得想起 500 年前汉尼拔兵临城下的往事，甚至祈求西比拉的预言来拯救自己。但是，当他们得知入侵的蛮族已经被击败的消息之后，前一秒还因为恐惧而瑟瑟发抖的元老院议员的态度一下子发生了 180 度的转变。对让蛮族侵入意大利中部地区的皇帝奥勒良的批评声一下子甚嚣尘上。

这件事一直持续了很久也没有平息下来，因为皇帝加里恩努斯的法令而被从军务中彻底赶出来的元老院议员们，对于军人出身的皇帝一直都抱有成见。从此与军事无缘的议员们，一方面十分享受在首都罗马舒适而安全的生活，另一方面也对从他们手中夺走实权的军队持有某种难以名状的想法。这些曾经代表着罗马社会统治者阶级的元老院议员，现在已经失去了实际的权力，而成为了一群批评家。在这些批评家的眼里，皇帝就相当于他们雇用来的佣兵部队的队长。所以，让蛮族侵入意大利本土的中部地区，就是这些负责保护国家安全的佣兵的失职，对奥勒良的批评之声也是由此而来。

因为元老院的这种态度，军人皇帝们自然对元老院也没有什么好印象。先帝克劳狄乌斯二世还有写给元老院的报告遗留下来，到了奥勒良这里却连一份报告都找不到。实际上奥勒良应该也写过报告，只不过是否会在史料上留下记载就是一个概率的问题了。不过我们也完全有理由相信，奥勒良没有像先帝克劳狄乌斯二世那样经常性地向元老院提交报告，而且在奥勒留成功地彻底击败蛮族之后首次以皇帝的身份回到首都罗马时，立刻强行颁布了两项十分刺激元老院议员神经的政策：

第一，货币改革政策。

第二，决定在首都罗马周围建设一道新的城墙。

但是，这在当时看上去必须尽快解决的两件事，为什么会刺激到元老院议员们的神经呢？

首先我们来看货币改革，这并不是一项从头开始的彻底改革，换句话说，这只是一项针对铸币的违法行为所进行的改革。

货币的发行权

罗马帝国的货币制度是由开国皇帝奥古斯都确立的，他将奥里斯金币、第纳尔银币以及塞斯特斯铜币作为罗马帝国的基本货币，其中金币与银币的发行权属于皇帝，元老院则拥有铜币的发行权。在随后的 290 年间，金币和银币一直在高卢的里昂进行铸造，铜币则在首都罗马进行铸造。

公元 260 年，因为皇帝瓦勒良被波斯国王俘虏，导致帝国陷入一片混乱，高卢帝国趁机崛起，从罗马帝国中分离出去，位于高卢境内的里昂也脱离了罗马帝国的控制。无法继续在里昂进行货币铸造的罗马帝国，只好将金币和银币的铸造也放在首都罗马进行。当时，身为金银币铸造最高负责人的皇帝加里恩努斯因为忙于抵御蛮族的入侵而没有时间回到首都罗马，在加里恩努斯之后继位的皇帝克劳狄乌斯二世也同样专心于击退蛮族，还没来得及回到首都便结束了他短短一年半的统治。结果在公元260年到270年这10年间，金币、银币以及铜币全都在首都罗马进行铸造，而货币铸造的管理权实际上全都掌握在执政官的手中。至于每年的执政官，则都是由元老院议员互相选举产生的。

虽说让敌人入侵到弗拉米尼亚大道的入口，奥勒良皇帝还是成功地击退了敌人，迫使其退回多瑙河以北。当奥勒良回到首都罗马之后，首先开始着手处理货币铸造人员的违法行为。当时金币的重量大幅减少，银币之中的含银量也降低到5%，皇帝声称这些问题都与铸造者的违法行为有关。不过这些铸造厂的负责人从姓名上来看都属于希腊系，因此他们应该是获得了罗马公民权的解放奴隶阶级。这些社会地位低下的人，不可能有那么大的胆量敢于在铸造货币的过程中私自克扣金银含量。所以皇帝改革的矛头，实际上指向的是那些在背后支持这些铸造者做出违法行为的元老院。但是苦于没有确凿的证据，所以奥勒良只能惩罚那些货币铸造厂负责人以下的工人。

工人们为了表示抗议而举行了大规模的罢工，甚至还占领了罗马七丘之一的阿文庭山。

皇帝奥勒良用自己的权力对此作出了回应。据说有7000人牺牲于罗马骑兵的铁蹄之下。

货币铸造厂的工人们远远没有7000人这么多。之所以会有如此多的抗议群众，恐怕是因为那些唆使他们罢工的元老院议员把自己家里的用人也派遣过去以壮声势了吧。

虽然正如我前文所说，并没有确凿的证据表明这件事和元老院有关。但是银币从纯银变成镀银的现状，真实地反映出罗马帝国当时国家经济的状况已经不容乐观。即便是对罢工活动进行了残酷镇压的奥勒良，也不得不承认这个事实。所以他对帝国的货币政策只进行了些许的改变。因为他知道，要想恢复从前含银量 100% 的货币状态，唯一的办法就是解决罗马帝国境内耕地大量荒废的问题。而要想实现这一点，只有将蛮族彻底赶出国境之外才行。

奥勒良属于那种不管是对自己还是对他人都十分严格的统治者。所以即便没有证据，他也仍然不会就这样放弃对元老院的惩罚。因为这才是奥勒良提出货币改革的真正目的。

第一，金币的重量恢复到公元 260 年以前的 6.5 克。

第二，作为银本位制的罗马帝国最重要货币的银币，含银量维持现状 5% 不变。但是银币的重量要恢复到开国皇帝奥古斯都所规定的 3.9 克。

第三，由于银币的价值大幅下跌，铜币没有继续存在的必要，因此塞斯特斯铜币从此以后全面停止发行。

这在金融方面可以说得上是非常正确的选择。毕竟当年银币重 3.9 克，含银量是 100%。也只有在纯银的状态下，1 枚银币兑换 4 枚铜币的等值关系才得以成立。而当银币的含银量降低到 5% 之后，想要维持 1 枚金币兑换 25 枚银币的等值关系已经是不可能的了。

虽然奥勒良的货币改革政策，在金融角度上来说属于唯一的办法，不过在政治角度上来说并没有那么简单。

塞斯特斯铜币的正面，一般都雕刻有当时皇帝的侧脸。背面则雕刻着那位皇帝值得纪念的丰功伟绩，比如哈德良铜币的背面雕刻的就是他在多瑙河两岸修建的大桥的落成纪念。另外在硬币的背面还刻有 S 和 C 的字样。这是“Senatus Consulto”的缩写，翻译过来就是“元老院发行”的意思。

曾经有位英国学者将罗马帝国称为联邦制国家，因为罗马承认全国绝大多数地区的地方自治。罗马不仅承认各地在内政层面上的自治，像雅典那样对人类历史作出卓越贡献的城市，罗马人甚至还赋予他们发行自己货币的权力，以此来延续他们的民族自豪感。对于其他同盟国和附属国，罗马帝国也承认他们的货币发行权。身为盟主的罗马帝国并没有将其控制下的所有国家货币全部统一为罗马货币，而是保存了他们各自的货币，仅仅将罗马货币作为基准货币稳定相互之间的兑换价值。这就是开国皇帝奥古斯都在确立罗马帝国货币制度时的想法。罗马帝国之所以在全国各地都设有货币兑换站，就是这个原因。

元老院发行的铜币（哈德良时期）

综上所述，货币的发行权并不仅仅是一个金融问题。彻底取消铜币的发行，也就意味着奥勒良从元老院手中夺走了从皇帝奥古斯都以来保持了300年的铜币发行权。从此以后，雕刻着S和C字样的货币便彻底从罗马帝国消失了。不知道元老院的议员们在为这项政策投赞成票的时候，究竟心里是何滋味。

奥勒良城墙

在首都罗马周围建设一道新的城墙，使每个人都切身地感受到了时代的变化，曾经的“罗马统治下的和平”已经一去不复返了。

罗马王国第六位国王塞尔维乌斯修建的“Murus Servii”（塞尔维乌斯城墙），曾经保护了罗马城区500余年。在其建成500年后的公元前1世纪中期，被尤里乌斯·恺撒拆除。恺撒之所以想要拆除这道城墙，是因为其影响到他对首都罗马的扩建工程，但是对于这座保存了500余年并且已经深入人心的历史文物，想要将其拆除必须有一个更加冠冕堂皇的理由。于是恺撒以罗马帝国的“防线”已经很好地起到了保护首都罗马的作用为由，声称首都罗马周围已经不再需要城墙的保护。而随后的“罗马统治下的和平”也切实地证明了恺撒的说法并非谎言。不过恺撒并没有将塞尔维乌斯城墙全部破坏。虽然他只摧毁了妨碍扩建的地方，但遭到破坏后的城墙实际上就已经失去防御的意义，于是在随后的建设中城墙被不断地拆除，现在只有在“终点站”前的广场和其他几个地方还留有遗迹。居住在首都罗马的市民们，享受了整整300年没有城墙的和平生活。

但是，到了3世纪中期，罗马帝国境内的其他城市和街道全都被城墙保护起来，首都罗马自然也不会例外。不过在没有城墙的这300年间，首都罗马已经比之前扩大了许多倍。所以新建的城墙也必须将整个罗马都包围在其中。

这座始建于公元271年，总共用了6年时间才完工的城墙，按照罗马帝国的传统，以公共建设发起者的名字命名为“Murus Aureliani”（奥勒良城墙）。城墙全长19公里，平均高达6米，厚3.5米，总共拥有18座城门，并且在各个重要位置设有碉堡，具有典型的防御性城墙特征。因为在随后的很长一段时间里罗马帝国一直都处于内忧外患的困境之中，所以罗马人民也丝毫不敢怠慢对这座城墙的修复工作，于是在时隔1700多年以后，这座早已成为历史遗迹的城墙仍然有很大一部分完好地保留了下来。即便如此，在地理位置上位于罗马帝国中心点的首都罗马，也已经不再是从前那个绝对安全的地方了。

外部环境的改变对每一个罗马人的内心也造成了不小的影响，每一个看到城墙的人都不可能不意识到这一点。曾经可以自由向外扩张的罗马市居住区域，现在也被奥勒良城墙分为内外两部分。分散于罗马郊外的富人区别墅，也不再像从前那样完全开放，而不得不建立一些防御措施。经济条件允许的富裕阶级纷纷选择移居城内，而这个现象在那些比较容易遭到蛮族袭击的行省城市中早已出现。就连农民也纷纷转移到有城墙保护的城镇之内，每天早晨出门耕作，傍晚的时候回到城里休息。当“罗马统治下的和平”成为过去之后，罗马帝国全境都开始出现郊外人口过于稀少而城市人口过于稠密的现象。这一现象，成为助长基督教势力扩大的温床。

但是对于皇帝奥勒良来说，他只能优先解决眼前的问题，至于元老院对此提出的意见和批评，他根本就毫不在意。在城墙的建造开始之后，奥勒良便从

罗马的两座城墙

现在仍然随处可见的奥勒良城墙

首都出发前往帝国的北方边境。在他的脑海里只有接下来该做的第二件事——解决帕尔米拉问题。但是在此之前，他必须将多瑙河防线附近的问题彻底解决。

放弃达契亚

皇帝奥勒良与公元3世纪罗马帝国的其他皇帝相比最大的特点在于，在处理任何事情上都以“速攻”见长。之前所说的国内政治问题，他仅仅用了不到两个月的时间便基本搞定，至于接下来要说的多瑙河防线问题，他也只用了不到半年的时间就确立下来。当然，与蛮族之间的策略和国内政治的做法是完全不同的。针对于此，奥勒良的战略基本上按照如下的顺序进行：

一、首先采取积极的进攻，给蛮族以彻底的打击。

二、在对蛮族造成沉重打击之后，等待陷入劣势的蛮族提出媾和。

三、用非常威严的舞台场面来迎接那些前来提出媾和的部族族长。具体来说，就是奥勒留身着罗马帝国皇帝的正式军装伫立在舞台中央，在他的身后，与蛮族作战并取得辉煌胜利的历代皇帝的大理石雕像呈半圆形排列开来。雕像左右站满全副武装的将军，身后是他麾下的重装步兵和骑兵，每个士兵的手中都高举着代表他们军团的银鹫旗。总之，这场面看起来绝对不像是和谈会场。

四、在前来媾和的蛮族代表被如此威严的场面压倒之时，以尽可能对罗马帝国有利的条件来达成和约。

不过奥勒良也没有忘记给蛮族留面子。这就是罗马人最擅长的“胜而让步”政策。

在与蛮族签订和约之后，奥勒良决定从达契亚行省撤军，将这一地区让给哥特人。罗马帝国在图拉真征服达契亚建立行省165年之后，再次失去了对达契亚的统治。位于多瑙河下游北岸的达契亚，就像是一个巨大的桥头堡一样深入蛮族腹地。奥勒良深知以罗马帝国的现状无法继续统治这一地区，进入公元3世纪中期之后的事实已经证明，仅仅依靠常驻达契亚的2个军团根本无法完成他们的防卫任务。之前的皇帝之所以不敢放弃达契亚行省，是害怕因此失去公民的信任，一不小心还会丢了小命。但是奥勒良毫不犹豫地作出了这一决定。

驻扎在达契亚行省各处的罗马军队以及市政负责人全部撤出达契亚，返回多瑙河南岸。当地居民可以自由选择是继续留在达契亚，还是移居到罗马境内。虽然有很多人都移居到了多瑙河南岸，但是据说决定留下来的罗马人也不少。毕竟刚刚从罗马帝国手中接过达契亚地区的哥特人缺乏对这里的统治经验，所以当地居民对于哥特人来说也是非常宝贵的人才资源。虽然我们不知道皇帝奥勒良与哥特人之间围绕着达契亚问题究竟签订了怎样的协议，但是因为事件发生当时没有出现任何的混乱局面，由此可见罗马从达契亚的撤退并没有引发什么深刻的社会问题。

但是奥勒良并没有单纯地从这里撤军。他从多瑙河下游南岸广阔的米西亚行省、西部的达尔马提亚行省以及南部的色雷斯行省各自分出一部分，建立了一个新的达契亚行省。将从达契亚撤退出来的 2 个军团安置在这里。新达契亚行省的首府塞迪卡就是现在保加利亚的首都索非亚。这样一来，奥勒良就在多瑙河的下游用米西亚与新达契亚组成了防线上的双保险。

从达契亚撤军的罗马帝国，与进入达契亚的哥特人之间仅仅一河之隔，但是这两股势力之间并非敌对关系，在某种意义上来说甚至还保持着友好的关系。我之所以会这么认为，是因为以下两个理由：

第一，在 200 年后导致罗马帝国灭亡的蛮族大入侵时代，只有达契亚的蛮族没有南下进攻。

第二，古代达契亚相当于现在的罗马尼亚，而罗马尼亚语和意大利语、法语以及西班牙语一样都同属拉丁语系。但是意大利属于罗马帝国本土，法国及西班牙则直到罗马帝国终结都是一直属于罗马帝国的行省，罗马尼亚显然与上述情况都不相符。罗马尼亚成为罗马帝国行省的时间要比法国和西班牙都晚，脱离罗马帝国的时间却比法国和西班牙都早。但是即便如此，罗马

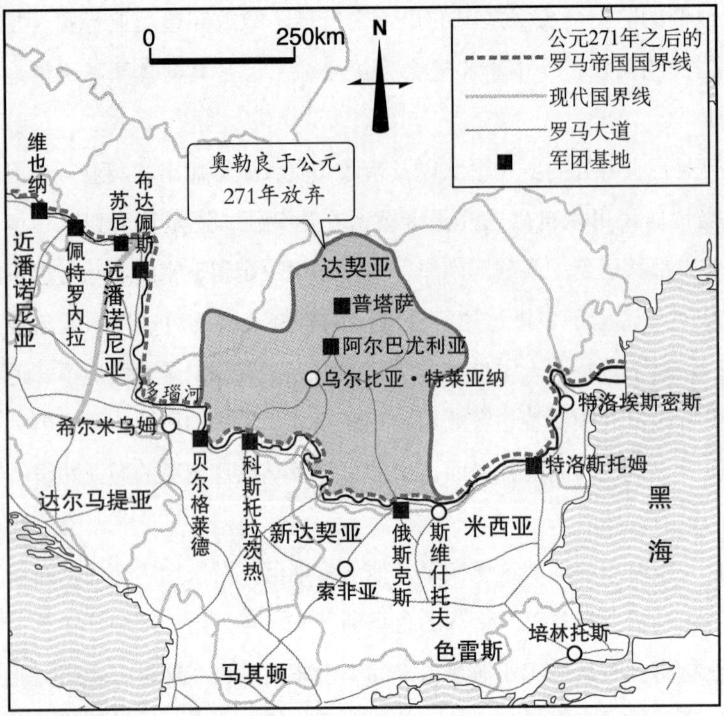

达契亚及其周边

尼亚语仍然属于拉丁语系。如果你懂得意大利语的话，那么就能够理解一大半的罗马尼亚语。

从公元 106 年皇帝图拉真征服达契亚开始，直到公元 271 年奥勒良放弃达契亚的短短 165 年时间里，达契亚能够和罗马帝国建立如此根深蒂固的联系吗？因此我认为在罗马帝国撤出达契亚的时候，选择继续留在当地的罗马公民一定为数不少，而从此之后双方之间的关系一定也十分密切。毕竟他们拥有共同的语言和习惯。

既然皇帝奥勒良从达契亚行省撤退的决定在政策层面上取得了成功，那么将其作为长久性的政策又将如何呢？关于这个问题的答案并没有那么简单。之所以这么说，是因为在日耳曼民族中并不只有哥特人，而且在哥特人中也有不满足于农耕生活、渴望其他生活模式的部族。

总之，在解决了帝国北方多瑙河防线的问题之后，奥勒良终于可以把注意力放在帝国的东部。公元271年夏季还没结束的时候，皇帝已经率军向东方进发，速攻特色一如既往。

女王芝诺比阿

自从公元260年皇帝瓦勒良被波斯国王俘虏以后，就再没有一位罗马皇帝越过赫勒斯滂海峡踏足亚细亚的土地。加里恩努斯和克劳狄乌斯二世都忙于应对西方的蛮族，根本无暇顾及原本只是一个商业都市的帕尔米拉在帝国东方的势力扩张。从公元260年到270年的这10年间，帝国东方基本处于搁置的状态。逐渐地，帕尔米拉的女王芝诺比阿开始对罗马帝国产生轻蔑的心理，认为即便在军事上也能够战胜对方。

与奥勒良一同前往东方的军队，被认为是他从多瑙河防线选拔出来的精锐骑兵，因为他们在行军速度上非常迅速。

进入小亚细亚之后，奥勒良所率领的军队立即向被帕尔米拉统治了10年的地区进发。罗马军队首先一路向东，直到抵达安基拉（现在土耳其的首都安卡拉）为止，都没有遇到任何帕尔米拉的军队。不仅如此，当地的居民还纷纷打开城门欢迎罗马皇帝与军队的到来。一路畅通无阻的奥勒良率军从安卡拉转道向东南方前进，来到位于小亚细亚与叙利亚交界处的托罗斯山脉，结果罗马军队却出人意料地在迪亚纳遭到了当地居民的抵抗。

奥勒良当机立断包围了迪亚纳，开始进行攻城战。迪亚纳仅仅是当地的一座小城，帕尔米拉甚至没有派遣援军前来支援。结果不出数日，因为自己的冲动之举而感到后悔的居民们便打开城门宣布投降。不过奥勒良并没有对迪亚纳进行任何的掠夺和破坏，也没有对当地的居民进行任何惩罚。这实际上是奥勒良向其他处于帕尔米拉统治下的地区居民所发出的一个信息，他对迪亚纳的宽大处理，也比罗马军队更早越过托罗斯山脉，传遍了10年来帕尔米拉统治下的帝国东方地区。本应在这个时候改变战略却没有那么做的芝诺比阿，大概是唯一没有理解这个信息含义的人。

女性执掌国政的事例，在历史上来看大多出现于东方。因为东方国家在政治体制上拥有非常悠久的君主专制传统。不过同样是女性执掌政权，也分为在傀儡统治者身后垂帘听政的类型，以及亲自出面执掌大权的类型。克娄巴特拉可以说是后者的典型，而以克娄巴特拉为自己榜样的芝诺比阿也同样属于后者之中的一员。

芝诺比阿在方方面面的表现都和男人毫无二致。她热衷于骑马狩猎，战斗时亲自披甲上阵，从不缺席任何一次政治场合，还经常和招聘来的希腊教师探讨关于希腊哲学与希腊悲剧的问题。除了喜爱珠宝饰品这个东方女性共通的特点之外，芝诺比阿在各个方面都与男性的君主毫无二致。虽然帕尔米拉名义上的统治者是她的儿子瓦巴拉图斯，但实际上每个人都知道芝诺比阿才是真正意义上的统治者，她本人对此也毫不掩饰。

支持芝诺比阿统治的，是他的亡夫奥迪纳图斯生前所培养出来的帕尔米拉军队。帕尔米拉原本只是一座商业都市，并没有组建军队的传统。所谓的帕尔米拉军队，最开始只是通过经商积累下来大量财富的帕尔米拉花钱招来的雇佣兵而已。不过因为奥迪纳图斯的英勇战斗所取得的辉煌战绩，吸引了很多罗马帝国屯驻在东方的军团兵加入帕尔米拉军队。

芝诺比阿手下拥有的就是这样一批军队。在她控制了帝国东方的全部区域之后，就相当于掌握了帝国东方的经济力量，而罗马帝国东方的经济实力一直凌驾于西方之上。她之所以不畏惧皇帝奥勒良的进攻，就是因为她清楚自己在经济实力上处于优势地位。她坚信只要有钱，就有源源不断的士兵。同时芝诺比阿的自信也并非毫无根据。帕尔米拉军队的主力是和波斯军队一样的重装骑兵，装饰着黄金盔甲的战马和骑士，仅仅从军装的华丽程度上就足以压倒对手。

另外，芝诺比阿在战略层面上也表现出非常强大的控制欲望。虽然指挥实战的将军是希腊人，但在何时、何地开始战斗，却完全要由她的判断来决定。

在越过托罗斯山脉之后，奥勒良给芝诺比阿送去一封书信：

刚刚继位罗马帝国皇帝不久，决心光复帝国东方领土的奥勒良，致书芝诺比阿以及她身边的军事同盟者：

吾向汝等下达的这项命令，本应由汝等主动提出，因汝等没有那样做，所以只好由吾亲自下令。

吾命令汝等即刻解除武装，开城投降。若汝等遵从，吾可保汝等性命无虞。尤其是芝诺比阿，吾与罗马元老院将为其安排一个合适的地方，保证她和她的家人及亲友以及用人们都能安度余生。但是芝诺比阿所拥有的金银珠宝及其他一切财物都将收归罗马帝国所有。此外，帕尔米拉的市民们从今往后仍然享有一切罗马帝国到目前为止对汝等提供的权利。

对于这封书信，芝诺比阿的回信如下：

东方女王芝诺比阿，致书罗马皇帝奥勒良：

至今为止，尚无人敢于像阁下一样对我提出这样的要求。若阁下身为一名战士，应知此事非由书信决定，而应于战场之上一较高下，胜者为王。你劝我不战而降，岂不知宁死不肯使自己名誉受辱的克娄巴特拉之往事乎？

我已得波斯援军，不日即可抵达。阿拉伯人与亚美尼亚人皆已与我结盟。从叙利亚沙漠中赶来的贝都因人，想必也正令贵军烦恼不已吧。

阁下尚需何等情报？若知我方援军正从三方赶来，阁下必然不会如此傲慢，仿佛已经将胜利收入囊中一般劝我投降了吧。

公元272年，双方之间的战斗不可避免地展开。因为帕尔米拉军队的主要战斗力量是重装骑兵，所以芝诺比阿将战场选择在安条克北部不远处的欧罗登斯河平原之上。

第一战

虽然现在被土耳其人称为安塔基亚的这个地方，只是叙利亚与土耳其国境附近的一个小城市，但是在古罗马时期，这个被称为安条克的地方是帝国东方与埃及的亚历山大港齐名的地中海世界代表性的大都市。安条克的城区位于欧罗登斯河的东南部，这条全长20公里最终注入地中海的河流，在当时具有充分的航运条件。自古以来便是东西方物产集散地的安条克，在中世纪以后逐渐衰落下去的原因，就是欧罗登斯河的河道变浅，不再适宜货船航行所致。

芝诺比阿之所以没有在大都市安条克进行防守，而是与罗马军队在郊外的平原地带进行会战，从某种原因上来说也是迫不得已的选择。

在得知奥勒良对迪亚纳居民的宽大政策之后，安条克的居民们顿时对自己这10年来屈服于帕尔米拉统治之下的做法感到十分后悔。他们对芝诺比阿以及帕尔米拉军队的态度也开始变得冷漠起来。芝诺比阿知道安条克现在已经靠不住了，而且她热切盼望的波斯援军也迟迟没有出现。不仅如此，约定好的亚美尼亚人和阿拉伯人都没有赶来。唯一出兵支援的贝都因人仅仅对罗马军队发动了一次袭击，结果却以失败收场。几乎与此同时，曾经活捉了罗马皇帝瓦勒良的波斯国王沙普尔一世也与世长辞。对于这个连奥勒良都知道的情报，如果芝诺比阿不知道的话，那么这位“东方女王”在战斗方面的信息就未免太闭塞了。因为援军不知何时才能到来，芝诺比阿只能在安条克郊外与罗马军队一决胜负，而她唯一能够依赖的只有自己的重装骑兵。

双方在欧罗登斯河的两岸拉开阵势。位于帕尔米拉军队正中央位置的中枢主力重装骑兵军团，即便在河对面看上去仍然显得威风凛凛。骑兵出身的奥勒良亲自出现在罗马军队的最前方。战斗在罗马骑兵越过欧罗登斯河的同时展开。

但是越过欧罗登斯河的罗马骑兵只有十几人。而且当他们看到帕尔米拉的骑兵迎面冲来之后，这十几名罗马骑兵就好像被帕尔米拉骑兵的气势所压倒一般，仓皇地掉转马头向回逃去。

帕尔米拉骑兵在逃跑的罗马骑兵身后紧追不舍。对于身为罗马全军总指挥的皇帝奥勒良来说，能否抓住那转瞬即逝的战机就是这场战役取胜的关键。而他所等待的时机，就是帕尔米拉的重装骑兵在追赶罗马轻骑兵的过程中，骑士和战马都显露出疲态的时候。

奥勒良一声令下，罗马的骑兵部队转身向一直穷追不舍的帕尔米拉骑兵发动了反击。与此同时，一直在附近高地待命的罗马步兵部队也出现在帕尔米拉骑兵部队的左右两侧。面对突然被敌人三方包围的情况，正在追击中的帕尔米拉重装骑兵无法及时掉转方向，转眼间便遭到罗马军队的围剿。只有位于队伍后方的骑兵在唯一没有被围住的出口逃出，并且一路向欧罗登斯河对面的己方阵地逃去。

虽然并没有全歼帕尔米拉军队，但罗马军队已经很明显地获得了这场战斗的胜利。作为帕尔米拉军队主要战斗力的从波斯雇用来的重装骑兵，被罗马军队消灭了三分之二。在得知这场战斗的结果之后，那些被雇用来的步兵都因为恐惧而不顾佣兵的约定，纷纷四散而逃。不得不承认失败的芝诺比阿知道自己已经失去了安条克居民的支持，只能率领残余的部队退回位于安条克以南 200 公里的埃梅萨，并且打算将这里作为她与奥勒良交手的第二战场。

获得第一战胜利的奥勒良，率领全军进驻安条克。当地居民对时隔 12 年之久的皇帝再次驾临表示热烈的欢迎。而对于安条克这 12 年来对罗马帝国的背叛，皇帝以他们也是迫于无奈的选择为由，并没有作出任何的惩罚。从此以后，安条克便不是帕尔米拉王国的主要都市，而是以罗马帝国东方代表性城市的身份重新华美地绽放。

这座堪称国际性都市的大城市，由希腊人、犹太人以及其他的东方各个民族的居民所组成。不仅如此，这里还有许多在当时不断增加的基督教徒。虽然奥勒良在安条克逗留的时间并不长，但是有很多事情有待他来作出裁决。其中之一，就有居住在安条克的基督教徒们恳请他来帮助解决的一个争论。

罗马皇帝奥勒良将产生纠纷的两派代表叫到自己的面前。双方争论的焦点在于基督教之中，罗马主教和安条克主教哪一个的地位更高。基督教徒非常热心于向将他们统一起来的教会组织捐款，并且以此作为自己与拥有其他宗教信仰之人的不同之处。因此，决定谁是组织中最高级别的主教，就相当于决定一个拥有分配捐款权力的主教。只怕在公元3世纪已经过去四分之三的这个时候，安条克主教的信徒数以及捐款数量都要远远高出罗马主教。

但是被请求帮助解决这一问题的皇帝奥勒良，不知是根据何种判断基准，作出罗马主教是基督教最高主教的裁决。虽然这个问题成为后世基督教内部一个非常重要的争论话题，但是根据奥勒良当时的裁决，罗马主教拥有比安条克、亚历山大港以及迦太基的主教都高的地位。耐人寻味的是，这一决定并不是由基督教徒作出的，而是由被基督教视为异教徒的罗马皇帝作出的。顺便说一句，现代的罗马教皇，也必须以罗马的主教为最优先人选。

奥勒良本身大概是受母亲的影响，信奉太阳神。但同时，他也是一个支持多神教的古代人。古代人大多认为信仰是个人的自由，而且对于别人的信仰一向持宽容的态度。

第二战

皇帝奥勒良与女王芝诺比阿之间的第二战，在埃梅萨的郊外展开。芝诺比阿仍然以重装骑兵为主。但是奥勒良并没有使用和上次同样的战术。这次他派出罗马步兵与帕尔米拉的重装骑兵相抗衡。不过这些罗马步兵的手中并没有他们传统的长枪和罗马短剑，取而代之的却是又粗又长的棍棒。

轻骑兵一般用弓箭来作为武器，重装骑兵则多以长枪和长剑来作为武器。也就是说，重装骑兵只有在接近对手的时候才能够发挥他们的战斗力。而罗马的步兵们则遵照奥勒良的命令，一直等待敌军的骑兵来到非常近的距离之后才开始行动。步兵队长看准时机一声令下，罗马步兵一齐用棍棒向重装骑兵的马腿打去。马匹被打翻在地以后，因为浑身披满沉重的铠甲，不管是战马还是上面的骑士都难以起身。趁此机会，罗马步兵将手中的棍棒换成长枪和短剑，向倒在地上的帕尔米拉骑兵发起攻击。这次，没有一人幸免于难，就连芝诺比阿的儿子，帕尔米拉王国的国王瓦巴拉图斯都在这场战役中身亡。毫无疑问，罗马军队取得了最后的胜利。连续遭遇两次惨败的芝诺比阿，只有逃回故乡帕尔米拉这唯一的选择。

帕尔米拉攻防

芝诺比阿以及她手下由希腊人组成的重臣们，对在叙利亚沙漠正中央的帕尔米拉进行攻防战，具有很强的信心。位于地中海与幼发拉底河中间的帕尔米拉，与安条克和埃梅萨相比，距离波斯的领土更为接近。他们坚信曾经成功俘虏了罗马皇帝瓦勒良的波斯人，在面对 10 年后攻打帕尔米拉的罗马皇帝之时，一定会派遣军队前来支援。况且罗马军队也不可能不忌惮波斯方面的动向，所以只要帕尔米拉能够抵挡住对方的围攻，那么罗马军队早晚会撤军。

对于芝诺比阿来说，坚守帕尔米拉还有另外一个优势，那就是帕尔米拉在地理位置上被沙漠所包围。罗马军队要想围攻帕尔米拉，只能依靠安条克的补给。但是这条补给线太长，而且补给线越长，其效率就越低。最终，补给难以为继的罗马军队只能放弃包围，无奈撤军。总之，帕尔米拉能够在罗马军队的围攻中坚持多久就是问题的关键。而当时的帕尔米拉城中储备了大量物资，足以应对长时间的包围。

准备对帕尔米拉发动攻击的奥勒良，也将全部精力都放在了安条克的后方

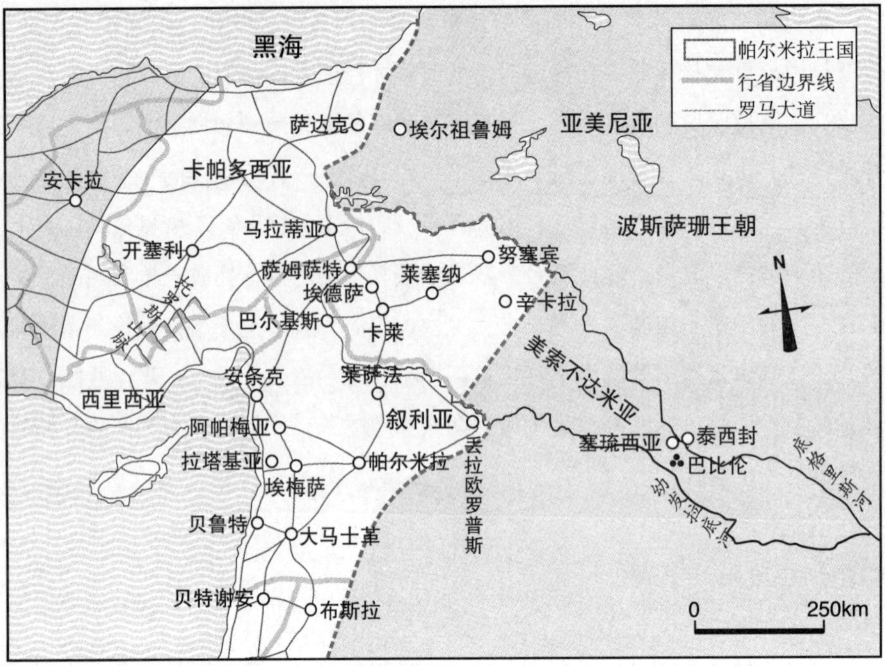

公元 270 年左右的美索不达米亚及其周边

支援问题上，他在写给自己最信赖的秘书官姆卡波勒斯的信中向对方吐露了自己的心声：

在首都的那群家伙，似乎在嘲笑我身为罗马皇帝竟然向一个女人宣战。看样子，他们以为这是一个男人与一个女人之间赤手空拳的肉搏。但实际上我并不是在和女人战斗。我的对手是全副武装的正规军队，只不过他们的首领是一个勇气不输于男人的女人。但是这种情况会对其他人造成影响，很多人一听说对方是个女人都会产生同情的心理。

帕尔米拉军队所使用的弓箭、投石器、标枪性能之精良，我几乎无法用语言来形容。在他们的城墙上，满满地排列着数不清的大型投石器，这些投石器连续不断地向我们投出巨石。有时这些大型投石器还会投出燃烧着的炮弹，一旦落地，周围全都化作一片火海。

除此之外，我也没什么好说的了。即便芝诺比阿的内心深处仍然拥有女性的恐惧，但是当她站在阵前的时候，却比任何一个男人都更加勇猛。在给予她惩罚之时，应该也考虑到这一点吧。

我坚信最后的胜利一定是属于我们的。诸神总是赐予我们罗马人以无穷的力量。这次也一定会帮助罗马帝国再次复兴！

当然奥勒良不会将胜利的希望完全寄托在诸神的身上，同时他也深知仅仅依靠安条克的补给，会使补给线过于狭长。于是他在围攻帕尔米拉之前，首先将补给基地分散到战场附近的许多地方。以帕尔米拉为中心，罗马的大道联结着西南的大马士革、西方的埃梅萨、北方的莱萨法以及东方的丢拉欧罗普斯。位于幼发拉底河防线附近的这些罗马帝国东方城市，和帕尔米拉一样都属于通商城市，奥勒良就在这里建立起罗马军队的补给网络。这些城市的居民主要由希腊人组成，因为罗马帝国之前就给予他们很大程度的自治权，因此即便在失去控制 10 年以后，罗马帝国仍然很容易地重新接管了这些地方。而这些城市的居民们，对于自己能够向罗马军队提供补给都感到十分荣幸。这一点也是芝诺比阿始料不及的。

这样一来，即便在沙漠中央，罗马军队“以兵站取胜”的传统战斗模式仍然得以顺利进行，因此奥勒良所率领的罗马军队的攻势丝毫不见减弱的迹象。结果帕尔米拉的居民们纷纷开始动摇起来。他们原本就是一群商人，而商人都是非常现实的。支持芝诺比阿的市民一天比一天减少。

面对如此情景，这位“东方女王”也开始绝望起来。眼见坚守无望，她只能带着重臣连夜逃出城去。从她向东逃跑的线路来看，大概是打算请求波斯国王的帮助吧。但是她还没逃出多远，就被追来的罗马骑兵所包围。得知芝诺比阿被捕的帕尔米拉居民，主动打开城门迎接罗马军队的到来。

芝诺比阿的亡夫和她的儿子，都曾经被皇帝加里恩努斯授予“罗马帝国东方司令”（Dux Orientis）的称号。也就是说，他们是负责罗马帝国东方防御任务的总负责人。而身为东方长官的他们对罗马皇帝刀剑相向，是很明显的反叛之罪。于是被逮捕的芝诺比阿及其手下重臣们，都被带到皇帝奥勒良的面前接受审判。

在接受审判之时，芝诺比阿的行为暴露了她到底不是克娄巴特拉。她将反叛的责任全部转嫁到重臣们的身上。她坚持声称自己是被大臣们欺骗了，只是被那些大臣们的野心所利用的牺牲品。

奥勒良当然不可能相信芝诺比阿的狡辩。不过罗马自古以来就对那些不会对罗马造成威胁的人给予宽大处理，即便这个人是敌国的君主也不会处以死刑。因此奥勒良仅仅处死了帕尔米拉的重臣们，而将芝诺比阿活着带回意大利。

时隔 10 余年终于解决了帕尔米拉问题的奥勒良，为了能够尽快去处理其他事务，不愿意继续在这里浪费时间。于是他在重新恢复了帝国对埃及的统治权之后，便将东方的防御任务交给他的副将普罗布斯，自己率军向西方进发。他没有对帕尔米拉的居民作出任何的惩罚，仅仅以防御部队的名义，命令 600 名士兵屯驻下来。

但是帕尔米拉人错误地理解了奥勒良的宽大政策。他们在皇帝的军队离开之后，杀害了屯驻于此的 600 名士兵，并且宣布从罗马帝国中独立。

已经翻越了托罗斯山脉的奥勒良在得知这一消息之后，立刻不分昼夜地赶回帕尔米拉。罗马人将“信义”二字看得比什么都重要。他们甚至将“信义”神格化，将其供奉在神殿之中。所以对罗马人来说，不遵守约定是最为严重的罪行。

在罗马军队的猛攻之下，帕尔米拉很快便被攻陷。在此之前对投靠芝诺比阿的东方城市从来没有进行过任何惩罚的奥勒良允许罗马军队将帕尔米拉洗劫一空。帕尔米拉在此之后虽然仍然作为东西方贸易的中转站而保留了下来，但是再也没能恢复往日的辉煌。

高卢光复

若要将三分天下的罗马帝国恢复到公元260年前的模样，那么现在只剩下高卢帝国这一个问题。奥勒良之所以不愿意在东方浪费太多时间，就是希望能够趁着收复帕尔米拉的气势，一口气解决帝国西方的问题。而转向西方的奥勒良及其罗马军队的行军速度，也丝毫不愧于他“速攻奥勒良”的称号。在他沿着多瑙河防线向西进军的路上，一旦发现防线外围的蛮族有可疑的举动，便立刻毫不犹豫地投入兵力进行打击。品尝到胜利滋味的官兵们，变得愈发强大起来。而连战连胜的态势，给罗马军队带来前所未有的士气和信心。这样一来，即便在放弃了达契亚行省之后，若用多瑙河防线作为衡量帝国安全指数的仪器时，恐怕指针会一路往合格的方向跑。随着珍惜光阴、办事有头有尾的奥勒良从多瑙河下游往上游移动，指针的高度也随之节节攀升。

对于奥勒良所采取的这一系列行动，高卢帝国的皇帝泰特里库斯可以说比任何人都更加敏感。虽然这个人身为从罗马帝国分离出去的高卢帝国的皇帝，但是他的祖先世世代代都属于罗马的元老院阶级，他本人也在罗马元老院中拥有一席之地。也就是说，这个人有着非常传统的罗马人的思维方式。

泰特里库斯一定深切地感觉到皇帝奥勒良的下一个目标就是高卢帝国。同时，他也对高卢帝国存在的意义产生了怀疑。因为他出身于罗马元老院阶级，因此认为罗马帝国理所应当地应该拥有西至西班牙、东至叙利亚、北至北海、南至撒哈拉的广阔领土。而且，高卢帝国的诞生并非出于当地居民的独立愿望，只是发生在公元260年的那件震撼帝国全境的瓦勒良皇帝被波斯国王俘虏的大事件所引发的余震之一。也就是说，高卢帝国只是在特殊环境下产生的偶然结果罢了。

公元273年秋，奥勒良率领的罗马帝国军队与泰特里库斯率领的高卢帝国军队，在高卢北部后来被称为香槟地区的塞纳河上游平原展开对峙。但是，就在双方决定开战的前一夜，泰特里库斯秘密造访奥勒良的营帐。双方似乎早已对这次访问作好了准备，不过两人全都保守了这一秘密。

关于他们二人会谈的内容我们已经无从得知。但是会谈的结果，以高卢帝国皇帝泰特里库斯向罗马帝国皇帝奥勒良宣布投降告终。第二天一早，双方军队都按照预定计划出现在战场上，但是随后两军并没有发生交战，只有士兵们的欢呼声响彻战场。仔细想来，他们其实原本都是罗马军队中的战友。就这样，存在了14年的高卢帝国宣告终结。高卢、西班牙以及不列颠，全都兵不血刃地重新回到罗马帝国的统治之下。就在奥勒良处理完这一切准备返回首都罗马之际，收到了元老院答应为他举办凯旋仪式的消息。

凯旋仪式

公元274年春，首都罗马的居民们久违了的盛大凯旋仪式，伴随着和煦的春光沐浴在每一个人的身上。在庆祝的队伍中，俘虏们多姿多彩的服装样式，显示出奥勒良在面对众多民族之时都取得了辉煌胜利。俘虏中包括北方的哥特人、萨尔马提亚人、法兰克人、汪达尔人、阿拉曼人，东方的大夏人、阿拉伯人、萨拉森人、帕尔米拉人以及埃及人。高卢帝国最后的皇帝泰特里库斯和他的儿子也都穿着高卢特色的民族服装，坐在敞篷马车上作为整个庆祝队伍的点缀而出现在凯旋仪式上。出席凯旋仪式的元老院议员们，有不少人对与他们同样在罗马元老院拥有席位的泰特里库斯现在的模样，表现出极度的愤慨与不满。

在凯旋仪式的队伍中最引人注目的还是帕尔米拉曾经的女王芝诺比阿。她身着具有浓重东方色彩的帕尔米拉民族服装，被用黄金锁链囚禁在她最喜欢的金色敞篷马车上，而且身上还挂满了她所拥有的全部首饰，因为首饰太过沉重，使得她保持身体的平衡都显得十分困难。

凯旋仪式的主人公，当然是凯旋的将军。罗马的传统做法是将军身披大红斗篷，坐在4匹白马拉的战车上。但是奥勒良所驾驶的战车前方并非白马，而是4头雄鹿。用雄鹿牵引战车原本是北方蛮族的首领在祭祀时所采用的方法。但是奥勒良这样做并非为了模仿北方的蛮族，而是为了证明自己凯旋仪式的真正价值，不在于收复了帕尔米拉和高卢帝国，而在于他击败了多瑙河以北频繁入侵罗马帝国的蛮族。遗憾的是，很多人并没有意识到他的本意，只是为这很少见的4头威风凛凛的雄鹿一个劲地拍手喝彩。最后这4头雄鹿在凯旋仪式最后的祭祀典礼中，被作为向卡匹托尔山的最高神朱庇特神殿供奉的祭品而“牺牲”了。

帕尔米拉墓地出土的浮雕

在这些被强迫参加凯旋仪式的俘虏中，唯一牺牲的只有那4头雄鹿。而其他的俘虏甚至连牢狱之灾都得以幸免。高卢帝国最后的皇帝泰特里库斯被允许继续保有他原本就拥有的元老院席位。不仅如此，他还被任命为意大利本土某地的行政长官。他的儿子也被授予了一个与其元老院议员儿子的身份相符的国家要职。泰特里库斯回到他加入高卢帝国之前所拥有的宅邸中，并且举办了一场晚宴，皇帝奥勒良也出席了这场宴会。

奥勒良在距离首都罗马20公里之外的提沃利为芝诺比阿提供了一座别墅供其安度余生。虽然无法与皇帝哈德良那豪华的别墅相比，但是与首都罗马距离适中的提沃利，仍然是一个环境优雅山清水秀的地方。居住在这样一座开放式的罗马别墅之中，想必芝诺比阿的生活一定也是非常舒适的。关于她去世的日期没有留下任何的记录。因为她自从被带到罗马之后便一直没有做出任何给人留下深刻印象的举动，所以也没有引起那些编年史作者的注意吧。每年从帝国

凯旋仪式上使用的战车（复制模型）

国库中发放给她的生活费，非常充分地保全了她曾经身为帕尔米拉女王的颜面。与她一同被带到罗马的两个女儿，也在不久后分别嫁给了两位元老院议员为妻。由此可见，帕尔米拉王国寿命只有从公元 260 年的那场动荡局势中起算的 10 年。

帝国再次统一

正如一向对皇帝奥勒良没有什么好感的元老院都不得不为他在公元 274 年举行凯旋仪式一样，奥勒良所取得的成就使他有足够的资格来要求这一切。

自从皇帝瓦勒良在公元 260 年被波斯国王俘虏以来，皇帝加里恩努斯统治的 8 年再加上皇帝克劳狄乌斯二世统治的 2 年，共计 10 年的时间都没能完成的任务，奥勒良只用了短短 4 年的时间便宣告完成。元老院经过举手表决，一致通过授予其“Restitutor Orbis”的称号，意为“重建帝国的人”。

政治的世界并非座谈会会场，当权者必须用具体的行动和事实来证明他的能力。对罗马皇帝来说，最重要的一点就是能否保护罗马帝国不受外敌的侵扰。但是，如果罗马帝国各部分处于四分五裂的状态，那么帝国就无法充分地发挥其应有的功能。这就是罗马帝国的特质。

所以皇帝奥勒良花费了4年时间所实现的帝国再次统一，不仅仅意味着领土的回归，更意味着帝国功能的再次恢复。罗马帝国是个巨大的共同体，无论为恶为善，如果不强大，就无法发挥力量。想象一下那些遍布帝国全境的交通网络彻底瘫痪的情景，就不难理解这一点。60岁的奥勒良虽然出生在边境的小城，或许还有蛮族的血统，但是在看透罗马帝国本质这一点上，以及为了实现具体的目标而不浪费一点时间这一点上，都堪称是一位真正的罗马人。

在举行完凯旋仪式的第二年，即公元275年，皇帝奥勒良甚至等不及春季到来，便离开了首都罗马来到帝国的北方边境。他一边视察多瑙河防线一边沿着河流向东方进发，与波斯萨珊王朝的战争，就是他接下来的目标。

或许在奥勒良的心中一直没有忘记为他的恩人皇帝瓦勒良复仇这件事情。不过除此之外更重要的原因在于，曾经战胜过罗马帝国的波斯萨珊王朝，对帝国东方的统治是一个很大的威胁。而且，被夹在幼发拉底河与底格里斯河之间的美索不达米亚地区北部，是否被掌握在罗马帝国的手中，也是关系到罗马帝国确立东方防线所不可忽视的问题。不仅如此，波斯萨珊王朝的著名君主沙普尔一世在3年前去世，随后围绕着继承人问题波斯陷入了一片混乱之中，这对于罗马方面来说是一个主动出击的大好时机。

4月，奥勒良在视察完多瑙河防线之后转道朝东南方向进发。他的目标毫无疑问正是东方的波斯。他穿过色雷斯，来到正对马尔马拉海的皮林塔斯。虽然这里仍然属于欧洲，但越过马尔马拉海之后的对岸便是亚洲的土地。只要穿过小亚细亚抵达位于叙利亚的安条克，奥勒良就可以与驻扎在当地的军队会合，开始远征波斯的战争。

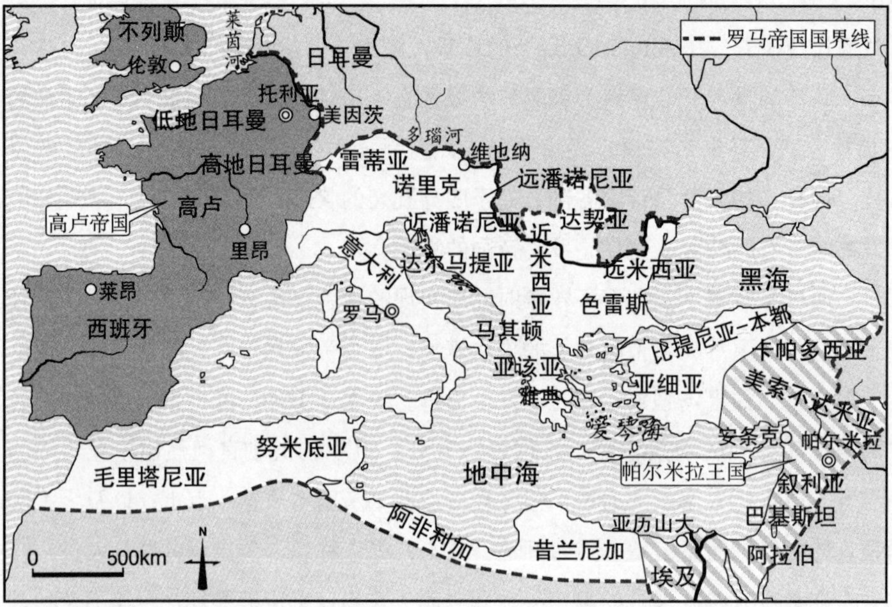

三分的罗马帝国（公元 270 年左右）

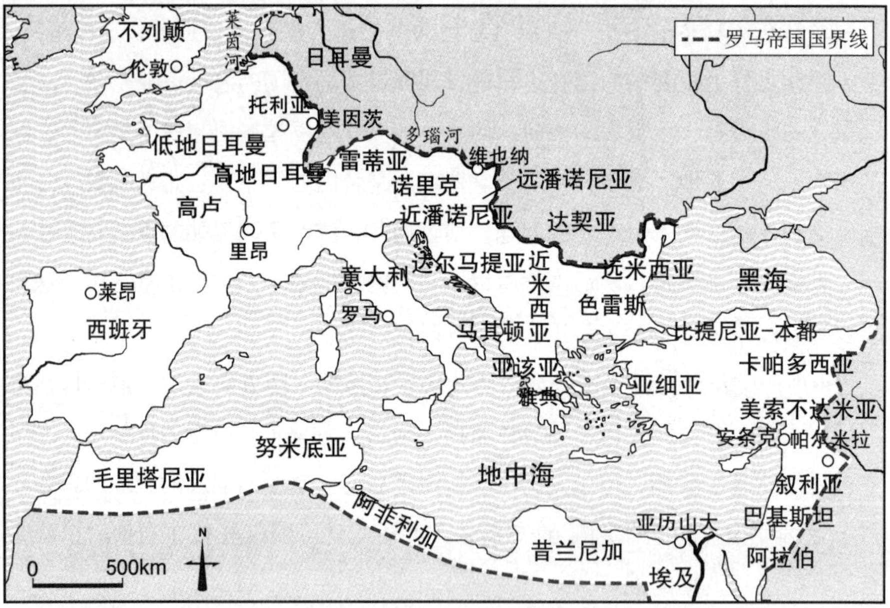

公元 274 年的罗马帝国

当罗马军队进驻皮林塔斯之后，奥勒良似乎因为某事而训斥了他的秘书艾洛斯。奥勒良是一个对人对己都十分严厉的人，虽然不知事情的起因，但艾洛斯确实因为皇帝严厉的态度而感到非常的恐慌。恐慌之下，他开始害怕起自己或许会因此而失去性命。虽然这个人从名字上来看像是个希腊人，但实际上大概以前属于奴隶阶级吧。于是这个担心自己有生命危险的秘书伪造了一份文书。这份文书上写有皇帝身边的警卫以及几名军官的名字，声称皇帝将下令处死他们，文书的最后艾洛斯的名字也赫然在列。因为秘书经常替皇帝撰写文书稿件，而且可以轻易地拿到皇帝的印章，所以他伪造的文书完全能够以假乱真。秘书艾洛斯将这份假文书拿给上面写有名字的将军们看，结果将军们全都感到异常震惊。被恐惧冲昏了头脑的将军们，甚至一时间都没想到去确认这件事的真伪。

在秘书艾洛斯的带领下，将军们悄悄潜入皇帝的房间将其杀害。皇帝奥勒良在经历了短短 4 年零 9 个月的统治时期后便遇刺身亡。当时的编年史作者这样写道："奥勒良统治时期的罗马帝国非常幸福，人民爱戴他，士兵尊敬他，敌人惧怕他。"但就是这样一个英雄式的人物，最后竟然落得一个如此荒诞的结局。

皇位空缺

因为整个过程都被一位用人看在眼里，所以这次谋杀事件很快便败露。被逮捕的将军们在得知这一切全都是艾洛斯的阴谋之后痛心不已，甚至有人因此选择了自杀。艾洛斯被处以五马分尸的极刑，亲手杀害皇帝的将军们也被处以死刑。

当整个事件真相大白之后，军队因为这场比悲剧更加凄惨的事件而陷入茫然失措的状态之中，甚至失去了面对这样的情况应该选择何种对策的判断力。奥勒良的死对官兵们所造成的打击十分巨大，使他们连推举继任者这件事都做不到。于是军队的高层只能向元老院送去一封书信：

罗马全军将士致罗马元老院与全体罗马公民：

我们的皇帝奥勒良，因为一个人的背叛和其他人的误解而惨遭杀害。恳请元老院批准将已经去世的皇帝神格化，以此来微微宽慰我们悲痛的心情。另外拜托罗马元老院的诸位议员，为我们推举出一位足以胜任罗马帝国皇帝的人选。只要是你们认为合适的皇帝，我们都会对他宣誓效忠。

这对于元老院阶级来说，是一个夺回国政主导权并且展示自己统治能力的大好机会。因为奥勒良既没有子嗣也没有兄弟，所以不管对他个人的评价有多高，也无法利用他的名声来扶持继承人。只要推举出一位能够赢得士兵们信任的继承人，那么罗马军方就会对罗马元老院的统治能力刮目相看。

但是元老院仅仅承认了奥勒良的神格化，至于继承人的选择权又再次推给军队方面。皇位空缺的状态一直持续了 5 个月，据说在此期间，罗马军队与元老院相互推让的书信总共往来了 3 次。而且在这 5 个月里，没有一个人敢于站出来称帝，士兵们也没有爆发出任何不满的情绪，就好像每一个人都在凝神静气地等待着奥勒良继任者的出现。至于蛮族也在这 5 个月中风平浪静的原因，完全是奥勒良对防线强化的成果使然。

终于，在奥勒良死后过了 5 个月的 9 月 12 日，罗马帝国的又一位新皇帝登场了。这个人就是 75 岁的塔西佗，他时常因为自己是著名历史学家塔西佗的后裔而引以为傲，虽然他既没有在行省从政的经验，也没有从军的经验，但却是一位十分有教养的人。

实际上，他在接到元老院提名的时候，也和这 5 个月以来被提名继位的其他元老院议员一样首先选择了拒绝。他在申请元老院重新考虑的时候这样说道：

诸位元老院议员，坦白地说，你们能够推举我使我感到十分惊讶。在拥有如此雄才伟略的皇帝奥勒良之后，诸位竟然选举我这样一个老头子来继承皇位吗？看看我的样子吧，我这把老骨头，既不能拉弓射箭，又不能骑马投枪，就连拿起盾牌翻山越岭都十分吃力，更别说带兵打仗了。实际上，我就连出席元老院会议都十分艰难，每次发言后都感到十分疲惫。我想很快就会有年轻人来顶替我的位置。

那些为了保护帝国而赌上性命的官兵，会接受一个像我这么衰老的皇帝去做他们的最高司令官吗？诸位心目中的理想皇帝，和现状所需要的皇帝或许并不一致。在这种情况下，还希望诸位面对现实。即便在场的诸位全都同意这一决定，也请考虑到这一决定在现状下有可能导致的不幸结果，三思而后行。

但是皇位空缺的现状不能继续持续下去，而除了塔西佗之外，元老院中已经再也没有能够就任皇帝的合适人选，于是其中一位议员站起来说道：

我们之所以推举高龄的皇帝，是因为年长者更容易受到别人的尊敬，而且年长者能够像父亲一样理解我们每一个人。另外，因为皇帝年事已高，我们就不必勉强他去四处征战履行其身为最高统治者的义务，也不必为整天担心皇帝的失败而寝食难安。不仅如此，年长者作为皇帝，在政策上也会经过深思熟虑小心谨慎地执行，罗马帝国将会重新回到曾经那个不是由军事而是由法律支配的国家。

这番话反映出当时的元老院议员们保守的政治态度。显然元老院议员们都在强词夺理地逃避自己的责任，不过当时已经 75 岁高龄的塔西佗还是接受了他们的提名。元老院向军队发出的官方通告中这样写道："元老院根据诸位的要求，推举塔西佗继承皇位。"就这样，罗马帝国史无前例的长达 5 个月的皇位空缺终于宣告结束。

皇帝塔西佗（公元 275—276 年在位）

虽然塔西佗对继任皇帝百般推辞，在继位后却表现出非常认真的态度。他变卖了自己的所有财产，将得到的收益全部捐献给国库作为士兵们的军饷。并且他还将自己在市中心的宅邸拆除，将包括大理石圆柱在内的建材都捐献出来，作为建造公共浴场的材料。他十分节俭，连皇帝专用的紫色托加都没有特别制作，而是仍旧穿着他自己的衣服。这位新皇帝唯一提出的个人要求，就是罗马帝国各地的公共图书馆中都必须收藏历史学家塔西佗的全部著作。公元 276 年，将继承先帝奥勒良的遗志作为自己责任和义务的塔西佗，率领罗马军队向东方进发。

但是与军队一同行军，对于从没有过军务经验并且已经 75 岁高龄的塔西佗来说实在是太过煎熬。他几乎无法骑在马上，绝大多数的时间都是躺在车里跟随部队前进。终于在公元276年6月的一天，皇帝塔西佗在前往叙利亚的途中去世，并非因为谋杀，而是自然死亡。

塔西佗

得知皇帝塔西佗去世消息的元老院，立刻指名塔西佗的亲弟弟弗洛里安努斯为继任皇帝。这个人也和他的哥哥一样，属于在皇帝加里恩努斯颁布将元老院与军队完全分离的法令之前，就没有任何军务经验的元老院议员。但是这一次，军队并没有老老实实地接受元老院推举弗洛里安努斯作为皇帝的决定。

首先，屯驻在叙利亚和埃及的军团，推举他们的总司令普罗布斯为皇帝。随后，驻扎在其他地区的军团也纷纷宣布支持普罗布斯。

元老院在看到军团的动向之后立刻产生了动摇。得知此事的弗洛里安努斯因为深感自己失去支持而陷入孤立无援的恐惧中无法自拔。皇帝的这种心情也传染到他身边的警卫队身上。他们预感如果普罗布斯率军攻打过来，那么自己只会成为弗洛里安努斯的陪葬。要想活命，只有将失去元老院支持的弗洛里安努斯杀掉这唯一的办法。于是他们真的这样做了，这样一来也避免了一场罗马士兵自相残杀的内战。

在公元276年到282年这6年间担任罗马帝国最高统治者的皇帝普罗布斯，和克劳狄乌斯二世以及奥勒良一样，都出生于多瑙河附近潘诺尼亚行省的希尔米乌姆。而且他也和那两位前辈一样，都是由皇帝瓦勒良一手提拔起来的年轻人才。

不过和那两位前辈相比，普罗布斯的成长经历却截然不同。普罗布斯的父亲原本是多瑙河防线附近军团基地的百人队队长，后来被调往埃及升任驻屯在当地军团的大队长，结果却扔下远在故乡的妻子和儿子客死他乡。于是，普罗布斯在成人后以大队长儿子的身份理所当然地进入军团开始了他的军旅生涯。加之他本人也具有非常出众的才能，所以在参军不久便被提拔为百人队队长。

当时还只有20多岁的普罗布斯，得到皇帝瓦勒良的青睐。瓦勒良在写给身为他共治皇帝的儿子加里恩努斯的信中这样说道：

> 父亲致信儿子，不，皇帝致信另一位皇帝：
>
> 我最近发现了一名叫做普罗布斯的年轻士兵。据我观察，这个人虽然年轻，但能力出众。我想任命他为大队长，指挥主要由高卢人和阿拉伯人的辅助兵所组成的6个大队（大概3000人）。我亲爱的儿子，希望身为皇帝的你，也能够充分地利用这个年轻人的能力。虽然现在说是为了帝国还为时尚早，不过他至少可以作为其他年轻将官们的楷模。

皇帝瓦勒良在写给他朋友的信中也提到了普罗布斯：

大概你也对我任命这样一个连胡子都没长出来的年轻人为大队长而感到十分惊讶吧。但是现在和神君哈德良统治时期那个帝国全境人才济济的时代不同了，我必须亲自寻找可用之才。另外，既然连你都听说过普罗布斯，至少也说明我的判断没有错吧。

这位年轻人，正如他的名字普罗布斯一样（在拉丁语中代表着积极的意思，大概是从他父亲那一代留下来的绰号，被他作为家族名），果断的作风和勇敢的胆识远超与他同辈的其他人。不过，他虽然能力出众，资产却并不富裕。所以即便是辅助部队的大队长，希望多少可以增加他的收入，关于这方面的事情还要拜托你帮我考虑一下。以下是我个人赠送给他的财物。

红色的上衣 2 件。带雕金纽扣的高卢短披风 2 件。丝绸镶边的睡衣 2 件。雕有花纹的 10 罗马磅（1 罗马磅约合 300 克）银盆一个。

另外，既然他升任为大队长，那就必须有一些私房钱用于帮助那些一时间用光了军饷的部下（罗马军团每半个月发一次军饷）。因此我决定赠予他金币 100 枚、银币 1000 枚、铜币 1 万枚。而且，还应该给他提供一个符合罗马军队军官身份的住所。这就全权交给你来安排了。

当时年仅二十三四岁的普罗布斯得到皇帝的如此厚爱，自然更加奋勇作战。他所指挥的辅助大队，连续取得比由正规军组成的大队更加辉煌的战果。于是在公元 260 年，皇帝瓦勒良任命还未年满 30 岁的普罗布斯为正规军团的军团长。这可以说是平步青云。瓦勒良还借此机会赠送给他 3 套军装。

但是随后不久，皇帝瓦勒良便被波斯国王沙普尔一世俘虏。罗马军中的高官们全都陷入了茫然失措的状态，普罗布斯受到的打击更为严重。同为被瓦勒良提拔起来的克劳狄乌斯二世以及奥勒良在遭遇这一不幸的时候已经 46 岁，而普罗布斯当年还不满 28 岁。

随后普罗布斯为自己恩人的儿子加里恩努斯尽职尽责，加里恩努斯也任命普罗布斯为最前线区域的总督。在皇帝加里恩努斯统治的8年时间里，就连克劳狄乌斯二世与奥勒良以刺杀皇帝的方式表示对皇帝不信任时，普罗布斯都没有参与。即便后来克劳狄乌斯二世以及奥勒良登上了皇位，普罗布斯也对他身为一名军人的职责尽忠职守。当时的皇帝奥勒良在写给普罗布斯的亲笔信中这样说道：

皇帝奥勒良致信普罗布斯：

虽然我看重你的能力已经是众所周知的事情，但我还是决定任命你为第十骑兵团的总指挥。这个第十军团是由罗马军中最强的精锐骑兵组成的，也是克劳狄乌斯二世在继承皇位时，将总指挥的位置转让给我的军团。现在，我将这个位置转让给你。

皇帝奥勒良在位的5年间，率领着第十军团的普罗布斯也在这位皇帝积极的战略指导下四处征战。就在奥勒良同帕尔米拉军队交战的时候，正是普罗布斯重新收复了埃及地区。因为他非常迅速地完成了自己的任务，甚至在随后还有时间赶去参与帕尔米拉的攻防战。在解决了芝诺比阿并收复帝国东方的领土之后，奥勒良在赶回西方解决高卢帝国问题之时，就将普罗布斯留在当地负责整个东方的防卫任务。当时普罗布斯才刚满40岁。三年后，皇帝奥勒良被害。又过了一年，在奥勒良之后继位的塔西佗于东征途中病死。普罗布斯在44岁的时候继位罗马帝国皇帝。这对于一个男人来说，是就任要职的黄金年龄。

皇帝普罗布斯（公元276—282年在位）

普罗布斯在继位皇帝之后，改名为马可·奥勒留·普罗布斯。以此表明他要将那位不仅在统治方面实行善政，并且在帝国防卫上也鞠躬尽瘁死而后已的哲学家皇帝马可·奥勒留作为学习楷模的决心。普罗布斯继承皇位，并非因为他自己的精心谋划，完全是他手下士兵们自发推举的结果，而且这一决定也得到了其他防线将士们的赞成，最后成为罗马全军的一致决定。在得到元老院承认之后，普罗布斯成为罗马帝国名副其实的皇帝。

普罗布斯拥有十分强烈的责任感，也许这就是他将自己比作那位哲学家皇帝的原因吧。而且他从继位之初便和那位哲学家皇帝一样，表现出对元老院传统的尊重，在统治上与元老院共同合作。与独断专行的奥勒良相比，普罗布斯的这种态度也算是对元老院被军方夺走推举皇帝的主导权之后的一种慰藉吧。

罗马皇帝在即位之时，分为改名和不改名两种，从人性的角度来看这种现象十分耐人寻味。那些改名的人，认为自己的行为应该学习前辈，而不改名的人则认为自己的做法就足以统治帝国。奥勒良在继承皇位的时候，就一直保持着自己路奇乌斯·图密善·奥勒良的名字。 而普罗布斯登上皇帝宝座的3世纪末期，与哲学家皇帝统治时期的2世纪末期相比，罗马帝国内外的环境都发生了非常剧烈的变化。

不过，能够以先贤作为自己的榜样励精图治，可见普罗布斯也是一位优秀的领导者。我想这也是他能够在罗马帝国如此危急的状态下仍然统治了6年时间的主要原因。

普罗布斯也是在成为皇帝之后没有立刻回到首都罗马的皇帝之一。那些继位之后便急急忙忙地返回首都，在元老院中毕恭毕敬地接受元老院承认其身份的皇帝已经成为了过去。对于3世纪后半期的皇帝们来说，首都罗马的存在意义，仅仅是他们同蛮族和波斯战斗胜利之后举行凯旋仪式的场所而已。元老院只能承认军方选举出来的皇帝，所以他们也就没有专程前往首都罗马的必要。况且，对他们来说也没有在皇宫之中悠闲享受的时间。要是这个时候的罗马皇帝有机会看到好莱坞拍摄的那些关于罗马历史的电影的话，一定会愤愤不平地抱怨说“早知会遭到这样的误会，不如当初真的这么来一下试试”吧。

这就是3世纪后期罗马皇帝的实际情况。在叙利亚的安条克被推举为皇帝的普罗布斯，继承皇位后甚至没等元老院的承认便立刻动身开始履行皇帝的首要职责——帝国防卫。他成为皇帝之后的第一个战场便是遭到哥特人袭击的小亚细亚西部。只要有一位优秀的将领，罗马军队就能够发挥出极其强大的力量，罗马军队将前来进犯的哥特人一直赶到黑海北部，被哥特人掠走的财物和俘虏也全都被抢了回来。普罗布斯继任皇帝的第一年就这样过去了。当年冬天，他一直在博斯普鲁斯海峡监视北方的动向。公元277年春，蛮族大举入侵高卢境内，得知此消息的普罗布斯立刻动身前往多瑙河防线选调精锐组成对抗蛮族的军队。

普罗布斯

入侵高卢的蛮族没有像往常那样烧杀抢掠一番后逃之夭夭，而是在60多个城镇和乡村驻扎下来。在罗马帝国传统的方针中，高卢地区并没有常驻军团。因为高卢地区的防卫任务完全由莱茵河防线上的军团基地负责。具体说来，就是在莱茵河沿线的伯恩、克桑腾、斯特拉斯堡以及美因茨。而犹如大坝一样的莱茵河防线一旦被攻破，那么整个蛮族的入侵就如同泛滥的洪水肆虐高卢全境，一发而不可收。面临如此严重的事态，身为皇帝的普罗布斯之所以亲赴前线也是理所当然的。

对于以骑兵为主的蛮族军队，罗马方面也必须以骑兵应对。但是罗马军队拥有优秀的步兵传统。针对几乎占据了高卢一半区域的蛮族，普罗布斯采取先

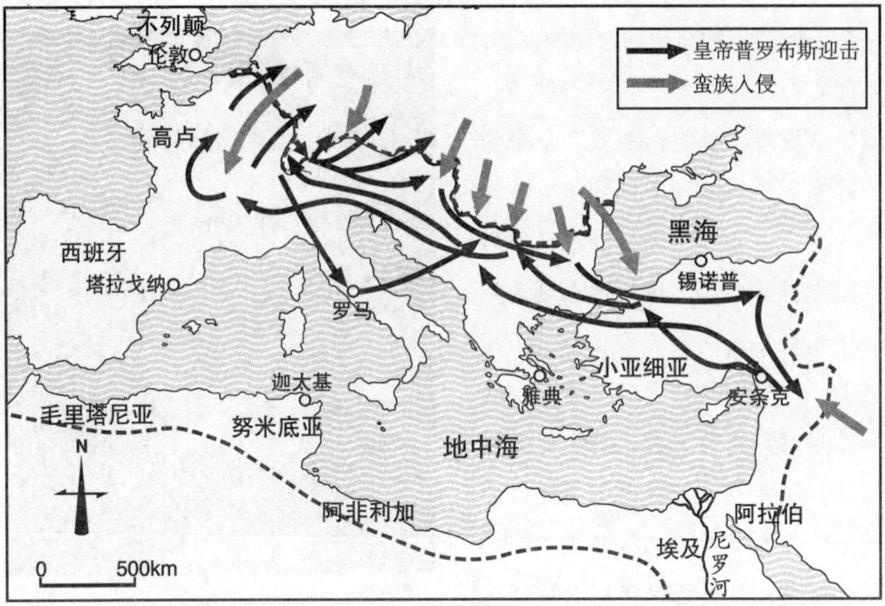

公元 3 世纪的皇帝普罗布斯统治时期（6 年间）的路线

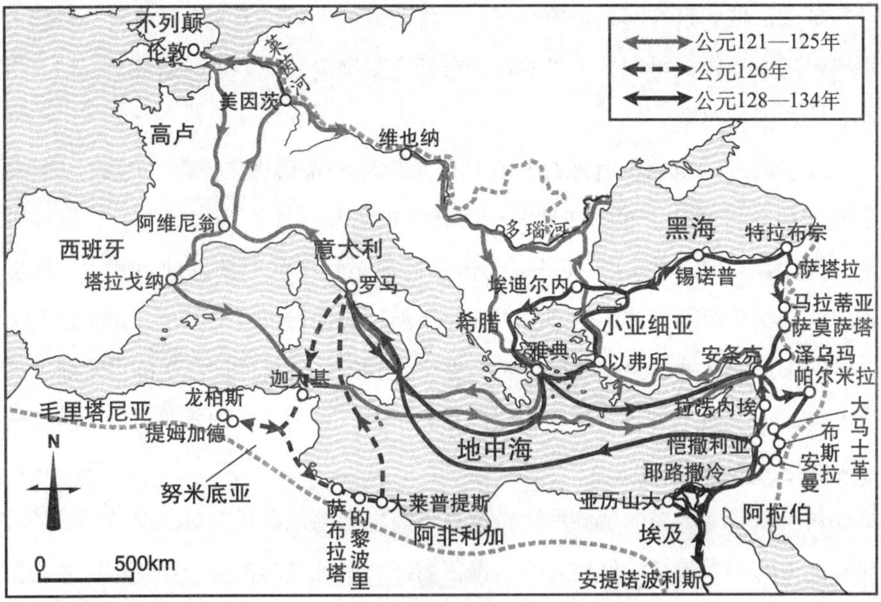

公元 2 世纪的皇帝哈德良统治时期（20 年间）的路线

用罗马骑兵击败蛮族部队，然后派出步兵团消灭敌方残余力量的战术。这样一来，在击退蛮族之后就可以立即让人民安心地在当地居住和生活。将军事行动所取得的成果立即在民事方面反映出来，这就是皇帝普罗布斯所特有的做法。

到公元278年夏季的时候，蛮族被彻底赶出高卢。但是普罗布斯也没有丝毫的懈怠，立刻命人搭桥越过莱茵河攻入对岸的蛮族领地。普罗布斯这种打出去的积极战术不仅限于莱茵河流域，位于莱茵河与多瑙河上游附近的日耳曼长城以及多瑙河中游地区都处于他这种战术的影响之下。在普罗布斯的领导下，罗马军队终于重新实现了久违的"以攻为守"。即便是在日耳曼民族中最为强大的法兰克人、阿拉曼人以及汪达尔人，在面对普罗布斯的时候都只能逃回森林和沼泽之中，遭到烧杀抢掠的变成了蛮族的村落。普罗布斯继任皇帝的第二年，就是这样度过的。

蛮族同化政策

但是皇帝普罗布斯并不满足于仅仅将敌人击败便就此撤军。罗马之所以如此强大，并且能够保持其长期霸权统治的最主要原因，就是罗马帝国坚持"胜而让步"的统治政策。

被俘虏的1.6万名日耳曼男性并没有被当做奴隶，而是被编入罗马军队。但是让他们单独组成一支军队的话显然过于危险，于是这些俘虏被分成许多由十几人组成的小队，分散安排在帝国边境的防线上。这样就不会出现危险。

但是，罗马军中的蛮族士兵没有引发的问题，却被那些罗马将军自己引发了。这种不幸事件也可以称得上是3世纪的特色之一，普罗布斯也不得不为镇压各地将军的叛乱而浪费了两年的时间。

叛乱主要集中在包括埃及在内的帝国东部，共有5处地方，虽然镇压这些叛乱并不需要太多的时间，但是这5处地方相互之间都有一定的距离。普罗布斯这两年中的大部分时间基本都浪费在来回的行军之上。

这些人的叛乱最后之所以都以失败告终，是因为总结起来他们有以下几个共同点：

第一，虽然在叛乱初期，他们都得到了自己手下官兵的支持，但是没有将这种支持保持下去。结果他们还没等被皇帝的军队镇压，就已经被反悔的部下推翻了。

第二，被妻子或者亲信唆使而叛变的情况出乎意料地多。这些人因为不够坚定，在军事行动上也会畏首畏尾，最终导致失败。

因为叛军要面对的是当权的皇帝，所以没有相当强的信心和行动力是很难成功的。像这样的大事竟然没有经过自己的深思熟虑，仅仅受人怂恿便轻易叛乱，这就是国家开始衰退的征兆。而经常因为这样毫无意义的事情浪费时间和精力，也是国家衰退的证明之一。

通过积极进攻的战术在对抗蛮族的战争中取得成功的皇帝普罗布斯，却在镇压国内叛乱上浪费了两年时间，这对他来说实在是非常痛心的事情。就在普罗布斯为了确立东方防线而准备远征波斯的时候，已经从之前的战斗中恢复过来的北方蛮族又再次进犯帝国西部，结果普罗布斯只能放弃东征计划奔赴西方战场。

公元 280 年以及 281 年，罗马帝国在莱茵河与多瑙河全线都展开了与入侵蛮族的战役。普罗布斯在战胜蛮族之后，允许他们移居到罗马帝国境内。蛮族也纷纷放弃了从前依靠袭击进行掠夺的方式，选择移居到帝国境内的土地之上。普罗布斯决定将 10 万人以上的蛮族安置在多瑙河南岸的广阔地区。关于皇帝普罗布斯对蛮族的同化政策，在当今史学界已经有了定论。但当时的人们有如下的看法：

> 蛮族是早晨刚和你签订合约、到晚上就能反悔的人。

罗马帝国在公元 1 世纪和 2 世纪时期更加重视对帝国的防卫，而当时与罗马帝国签订合约的国家与民族之所以能够遵守约定，是因为罗马在军事上拥有压倒性的优势。而3世纪的罗马帝国，已经不再拥有使对方完全遵守约定的军事力量了。

公元281年秋，普罗布斯首次以皇帝的身份踏上首都罗马的土地。他这次回到首都也是为了举行凯旋仪式，虽然他击败了入侵的蛮族，但是没有像奥勒良将帝国再次统一那样明显的丰功伟绩，而且也没有像芝诺比阿女王那样引人注目的“战利品”。所以他的这次凯旋仪式可以说并没有太多的华丽场面便结束了。

而普罗布斯在举行了对于罗马男人来说相当于最高荣誉的凯旋仪式之后，更加深刻地认识到身为皇帝的责任和义务。于是他打算将因为长期处于“被动挨打”局面下而荒废的土地重新变成耕地，并将其作为自己必须完成的责任之一。在他停留在首都罗马的这段时间里，表面上看好像是在为凯旋仪式作准备，可实际上他的大部分时间都花在安排埃及的行政长官修建灌溉工程，以及与高卢行省的总督们商讨河川利用的问题上。耕地的大量荒废以及城市人口的不断增加，已经发展到不得不进行处理的程度。

公元282年春，普罗布斯离开首都向北进发。虽然继续进行东征攻打波斯仍然是他的主要目的，不过在那之前，他希望将故乡希尔米乌姆恢复为曾经产出率极高的农耕地区。不过他之所以这么做并不是为了照顾自己的故乡，而是希望将这里作为一个榜样，为帝国的其他地区起一个带头作用。

不过这就需要士兵们放下武器拿起锄头，不情愿地投入农耕作业之中。而对于那些曾经深入敌境主动作战的士兵来说，如此繁重的农活使他们难以忍受。

同年8月末的一天，为了视察工程进展情况，皇帝普罗布斯登上专为视察而建造的高塔之上。因为工程动员了大量士兵，所以其中有几名士兵来到高塔下没有引起任何人的怀疑。但是接下来的一瞬间，视察用的高塔忽然倒塌下来。随后，装做赶去帮助皇帝的士兵用短剑将普罗布斯杀害了。

这次事件与将官没有任何的关系，一切都是士兵们自己的主意。皇帝马可·奥勒留·普罗布斯遇刺身亡时年仅50岁，在不辞辛劳地为罗马帝国奔波忙碌了6年之后，最终迎接他的竟然是如此悲惨的结局，实在是令人惋惜。

同时代的人，对于之前的奥勒良以及随后的普罗布斯的死，这样感慨道：

> 这两位皇帝的死，可以说是罗马帝国完全陷入命运捉弄的最好例证。

皇帝奥勒良的死与皇帝普罗布斯的死都说明了一件事，那就是当时统治者与被统治者之间的距离已经被极大地缩短。这些军人出身的皇帝，实际上就是实力至上主义的政策所导致的结果。这些没有接受过任何精英教育的人之所以能够登上皇帝的宝座，是因为对传统的统治阶级感到绝望的民众需要真正拥有实力的人出现。

但是实力至上主义的政策与人类社会的所有现象一样，既有利也有弊。实力至上主义会使昨天还和自己平起平坐的人，今天就变成对自己发号施令的人。要想接受这个现实需要拥有相当宽广的胸襟，不幸的是具备这种合理精神的人并不多见。同时，下层民众对于王侯将相这些一生下来就高高在上的阶级却拥有莫名的敬意。或许对于人类来说，更容易接受不合理的感性而不是合理的理性吧。

那么通过实力取得地位的人，面对习惯了不合理的感性的普通民众，要如何树立自己的威信呢？唯一的办法就是与人民群众保持距离。但是这个方法需要必不可少的时间。奥勒良的统治时期只有不到5年，普罗布斯也仅仅统治了6年时间，他们都没有树立威信的时间。如果他们能够像五贤帝那样，或者像后来拯救帝国于危难之中的戴克里先那样有20年的统治时间的话，结果又将如何呢？身为一名统治者，当面对一群容易被感性所左右的民众时是最困难的。因为他既要给民众以亲近感，又要保持距离感。

皇帝卡鲁斯（公元 282—283 年在位）

皇帝普罗布斯死后，军队对于皇帝的推举不再征求元老院的意见，因为普罗布斯的死并非因为军队对他的不信任。在杀害皇帝的士兵全都被判处死刑之后，这场不幸的事件便宣告结束。接下来最重要的事情就是尽快决定皇帝的继任人选。

在如同作战会议一样的气氛中，高官们一致决定推举皇帝的得力助手近卫军团长官卡鲁斯继承皇位。当时正在莱茵河附近的科隆训练新兵的卡鲁斯，在接到通知之后即刻赶到位于多瑙河岸边的希尔米乌姆接受皇位。

卡鲁斯在继承皇位之后将自己的名字改为马可·奥勒留·卡鲁斯。不过他改为这个名字的原因和普罗布斯不尽相同，后者是为了表明自己以著名的哲学家皇帝为榜样，而卡鲁斯则是为了表明自己是在军队中声望极高的先帝普罗布斯的继承人。因为前任皇帝普罗布斯的官方全名为马可·奥勒留·普罗布斯。不过，卡鲁斯唯一真正继承的只有姓名而已。

公元 282 年秋，军方的高官们为了决定继任皇帝的人选而聚集在希尔米乌姆，我想他们在这个时候一定也在讨论关于改变政策的话题。而他们讨论的话题，应该是围绕着与派遣士兵开垦荒地相比，是否更应该让他们在战场上发挥作用。普罗布斯原本正在进行东征波斯的准备，与此同时又动员士兵参与到开垦荒地的土木工程中来。虽然因为对此感到不满而杀害了普罗布斯的士兵只是极少数，但这也足以说明目前所存在的问题。高官们害怕这种情绪会蔓延到罗马全军，而新皇帝卡鲁斯也深有同感。

卡鲁斯

波斯战争（二）

罗马帝国要与波斯萨珊王朝开战的第一个理由是先帝普罗布斯已经对此开始了准备。第二个理由是因为波斯曾经俘虏皇帝瓦勒良，所以罗马军队要为曾经的屈辱一雪前耻。第三个理由是因为当时的波斯王国已经处于无法对罗马军队造成任何威胁的状态。

如果说波斯萨珊王朝的创建者阿尔达希尔是一只凶猛的狮子，那么他的继承人以俘虏罗马皇帝瓦勒良这一伟大战果而名留青史的枭雄沙普尔一世则是一只狡猾的狐狸。但是在这两人之后继位的波斯国王全都是一些泛泛之辈，统治者力量的衰退加之王朝内部的斗争，导致整个王国的实力一落千丈。幼发拉底河防线甚至与经过大幅强化之后的莱茵河防线和多瑙河防线相比都更为安全，这完全是因为位于防线对面的波斯王国战斗力低下所致。

士兵们在得知罗马帝国即将再次进行波斯战争之后，全都欢欣鼓舞起来。这不仅意味着他们能够从繁重的体力劳动中解放出来，同时东方对于他们来说也是遍地黄金的富裕之地。就好像日耳曼的蛮族每当听到意大利与高卢这两个名字的时候只会联想到堆积如山的金币银币一样。3 世纪末期的罗马士兵们在这一点上已经和蛮族毫无二致……

为了尽快转移士兵们的不满情绪，公元 282 年秋天，新皇帝卡鲁斯在继位不久便率领着罗马大军从多瑙河的前线基地出发朝东方进发。当时 58 岁的卡鲁斯将他 35 岁的长子卡里努斯立为共治皇帝，任命他负责西方的防守。同时将 31 岁的次子努梅里安也立为共治皇帝，与他一同东征波斯，父亲卡鲁斯率领第一军，次子努梅里安则率领第二军。

在公元 283 年春天开始的波斯战争中，越过幼发拉底河的罗马军队一直连战连胜。与其说罗马军队强大，不如说波斯方面的防御体系完全没有发挥作用。不过胜利就是胜利。一鼓作气的罗马军队首先将罗马帝国与波斯之间争夺的焦点——美索不达米亚北部地区重新光复。随后战火蔓延到位于幼发拉底河与底格里斯河之间的整个美索不达米亚平原，直逼波斯王国的首都泰西封。不过罗马军队在占领泰西封上并没有浪费多少时间和精力，因为波斯的王室和高官们早已弃城逃跑了。结果罗马军队只用了不到3个月的时间便占领了相当于现代伊拉克的美索不达米亚平原全部地区。

卡里努斯

在占领泰西封之后夏季才刚刚结束，距离冬季的休战期还有很长一段时间，于是罗马军队越过底格里斯河继续进军，打算将波斯势力彻底赶出美索不达米亚，赶回他们的发源地波斯，即现代伊朗西南部地区。

落雷

即便在沙漠地区也有落雷的情况发生，或者应该说发生在沙漠之中的落雷更加恐怖。这年夏末，就在罗马军队进入沙漠之后的某天夜里，落雷袭击了他们的营地。

一道非常骇人的落雷，伴随着巨大的轰鸣声划破夜空，照亮了整个地平线。当时的士兵们甚至忘记了自己正身处险境之中，全都惊讶地望向天空那耀眼的雷光。

事故就在此时发生了。因为皇帝的帐篷比其他的帐篷都更大更高，结果遭到落雷的直击。皇帝卡鲁斯当场毙命。

罗马军队一下子失去了全军最高司令官，本来应该由与卡鲁斯同行的次子努梅里安接替这个位置，但是这位年轻的将军完全无法胜任，于是罗马军队只能撤军。当时他们本打算先暂时撤回收复的美索不达米亚北部地区，但是在罗马军队北上的途中，又一件意外袭击了罗马军队。

当罗马军队抵达宿营地点的时候，一路上都坐在马车中的努梅里安却没有从车中走出来。周围的人满心狐疑地打开车门，却发现这位刚刚继位不久的皇帝死在了车里。

军方立刻开始追查皇帝离奇死亡的原因。人们怀疑的目光逐渐集中在努梅里安的岳父，唯一可以自由出入皇帝马车的阿普尔斯身上。但是阿普尔斯说有人以皇帝生病为由，不允许他接近皇帝的马车。结果这件事一下子变得复杂起来。

在皇帝努梅里安身边负责护卫任务的，是一名 38 岁的名叫狄奥克莱斯的队长。当时狄奥克莱斯忽然抽出腰间的宝剑将阿普尔斯刺死，为这起奇怪的事件画上了一个句号。

但是这个叫做狄奥克莱斯的男人深知自己一旦渡过卢比孔河，随后的事情就将一发而不可收拾。为了进行波斯战争而被动员起来的罗马军队被迫面临两个选择：一是追随西方的卡里努斯，另一个就是追随眼前的狄奥克莱斯。结果与其说军队认可狄奥克莱斯的能力，不如说卡里努斯在这一年的表现令人大失所望。但是如果军队选择狄奥克莱斯，那么也就意味着他们将同位于西方的皇帝卡里努斯之间展开内战。于是，狄奥克莱斯带领着罗马军队向西方进军。

不过公元 284 年并没有发生罗马军队之间自相残杀的悲惨事件。皇帝卡里努斯因为被自己的部下背叛而惨遭杀害，结果狄奥克莱斯就成为了唯一的皇帝。随后他将自己的名字改为更有罗马风格的“戴克里先”。罗马帝国又迎来了一位出生于多瑙河附近的皇帝。

努梅里安

戴克里先

虽然没有明确的证据表明努梅里安的死与戴克里先有直接的关系，但同样也没有明确的证据表明他与此毫无关系。

但是不管怎样，正是这位叫做戴克里先的皇帝带领着罗马帝国走进了一个崭新的时代。关于这段历史，我将在下一卷中为大家详细地加以介绍。先不管他所带来的变化对于罗马帝国来说是好事还是坏事，总之戴克里先很幸运地做到了他想做的事。而这一切都得益于他长达 21 年的统治时间，这么长的统治时间对于 3 世纪的皇帝来说是绝无仅有的。

3 世纪初到 4 世纪中期在位的皇帝

	在位时间	皇帝（在位时间·死因）	所在丛书卷数
73 年间共 22 位皇帝在位	211—217 年	卡拉卡拉（6 年·谋杀）	第十二卷
	218—218 年	马克里努斯（1 年·谋杀）	
	218—222 年	埃拉伽巴路斯（4 年·谋杀）	
	222—235 年	亚历山大·塞维鲁（13 年·谋杀）	
	235—238 年	马克西米努斯·色雷库斯（3 年·谋杀）	
	238 年	戈尔迪安一世（半个月·自杀）	
		戈尔迪安二世（半个月·战死）	
		普皮恩努斯（3 个月·谋杀）	
		巴尔比努斯（3 个月·谋杀）	
	238—244 年	戈尔迪安三世（6 年·谋杀）	
	244—249 年	阿拉伯人菲利普（5 年·自杀）	
	249—251 年	德基乌斯（2 年·死于与蛮族的战斗）	
	251—253 年	加卢斯（2 年·谋杀）	
	253—260 年	瓦勒良（7 年·被俘，死于狱中）	
	253—268 年	加里恩努斯（15 年·谋杀）	
	268—270 年	克劳狄乌斯二世（2 年·病死）	
	270—275 年	奥勒良（5 年·谋杀）	
	275—276 年	克劳狄乌斯·塔西佗（8 个月·病死）	
	276—282 年	普罗布斯（6 年·谋杀）	
	282—283 年	卡鲁斯（1 年·意外）	
	282—283 年	努梅里安（1 年·谋杀）	
	282—284 年	卡里努斯（2 年·谋杀）	
21 年	284—305 年	戴克里先	第十三卷
30 年	307—337 年	君士坦丁	

第三章　罗马帝国与基督教

从我在大学攻读西洋哲学的时候起，心中就一直抱持一个疑问。在这种情况下的“抱持”，意大利文是accarezzare，意思是“爱抚”。这个修辞法颇为有趣，总之，我长年“爱抚”的这个问题如下：

为什么基督教从耶稣基督之死开始直到被君士坦丁大帝定为国教为止，也就是说从创教开始到发展成为一个不可忽视的势力为止，经历了300年那么漫长的时间呢？

耶稣被钉死在十字架上发生在公元33年左右，君士坦丁大帝将基督教定为国教之时已经是公元313年。

这个疑问并不是在我年轻的时候自己产生的，而是因为某件事情使我引发的联想。

16世纪时，有一位日本人向当时来到日本的传教士提出了这样一个问题：

既然你所说的基督福音是唯一能够拯救世人灵魂的真理，那么为什么这个真理竟然过了这么多年才传到日本呢？

因为不知应该如何回答这个问题，传教士只好将其写进送给总部的报告中。当我看到这段记载的时候不由得笑了起来，因为我觉得这个问题很好回答，传教士只要这样说即可：因为信仰无法生出翅膀，所以只能通过对其深信不疑的人来亲口进行传教，而要这些人从地球的一端来到另外一端，需要花费很长的时间。不过想必这位传教士一定和我不同，在他看来宗教是一种信仰问题，而我却将宗教作为人类现象、社会现象以及历史现象来看待。

但是，罗马帝国与基督教之间的对立，无法仅仅用信仰问题来简单地解释。而且，即便是当时那个时代，从耶路撒冷到罗马之间的距离并没有多远，即便没有翅膀也可以很容易抵达。虽然罗马帝国是横跨欧、亚、非三大洲的庞大帝国，但从帝国的最西边到最东边，也远远没有达到横跨地球的程度。更何况在罗马帝国中还有遍及全国的道路网络。耶稣死后不到 30 年，基督教便已经传入了首都罗马，由此可见，基督教在罗马帝国的传播是十分迅速的。公元 64 年发生在罗马的那场大火，当时的皇帝尼禄将责任全都转嫁到基督教徒的身上，导致相当一部分基督教徒都在那场浩劫中殉教。实际上那场大火最初只是有人不小心所引发的火灾，结果因为风势猛烈，最后才演变成波及罗马全城的大灾难。受灾民众都将自己的愤怒发泄在当时的皇帝身上，感觉到必须将民众的仇恨转移给其他目标的尼禄，选择将基督教徒作为自己的替罪羊。

能够在这种情况下被当做牺牲品的，必须是平时就在首都罗马的社会中比较孤立，而且经常被其他民众投以不信任目光的群体。而符合上述条件的群体，如果其中所包含的人数太多的话也无法作为牺牲品。所以在当时就已经数以万计的居住在首都的犹太人，并不适合被作为牺牲的对象。根据史学家对当时处刑情景的描写，刑场似乎就是位于台伯河西岸的大竞技场，由此可见，牺牲者的人数不是数千人，也不是数十人，应该是几百人。公元 1 世纪时期首都罗马的居民数大概接近 100 万，其中有几百人因为这场火灾而被处刑，应该也算是足以轰动一时的大新闻了吧，也就是说这个数字是比较真实的。

不过在当时的首都罗马，还有耶稣生前亲自指定的继承人圣彼得，以及虽然没有与耶稣见过面，但确立了基督教初期基础的圣保罗这两个人。这两个人全都因为尼禄对基督教的迫害而在首都罗马殉教身亡。后来基督教在圣彼得殉教的地方建立了一座大教堂，命名为“圣彼得大教堂”，以此实现了耶稣当年对圣彼得的预言：“在你殉教的地方会建起一座教堂。”也就是说，仅仅在耶稣死后不到30年的时间里，基督教就已经从巴勒斯坦传到了帝国的首都罗马，并且还拥有了几百位信徒。就连当时身为教会头两把交椅的人物也出现在这里，不用说肯定是为了传教而来。当时圣保罗拥有罗马公民权，他是在行使了自己的上诉权之后被带往首都罗马的，但是在上诉中他仍然可以拥有自由，所以这一路上他都可以居住在信徒的家中，并且拥有与信徒们任意接触的自由。如果基督教的发展势头就这样保持下去的话，那么罗马帝国恐怕早就被基督教所侵占了吧。

但实际上基督教的发展并没有那么迅猛。像皇帝尼禄那样对基督教的迫害基本上只是一次偶然事件，在随后的很长一段时间里都没有再次发生针对基督教的镇压行动。不过基督教徒一直以来都迫切希望从犹太教中独立出去，而当时正是他们脱离犹太教的大好时机。犹太教徒对罗马帝国的叛乱因为公元70年耶路撒冷被攻陷而宣告失败，但是这时的基督教会和几乎可以称为其宗主的犹太教会之间保持着一定的距离，关于这一点也被后世的众多学者所证实。就连他们基督教徒在首都罗马的居住地，都从传统犹太人聚集的位于台伯河西岸的第14区，搬到了位于台伯河东岸、距离市中心比较远但相对地价也比较便宜的第12区和第13区。犹太教徒与基督教徒之间已经被清楚地画出了一道界线。同时这也说明基督教徒在罗马社会之中，已经成为比较引人注目的存在。

在罗马史上第一次出现“Christianus”（信仰基督的人）这个词，是著名的历史学家塔西佗关于皇帝尼禄虐杀基督教徒的记载，而这个词第二次出现，则是半个世纪之后皇帝图拉真统治时期。公元111年，被派往小亚细亚西北部比提尼亚行省出任总督的小普林尼向位于首都的皇帝图拉真请示应该如何解决基督教问题，皇帝图拉真专门为此回信则用上了这个词。

关于这封著名的书信，虽然我已经在《罗马人的故事9·贤君的世纪》中作过介绍，但还是让我们在这里重新作一简单的回顾。毕竟，图拉真所作出的决定，不仅影响到当时的政策，甚至从 2 世纪初直到 3 世纪末这接近 200 年的时间里，都是历代罗马皇帝解决基督教问题时的“基准”。

即便基督教徒是有罪之人，我们也不能像当年迫害基督教徒那样强行对其进行惩罚。只有遭到正式起诉并且承认自己身份的人才可以进行处罚。但是对于自愿放弃基督教信仰的人，只要他们能够对罗马诸神表示出明确的敬意，并且表现出足够的悔改之情，我们可以不追究他们的过去，免除他们的罪行。

另外，匿名的告发不具备法律效应。因为匿名告发这种行为，与我们这个时代的精神不符。

因为历史上的这些“记录”，都是写给对当时的情况十分了解的同时代的人看的，而并非专门面向我们这些后人的。所以我们在阅读这些记录的时候，必须了解一些当时的相关情况。

在罗马人看来，因为基督教徒心中没有对罗马帝国的责任感，也没有尽到其身为国民的义务，所以并不属于他们国家的一员。而对基督教徒来说，正如圣保罗在《使徒行传》中所写的那样，他们认为罗马帝国是邪恶和堕落的社会，因此自己没有为这样的国家承担责任的义务。只有在罗马帝国灭亡之后出现的“神之国”才是属于他们的“国家”。不过，他们并没有采取恐怖行动来加速罗马帝国的灭亡。只是通过逃避公职和兵役来消极地抵抗罗马帝国对他们的统治。

但是对于将罗马帝国全体看做是一个大家庭，并且将居住在国境之内的所有人都看做是命运共同体的历代罗马皇帝来说，基督教徒的这种做法是明显的叛国行为。所以说基督教徒的“罪”并不是他们的信仰，而在于他们通过这种信仰组成了一个反对国家的组织。图拉真所说的“有罪之人”指的就是这个意思。

虽然犹太教徒也因为逃避公职和兵役而在罗马社会中遭到孤立，但是除了建立以犹太教为主的神权国家之外，罗马人承认这些犹太教徒的其他一切权利。就算他们不肯参加公职也不肯参军都没有关系。这是因为在公元70年犹太教徒的叛乱被镇压以后，罗马帝国开始向犹太人课以重税。原本全世界的犹太教徒都要向位于耶路撒冷的大神殿供奉金钱，但是在公元70年以后，罗马人以大神殿被火烧毁为由，将供奉金的收纳地点更改为位于首都罗马的朱庇特神殿。所以虽然犹太人从不参与罗马帝国的公职和兵役，但是至少他们缴纳的税金能够作为相应的代价被罗马人所接受。与之相比，基督教徒却是既没有履行公民的职责，也没有缴纳相应的税金。

从图拉真能够说出“不强行进行惩罚”这一点上来看，说明这位皇帝虽然是行省出身，却拥有罗马人传统的宗教观。虽然罗马人不干涉每个人信仰的自由，但是作为一个多民族国家，还是希望国民能够参加象征着罗马精神的“罗马诸神”的祭祀活动。不过信仰毕竟只是个人的问题，即便有人的信仰与国家的信仰正好相反，但只要不做出任何反对国家的行动，那么也不会对其强行进行惩罚。因此所谓的“弃教者”，与其说是放弃了自己的信仰，不如说是建立起罗马的宗教观，并且站在这个立场上重新审视自己之前的信仰。

古代就是这种意义上的多神教世界，因此对于其他神灵一概不予承认的犹太教，在古代人眼中看来属于异端分子。历史学家塔西佗对此的评价是：“并非信仰，实为迷信。”基督教正是脱胎于被如此评价的犹太教，同样属于一神教。所以，站在基督教徒的立场上来看，完全无法接受罗马的宗教观，自然也不可能将自己的信仰与其他宗教信仰排列在一起。

关于基督教徒必须有正式的起诉这一点，对现在的国家来说，只要接到起诉必须进行相应的调查已经成为司法的义务，至于能否立案则是之后的问题。因此图拉真的态度体现的是创立法律体系的罗马人的法律观念。其中最能够表现这一点的当属“匿名的告发不具备法律效应”这一条。正因为如此，图拉真的这条规定才能够被罗马帝国作为对待基督教徒的法律沿用了200年之久。

但是，在图拉真去世100多年之后的公元3世纪，却有一位基督教的神甫对他的这条法令提出了异议，这个人就是出身于北非行省首府迦太基的特土良。特土良是一位百人队队长的儿子，青年时便已经皈依基督教，他在其著作《护教学》（*Apologeticum*）中这样写道：

> 这（指图拉真的法令）是一种模棱两可的表现方式。一边说不要迫害基督教徒，一边鼓励查明有罪就进行惩罚。一边说不要强行进行惩罚，一边鼓励对他们进行迫害。一边说不要在意基督教徒的存在，一边鼓励将其杀害。这是法律吗？只是自欺欺人的自我安慰。
>
> 如果他真的认为基督教徒是反社会的存在，那么为什么不将我们全都抓起来呢，根本不用理会什么匿名不匿名的起诉？反之，如果他认为没有那种必要的话，又为什么不肯承认所有的基督教徒都是无罪的呢？
>
> 至于在罪名之中最严重的叛国罪，罗马帝国特意在各个行省都配置了专门的审判官，不仅审讯犯人，还要找到他的同犯和证人。只有对基督教徒，他们认为自己主动去审讯是不合法的，但是如果有人起诉的话，接受起诉对基督教徒进行审讯却变成了合法的。也就是说，关于基督教徒是否有罪，完全凭借起诉的那个人来进行判断吗？

从道理上来说，特土良是正确的。图拉真的法令在道理上说不通。

但是人类社会不管在道理上还是在法制上，有时候就是无法面面俱到。为了约束聚集在一起的各种各样的人群，罗马人创造了法律。同时他们也认为虽然信仰何种宗教是个人的自由，但是在大家都在一起的时候，还是应该共同祭拜大多数人都信仰的那个神灵。所以才采用了这种“模棱两可”的方法。

换句话说，法律就好像是齿轮。而像这样模棱两可、能够随机应变的方法，就像是使许多齿轮在一起共同转动时必不可少的润滑油。更何况在图拉真统治时期的五贤帝时代，因为当时的基督教徒数量十分稀少，所以这条针对基督教徒的法律也没有过于严谨的必要。

而且，对于如此复杂的人类世界来说，就算真的按照一神教的思维模式将神所赐予的法律作为整个世界的法律，那样就能够真正实现人类的信仰自由了吗？在这一点上，我和特土良之间一定会产生分歧吧。所以说“罗马帝国与基督教”之间的问题，在于双方思维模式的差异，也就是文明的差异所导致的问题，绝对不是能够通过起诉与审判得到解决的问题。

到了公元3世纪，就在双方针对这个问题争论不休的时候，基督教徒的人数出现了大幅度的增长。正如我在前文中曾经说过的那样，即使在3世纪，罗马帝国对基督教的镇压并没有形成多大的规模，而且镇压的政策也由于皇帝的不断更换而缺乏连续性，导致无法彻底地进行下去。

那么，这是导致基督教徒数量不断增加的原因吗？

或者说，不管罗马帝国是否对基督教徒进行镇压，基督教徒都会持续增加，那么这究竟是什么原因造成的呢？

在罗马皇帝中，对基督教镇压最为彻底的当属公元4世纪初期的皇帝戴克里先。关于这位皇帝的事迹我将在下一卷为大家作详细的讲解，不过他之所以对基督教进行如此彻底的镇压，是因为当时罗马帝国境内的基督教已经发展成为仅仅依靠“模棱两可”的法规完全无法抑制的强大势力。为了更好地了解究竟是什么原因导致基督教变得如此强大，我们首先要将本书中关于罗马帝国“3世纪危机”的背景牢牢地记在脑子里。

接着，我们需要研究两位罗马史权威对此的意见。这两个人就是吉本和多兹，他们分别著有以下两本著作：

Edward Gibbon, *The History of the Decline and Fall of the Roman Empire*, 1776-1788

Eric R. Doddos, *Pagan and Chistian in an Age of Anxiety*, Cambridge University Press, 1965

之所以选择这两个人，是因为他们都同为英国人，更加方便我们进行比较，而更重要的一点在于，他们是为数不多的对基督教在罗马帝国崛起原因进行分析的研究者。

为了表示对至今仍有深远影响的吉本的敬意，让我们先从他开始，作为启蒙主义时代史学家的著名代表，他举出了以下5条主要原因：

（一）坚持一神教。基督教徒对于这件事的执着程度可以用“固执”来形容。虽然他们的这种强硬态度是受到犹太教的影响，但也是犹太教徒不接受基督教徒的原因之一，因为过于强硬的态度最终会导致其群体与社会产生脱节。

（二）相信灵魂不灭，宣扬有来生的教理。这一教理之所以会成为增加信徒的强力武器，与罗马帝国（公元3世纪）摇摇欲坠的状况有关，当时的罗马人全都处于茫然和恐慌的状态之中。

（三）基督教初期的领导者所创造的众多奇迹。

（四）人们皈依基督教之后极端禁欲的生活方式。

（五）以团结和有组织著称的基督教徒之间的联系，随着时代的不断进步而逐渐组成一个独立的社会群体，基督教徒的社会在罗马帝国内部形成一个国中国。

在200年之后同样提出这一问题的多兹教授，将基督教势力崛起的因素归结为以下四项：

(1) 基督教特有的绝对的排他性。

基督教宣称除了基督教之外没有任何使灵魂得到救赎的可能，虽然这一理论在现在看来或许并不是无懈可击，但在当时那个充满了动荡和不安的年代，给人们提供了生存下去的勇气和力量。

希腊罗马时代被认为是理所当然的多神教观点，给当时的人们提供了许多获得救赎的办法。诸多神灵共存于罗马世界，无数祭祀活动泛滥成灾。过于自由的选择，也是使很多人产生不安的原因。

但是基督教将这种不安一扫而光，将人们从为数众多的选择中解放了出来。既然得到救赎的道路只有一条，那么人们也就没有其他的选择，自然也不会再有不安和困惑。

其他宗教对基督教的批判大多集中在其强烈的排他性上。但是对于生活在充满不安的时代的人们来说，与宽容自由的信仰相比，一个不宽容的全体主义信仰具有更强的吸引力。

(2) 基督教的大门面向任何人敞开。

基督教对于社会各阶层全都一视同仁。不管是农民、奴隶还是被流放者，甚至罪犯，基督教全都毫不排斥地接受下来。即便在进入3世纪之后教会逐渐组织化，形成了专门的神职人员阶层，但是晋升主要看重的还是个人能力而非出身。

特别需要说明的一点是，基督教世界在最初与新柏拉图主义的哲学世界完全不同，并不重视学历与教养的高低。从2世纪到3世纪末期，构成基督教群体的主要成员，大部分来自社会的最底层。

(3) 成功给予信徒以希望。对于生活在3世纪的罗马人来说，现世就像是含银量一路下跌的银币一样，生为罗马人的魅力也在不断地减少。而与这个不甚如意的现世相比，基督教的来生说就显示出非常动人的光辉。

当时的罗马人中也有不赞成这种逃避现实思想的人，他们称基督教徒为行尸走肉。但是在当时的那个时代，“行尸走肉”的数量在不断地增加。由此可见，越来越多的罗马人，不管是有意还是无意，都对死亡感觉到无法抗拒的魅力。这也是导致他们加入基督教的原因之一。

(4) 皈依基督教，也会给他们的现实生活带来利益。

基督教与其他宗教组织相比，具有更强的凝聚力。基督教徒们不只在进行宗教仪式的时候才聚集在一起，他们可以说从思维方式到生活方式全都保持着惊人的一致。正如坚决反对基督教的凯尔西斯所说的那样，对罗马帝国来说这一点正是基督教最危险的地方。

当基督教徒遭遇不幸的时候，其他教徒会毫不犹豫地对其提供物质上的援助。相互扶持正是这个集团最为重要的职责，而罗马方面也承认基督教这种具有积极意义的运营模式。

当然，对有困难的人伸出援手其实并不仅仅是基督教的美德。但是在3世纪时期的罗马帝国，罗马人的社会奉献精神日趋淡薄，这时出现的基督教，刚好比其他宗教在这方面的表现都更加积极，于是也吸引了很多人加入。

基督教会可以为信徒们提供一切生存上的基本保障。他们帮助生活贫困的寡妇，照顾无人认养的孤儿，并且向老人和失业者以及其他各种与社会脱节的人伸出援手。他们会为潦倒而死的人举办葬礼，甚至在疫病爆发的时候肩负起医院的职责。

基督教会对3世纪的罗马人所造成的影响最成功的一点在于，他使很多罗马人对其产生了严重的依赖心理，甚至达到离开了基督教便很难继续活下去的程度。

人类最痛苦的事莫过于无依无靠的孤独感。

被入侵的蛮族破坏了家园，不得不背井离乡逃往城市中难民。

因为与蛮族的战争导致耕地荒废，无法继续耕种只能前往城市寻找其他出路的农民。

服役期满退役之后却因为蛮族的肆虐而无法像从前那样在军团基地附近进行耕种，同时又没有朋友和家人，只能到城市里流浪的老兵。

因为通货膨胀和通货紧缩同时存在，导致无法继续进行投资的小资产者。

获得自由之后，却没有任何生活基础的奴隶。

这些人在加入基督教之后，立刻重新感受到了人间的温暖，使他们感觉到自己的今生与来世全都有人关心和照料。

这就是基督教徒在城市中比在乡村中增加更为迅猛的主要原因。同时，在那些大城市之中，比如首都罗马、安条克以及亚历山大港，基督教徒的数量增加得更为迅速。

以上就是这两位专家各自的见解。我之所以用了更多的篇幅去介绍多兹教授的见解，是因为吉本的见解已经在其著作的第15章与第16章进行了详细的描述，我在这里仅仅是作了总结。另外，吉本的著作在很久以前便有日文译本，而且直到如今仍然在持续出版，所以关于这两章的内容大家有兴趣的话可以亲自去看一看。

横亘在这两人之间长达200年的时间，也是不可忽视的因素。我之所以在现代为数众多的研究学者中选择多兹，是因为在他所列举的事例中，我对（4）产生了强烈的共鸣。而且，他生活的时代与现在也已经相隔了半个世纪。因为失去归属心而烦恼的人，现在一定还在不断地增加。至于社会贫富差距不断扩大的问题，在吉本的时代想必是不用考虑的吧。

不过即便相隔了200余年，这两个人的见解中仍然有诸多共同点。我将他们两人的共同点简单归纳为一张图例。

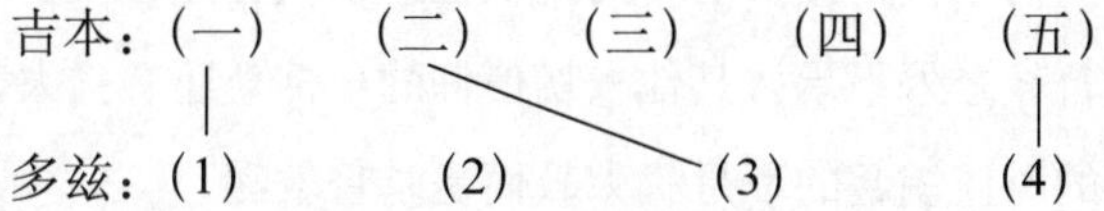

通过这张图例我们可以看出，吉本没提到的只有多兹的（2），即基督教的大门面向任何人敞开，并且在组织内部没有阶级差异。吉本之所以没认识到这一点，是因为他当时正身处大英帝国的鼎盛时期，而且因为其本人也是属于当时的精英阶级，所以对于自己的身份拥有绝对的自信。他一定也将自己看做在罗马时代拥有罗马公民权的罗马精英阶级，因此才将向全体行省居民授予罗马公民权的“安东尼努斯敕令”批判为过度开放的政治路线。

不过，被多兹完全忽视的吉木见解之中的（三）和（四），我认为恰恰说到了关键之处。

首先是关于奇迹的（三），奇迹是人民群众喜闻乐见的东西，因为他能够使人产生期待，即便现在没有出现，将来总有一天一定会出现。而且奇迹能为基督教灵魂救赎的教义增添神秘的色彩。正因为有许多对奇迹的描写，耶稣的故事才能够吸引世界上那么多并非基督教徒的人去阅读，否则的话，《圣经》

恐怕只会是基督教徒们自己的读物吧。虽然我个人完全不相信什么奇迹之类的事情，但是我能够理解奇迹会给人的心灵带来温暖和希望的力量。这就是直到21世纪的今天仍然有很多人相信奇迹的原因。

至于吉本提到的（四），关于基督教徒极端的禁欲主义生活方式，我认为这是一种含蓄的指责。与单纯的思想相比，端正的品行更能够影响别人与他的思想产生共鸣。一个人格高尚、品行端正的人所说出的话，更容易使别人信服。即便是同样的思想，因为说出这句话的人不同，其所产生的影响也不一样。

由此可见，吉本列举出的五点与多兹列举出的四点，全都是导致基督教势力在罗马帝国崛起的主要原因。

另外，在承认以上观点的同时，算不上什么专家的我也想补充一些自己的看法。

如果说在动荡不安的年代，拥有绝对的排他性的宗教更能够显示出强大实力的话，那么除了基督教之外不承认其他一切信仰的一神教还有犹太教。可是为什么在公元3世纪的时候崛起的不是犹太教而是基督教呢？

我认为基督教虽然坚决不承认其他的信仰，在一神教的立场上毫不让步，但是在其他许多方面还是对罗马帝国保持着相当程度的妥协。或许是因为看到在各个方面都毫不让步，与罗马帝国进行正面对抗并最终被消灭的犹太国家的下场，才使得基督教采取了如此灵活的态度。于是在犹太教与罗马帝国发生正面冲突的时候，基督教却在罗马帝国内部缓慢地进行渗透。那么，基督教到底是怎么做的呢？

我认为基督教势力崛起的原因，并不是罗马帝国主动接近基督教，而是基督教主动接近罗马帝国。我之所以会有这种推论，是因为以下四个方面：

（一）偶像崇拜。

（二）割礼。

（三）帝国的公职和军务。

（四）灰色地带。

首先，关于偶像崇拜，这在犹太教中是被明令禁止的，但是基督教承认这种行为。不过，就像圣保罗禁止的那样，古代的基督教也不允许偶像崇拜，只是到了中世纪时期才得到教会的承认。罗马时代基督教徒的集会场所墙壁上偶尔会看到拙劣的耶稣画像，大概是因为当时的基督教徒大多为犹太人，所以偶像崇拜的行为无法得到公认吧。但即便如此，他们的这种行为还是得到了教会方面的默许。因为圣保罗只是禁止“人类使用金、银以及大理石等雕刻神像”，所以在墙上画像并不在这个范围之内。

虽然这是没有得到正式承认的行为，但是其所产生的效果非常巨大。因为人类非常渴望见到自己崇拜之人的样子，而且早期的基督教徒所生活的世界，到处都充满了希腊罗马健美的神像。常年接触这些的信徒，当然也非常希望能够见到耶稣的样子。我认为对基督教的胜利作出最大贡献的，就是对神和圣人的偶像崇拜。如果基督教和犹太教一样严禁这种行为的话，那么基督教恐怕无法为后世留下如此灿烂的文化，而且这种文化将庄严而神圣的教义用通俗易懂的方式传达出来，将神与人类非常完美地联系在一起。

第二项是割礼，在词典上的解释是切除男子阴茎包皮的宗教惯例。这是犹太教徒与神结成契约的证明，一般在出生以后的第 28 天行割礼。不过对婴儿还好说，如果是对成年男子进行割礼，那么一定会伴随着剧烈的疼痛和大量的流血。因为犹太教徒不热衷于向其他民族传道布教，所以接受割礼的对象一般都是犹太人自己的婴儿。但是对于不问民族与人种，对任何人都一视同仁的基督教来说，接受割礼的对象则无法限定在婴儿的范畴。

在《使徒行传》中，有关于罗马军中一位叫做科尔尼的百人队队长皈依基督教的记载。但是这位在公元 1 世纪中期便拥有罗马公民权的男人并没有接受割礼。也就是说，虽然早期的基督教会的使徒们都是割礼主义者，但是这件事要实行起来是非常困难的。毕竟，基督教对于那些完全没有割礼习惯的人仍然敞开大门。当然，后来加入基督教的人基本上都是成年人。为了适应这种情况，割礼的习惯实际上已经等同于消失。

对于生活在罗马时代的人们来说，不必进行割礼所产生的效果十分明显。罗马人从一开始就非常厌恶割礼这种习俗。他们之所以讨厌犹太民族，很大一部分原因就是不赞成他们的割礼。皇帝哈德良甚至在政治上推出了一项政策，在严禁犹太教徒进行割礼的同时，还将割礼作为一种对犯罪者的惩罚措施，为的是将割礼所代表的意义贬低下去。

因此，当罗马人得知这种本来就不被他们所接受，而且还伴随着剧烈痛苦的割礼习俗，基督教并不强行要求的时候，心里一定长出了一口气吧。

割礼虽然可以免除，但是入教仪式还是必不可少的。因为希腊罗马的宗教都没有入教仪式，因此基督教更加需要一个独具特色的入教仪式，而且对于人类来说，在免除一项内容的同时，往往会寻找另外一项内容来取代它。

于是基督教在免除了割礼之后，将洗礼作为自己的入教仪式。不得不说，想出这个办法的人真是个天才。洗礼不必像割礼那样伤害自己，也不必像其他一神教那样，通过宰杀牲畜来举行入教仪式。基督教的入教仪式只要在头上点一滴清水，给人一种朴素无邪的庄严感觉，而且还是一种非常经济的方法。同时这种方式也使得基督教的门槛变得更低，更加容易被普通民众所接受。

关于第三点，基督教对帝国的公职和军务的看法，圣保罗曾经说过这样的话：

> 正如组成人类身体的各个部分都有其各自的功能一样，我们基督教徒也可以通过各种各样的方式作出自己的贡献。因为每一个人所拥有的能力不同，所以擅长行政的人可以做行政官，擅长授课的人可以做教师，擅长辩论的人可以做律师。

这就好比说基督教徒也可以从事罗马帝国的公职。另外，在人类社会之中，如果没有统治阶级就无法充分地运作。针对于此，圣保罗这样说道：

每个人都应服从上级的领导。虽然我们除了神之外不承认其他任何的权威，但是在现实世界中存在的统治者，都是因为神的旨意才成为统治者的。我们服从他们的统治，实际上就是服从凌驾于现世所有统治者之上的、至高无上的神的旨意。

这样一来，基督教对罗马帝国的统治就不会有任何的影响，与完全不承认罗马帝国权威的犹太教相比，基督教的这种灵活性实在是令人惊叹。另外，基督教在承认君权神授的基础上，还能够接受权力世袭，我想这才是统治阶级能够容忍基督教的最主要因素吧。

那么基督教对于军务的看法又是如何呢？在我调查史料之后发现，基督教从确立起，就从来没有发表过任何与军务势不两立的声明。不仅如此，当士兵从犹太教改信基督教的时候，施洗者约翰对这些身为犹太国王士兵的基督教徒这样说道：

满足于国王支付给你们的军饷。即便在军事行动中也不要过于残暴，更不能通过伤害同伴来实现自己升迁的目的。

不管是《新约圣经》还是《使徒行传》，都没有专门针对罗马士兵的批判。不仅如此，罗马士兵规律的生活习惯还成为基督教徒学习的榜样。

总之，在基督教看来，公元1世纪时基督教的教义与在罗马军团服役之间是没有任何冲突的。但是之所以基督教势力没能渗透进罗马军团之中，是因为当时的罗马帝国正处于兴盛期，士兵们都以自己身为罗马公民而骄傲，对其他的信仰没有丝毫的兴趣。同时，他们都将保护“罗马统治下的和平”作为自己的使命。

即便在罗马帝国进入安定期的公元2世纪，基督教势力依然没有渗透进帝国公职和军务之中的迹象。但造成这种现象的原因完全出在教会方面。

公元 1 世纪，准确地说是自从公元 70 年耶路撒冷被攻陷之后便开始与犹太教划清界限的基督教，也从内部开始产生了分裂。围绕着这次的分裂发生了一系列的事件，但一般来说一个组织之所以会产生分裂，都是满足于现状的稳健派与主张快速发展的激进派之间的斗争。公元 2 世纪时期的基督教也不例外。

稳健派主张遵守圣保罗制定的方针，而激进派则主张积极加入罗马帝国的公职和军务。这些激进派大肆扩张的时期，正是皇帝马可·奥勒留统治时期。连这位以治世贤明著称的哲学家皇帝都对基督教徒进行了镇压，就是因为当时的基督教势力已经表现出越来越强的与罗马帝国对立的姿态。前文中出现过的对皇帝图拉真的法令提出异议的特土良，就是激进派的一员。

即便在五贤帝时代的公元 2 世纪，罗马军中大概也有信仰基督教的士兵。不过这些人数量一定不多，并且和同样身为一神教并且在罗马军中拥有大量信徒的密特拉教的教徒一样，在作为帝国国教的罗马诸神与自己信仰的基督之间，采取了一个折中的态度。因为罗马人认为个人的信仰是每个人的自由，五贤帝在这一点上也显示出非常典型的罗马统治者的特点。

密特拉教在罗马大竞技场南部圣克莱门特教堂地下遗留有一个集会所，与其说是宗教，不如说更像是一个结社。虽然不是秘密结社，但是仍然选择在地下狭小的地方进行集会，由此可见他们非常重视相互之间的团结。他们使用被宰杀的牛流出的鲜血来进行入教仪式，这种凶残的表现形式使得密特拉教在士兵群体中很受欢迎。不过反过来说，这种血腥的做法也妨碍了密特拉教在女人和小孩之间广泛传播。之所以选择在地下深处进行集会，大概是为了掩盖杀牛之后所流出的大量鲜血吧。在圣克莱门特教堂的地下遗迹中，至今依然能够听到罗马时期遗留下来的排水系统所发出的声音。

基督教会内部稳健派与激进派的斗争，终于在公元 3 世纪后期以稳健派的全面胜利告终。据说由于德基乌斯与瓦勒良这两位皇帝对基督教进行的镇压，导致激进派的指导者阶级全军覆没，是稳健派取得最终胜利的主要原因。不过即便在这个时期，罗马帝国对基督教的镇压仍然没有对军团内部进行任何的处

密特拉教的集会所（圣克莱门特教堂地下）

理。从皇帝瓦勒良被波斯国王俘虏的公元260年开始，直到皇帝戴克里先对基督教进行大规模镇压为止的43年间，由于罗马皇帝们一直忙于应对蛮族的入侵，使得基督教徒们得以安稳地度过这段岁月。

皇帝戴克里先对基督教的镇压，首先从罗马军队开始。他流放了罗马军队中所有信仰基督教的士兵，这位将罗马帝国从3世纪的迷途中拯救出来的皇帝，不可能做出将罗马军队彻底瓦解的举动。由此可见，即便他将所有信仰基督教的士兵全部流放，罗马军队仍然保持着原本的作用。

但是表面上的数字不能完全代表一切。研究者们一致认为，在君士坦丁大帝正式承认基督教之前，即便在叙利亚的大城市安条克，基督教徒的数量也只有当地居民的5%。虽然5%这个比例并不大，但关键的问题在于另外的那95%处于怎样的一种状态呢？况且即便20个人里面只有1个人，那么要是这些人全都团结起来的话会产生多么强大的力量呢？所以关键的问题并不在于数字。

关于基督教势力崛起的第四点原因“灰色地带”，可以看做是我前三点推论的总结。我认为罗马帝国与基督教之间并没有一个黑白分明的界线，而是中间存在着一个十分宽广的灰色地带。

当人类从白一下子转向黑的时候，会因为踌躇的心理而犹豫不前。因为要想跨过这道明确的界线，需要很大的勇气和决心。不过如果从白色转移到无限接近于白色的浅灰色则没有那么困难，随着这个浅灰色不断地加深，终于在连自己都没感觉到的时候完全变成了黑色。于是从白到黑的转变所具有的抵触感也会变得非常微弱。

3 世纪的罗马帝国与基督教之间的关系，就和上述这种情况十分相似。相反，罗马帝国与犹太教之间，却没有这个灰色地带，而是完全的白与黑的对立关系。

正是由于初期基督教的指导者所拥有的令人惊叹的灵活性，才使得基督教与罗马帝国之间出现了这样一个灰色地带。这样在产生变化的时候才不会出现任何的不良反应，而且就算变化也是潜移默化的。一般来说，一神教在否认其他宗教的同时也否认了信仰该宗教的人，这在以多神教为主的古代世界来说是完全无法理解且无法想象的。但有趣的是，这一点直到基督教统治整个欧洲长达千年之后的中世纪文艺复兴时期才被西欧人发现。

每当我读到罗马时期的知识分子关于基督教的著作时都会产生一种异常沉痛的感觉，那就是这些人谁也没有理解基督教属于一神教的本质。没有一个人提出关于一神教与多神教之间的区别。但实际上这也是情有可原的，因为在古代人的心目中任何信仰的神灵都是可以共同存在的。

但是这种观念，对于对抗基督教势力崛起的罗马时期的知识分子来说，却等于剥夺了他们进行论战的武器。也就是说，他们只能围绕着灵魂救赎的问题展开讨论，换句话说，就相当于站在敌人的主场上与对方进行战斗。于是，因为希腊罗马诸神没有拯救人类灵魂的责任，他们只能求助于哲学来解释这些问题。

在皇帝马可·奥勒留的著作《沉思录》中有这样一段话：

> 当灵魂即将离开肉体的那一刻，如果我们能够平静地接受这个现实的话，那将是多么伟大的事情啊。但是，这种心理上的准备，只有凭借我们人类自由的理智才能够实现。而不像基督教徒那样，通过僵硬的信仰来寻求救赎。

这就是被称为哲学家的皇帝，毫无保留的真情流露。我也十分赞成他的这一观点，只要能够平静地接受死亡，那么对于一切都无所畏惧。但是要做到这一点，需要极其强韧的精神力量。对于生活在3世纪那个充满动荡不安年代的普通人来说，能够做到这一点的又有多少呢？况且就连这位哲学家皇帝自己，也对他所信仰的斯多葛哲学不够坚定，甚至还进行过依洛西斯秘密仪式。

所谓依洛西斯秘密仪式，是在多神教的希腊自古以来便存在的一种祭祀活动。因为祭祀的地点在距离雅典西北部20公里处的依洛西斯，所以被称为依洛西斯秘密仪式。这项仪式所祭祀的主神是宙斯的妹妹大地女神德墨忒尔。关于这项秘密仪式如何举行，现在已经无从考证，但是据说信仰这个仪式的人将会得到死后的平安和灵魂的救赎。虽然皇帝哈德良参加过这个秘密仪式，但是他仅仅是出于对希腊文化的热爱，而并非为了追求死后灵魂的平安。至于马可·奥勒留的动机就很明显了。毕竟，他不是那种会为了其他的目的而做出这种事情的人。

依洛西斯秘密仪式一般在夜晚的神秘气氛中举行，与3世纪在地中海世界广泛传播的新柏拉图主义哲学一样，都具有逃避现实的倾向。我认为正是这种倾向，使得马可·奥勒留之后的罗马帝国的知识分子全都陷入了认知危机。

罗马帝国的知识分子，曾经拥有非常坚定的现实主义世界观。

出生于公元前1世纪的诗人贺拉斯曾经在一次聚会中说过这样一句话："虽然罗马征服了希腊，在文化上却被希腊所征服。"当时在座的所有人都纷纷表示赞同，就连开国皇帝奥古斯都也对此深表同感地说道："确实如此。"因此，罗马人将哲学、艺术和科学全都交给擅长这些的希腊人去做，自己则专心搞好现实生活必不可少的安全保障、法律、政治、基础设施建设以及粮食问题。著有《博物学大全》（*Naturalis Historia*）的老普林尼曾经自豪地说道，虽然金字塔的雄伟程度令人叹为观止，但那毕竟只是为了一位失去的法老所建造的。而我们罗马人，却要为尽可能多的活着的人创造这样的奇迹。

那个时代的罗马人根本没有什么认知危机。要问他们为什么而活着，他们一定会非常自豪而且毫不犹豫地对此作出回答。但是到了公元3世纪，罗马人却无法回答了。即便为了寻求答案而投入新柏拉图主义哲学的怀抱，也只有少数的知识分子能够从中得到解脱，至于其他许许多多的普通民众则仍然陷于迷茫之中。对于这些普通民众来说，眼前的贫穷和不安才是最为关键的。至于死后世界和未来将会怎样，这些文化水平比较低的人是根本不会去考虑的。

蛮族的不断入侵，导致当地居民频繁遭到屠杀和劫掠。

农耕地区由于上述原因而逐渐荒废。

生产力低下的同时，由于防御经费的不断增加而频繁出现的临时税也变得愈发沉重。

为了谋生而背井离乡流亡到城市中的民众，却发现在城市中挤满了四面八方来的难民，导致许多人找不到工作，家庭生活一天比一天艰难。

与此同时，社会福利政策也无法正常运转，曾经免费发放的粮食和面向贫困家庭子女提供的教育经费等福利政策，也只有在首都罗马才能够勉强维持。至于完全依靠当地富裕阶级私人捐赠来维持社会福利的地方自治体，则由于富裕阶级公共意识的下降而使得当地的福利措施形同虚设。

上述这些事件最终只会导致民众丧失希望。

罗马鼎盛时期的哲学家塞内加曾经说过，对于那些身处不幸和逆境中的人来说，只有希望是他们最后的救赎。但是在3世纪后期的罗马帝国，不但无法保证帝国居民的"和平"，甚至还使他们失去了"希望"。对于这样一群深陷绝望之中的人，哲学家皇帝马可·奥勒留所提出的那种需要自由的理性以及强韧精神的方法，显然是行不通的。

所以说基督教崛起的原因，实际上只是因为罗马帝国的虚弱与疲惫。而当时的罗马帝国，就连维持自身活力最重要的气概都已经荡然无存。

每当我看到皇帝马可·奥勒留的肖像时，都会感觉这是一个品格高尚的人。但同时也感觉他有些软弱。与之相比，我在《罗马人的故事1·罗马不是一天建成的》封面上所用的创立共和国的朱尤尼乌斯·布鲁特斯的肖像充满了刚毅。《罗马人的故事2·汉尼拔战争》所用的西庇阿·阿非利加努斯的肖像看上去甚至比名将汉尼拔更加充满活力。《罗马人的故事3·胜者的迷思》也是一位毅然决然并充满理想的年轻统治者。

我在《罗马人的故事·恺撒时代》之中使用的尤里乌斯·恺撒可以说是罗马时期的代表性人物。他在战场上战无不胜，在政治上有令必行，在用演讲和著作等言论作为武器的情况下，甚至能够令政敌都对其心悦诚服。在他的身上，似乎让人们看到了布鲁特斯的影子。

在恺撒之后实现了其壮大理想的帝国开国皇帝奥古斯都，堪称古代世界三大美男子之一，而且他那让人过目不忘的冷峻表情，更给人留下十分深刻的印象。

《罗马人的故事7·臭名昭著的皇帝》封面的皇帝提比略，正如世人的评判那样，是一位十分具有贵族气质的统治者。而到了《罗马人的故事8·危机与克服》的韦斯帕芗，则使人感觉到一种地方出身者的朴素，以及脚踏实地的安定感。《罗马人的故事9·贤君的世纪》的图拉真和哈德良，堪称五贤帝时代的代表性人物。这两个人的肖像充满了对自己统治时期罗马帝国的自信，以及对此深信不疑的昂然之情。

与上述这些罗马统治者相比，3世纪时期皇帝们的肖像又如何呢？出身名门的皇帝，虽然面相俊美，但略显柔弱，而出身低微的皇帝，则全是一副有勇无谋的样子。与追求理想美的希腊造型艺术相比，罗马造型艺术的特点是真实反映现实的状态。因此这些罗马统治者的雕像，也反映出他们所统治的这个时代的气息。

在意大利语中有一种说法叫做“colpo di grazia”，翻译过来就是“致命的一击”。我认为罗马帝国与基督教之间斗争的致命一击在于罗马诸神与基督教诸神之间性质上的区别。

我举一个可能不太贴切的例子——罗马宗教与基督教分别如何对待吵架的夫妇。

基督教夫妇会分别前往不同的教会，将夫妻之间吵架的事情向上帝忏悔告白。告解神甫会教导前来忏悔的教徒，夫妇关系是在神面前发誓的神圣关系，所以不但不能离婚，就连吵架都是不应该的。然后让前来忏悔的教徒念诵10次“我们的主啊”，就这样结束。

那么罗马宗教对于夫妻吵架应该如何处理呢？罗马社会是个多神教的社会，据说数量之多高达30万尊。因此，在多神教的罗马社会中，有专门针对夫妻关系的守护女神，叫做维里普拉卡。关于这位女神我已经在《罗马人的故事1·罗马不是一天建成的》中作过介绍，这里再次摘抄如下：

> 一对夫妻就是不是所有人都不吃狗肉的问题发生了争执。双方都认为自己是正确的，于是在争吵中声音也越来越大。因为一旦沉默下来就会让人感觉自己输了，而且为了压过对方的声音也只能不停地争辩。结果两个人越说越来气，要是继续下去非动起手来不可。为了不至于演变到无法收拾的局面，所以两人决定到女神维里普拉卡的神殿去寻求答案。
>
> 但是在神殿中除了女神像之外一无所有，连祭司的人影都没看到。因为罗马的神灵太多，如果每座神殿中都安排祭司的话，那么这恐怕是一个非常庞大的数字。而且罗马本身就没有专门的神职人员。也就是说，在女神维里普拉卡的神殿之中，除了这对吵架的夫妻之外就再也没有别人了。因为罗马人与诸神之间的关系十分亲密，所以根本不需要派人值守神殿。

而在维里普拉卡女神像前的倾诉，只能一次一个人进行。

于是，在一个人向女神倾诉的时候，另一个人即便不情愿也只能默默地倾听。而就在倾听的过程中，一方会发现另一方的话语中也含有一定的道理。同时在双方轮流倾诉的过程中，声音也逐渐变得平和下来，最后双方都认识到自己的错误，终于重归于好。但是如果这样也无法解决问题，那么只有离婚这唯一的选择，罗马人也将其看做是女神维里普拉卡的裁决。

通过上述事例我们可以很清楚地看出，基督教的神是能够给人类指明前进方向的神，而罗马诸神则是帮助人找到前进方向的神。这两者之间可以看做是绝对神与守护神之间的区别。但是这种区别，对那些生活在动荡年代失去了自己寻找前进方向的信心的人来说，有着非常重要的意义。

正如在战斗中取得胜利的将军在凯旋仪式的最后都会前往位于卡匹托尔山上的朱庇特神殿汇报自己的胜利，对保佑他取得胜利的诸神表示感谢一样，罗马诸神的主要职责是守护那些不懈努力的人。而在罗马持续获胜、繁荣发展的时代，这是非常适合其国情的宗教。

但是，3世纪的罗马经常失败，即便胜利也是击退入侵的敌人。结果在繁华背后开始出现阴暗的黑影。这个时候的罗马人心中又是怎样的想法呢，会不会认为他们的神灵已经抛弃他们了呢？感觉自己被神灵抛弃的罗马人内心产生无比的绝望。不要忘记，与现代人相比，古代人认为神灵与人类之间的距离是非常接近的。

那么在这个时代，基督教的神灵又是怎样表现的呢？

基督教认为一切都是神的旨意。蛮族的入侵、家园遭到破坏、疫病的流行、贫穷的烦恼，甚至连死亡都是神的旨意。不仅如此，这一切都是神对人类进行的考验。

基督教认为这些苦恼能够使人类得到净化。在基督教创立初期，这一思想使信徒们相信悲惨的现状是神给予他们的考验，而苦恼能够使自己的灵魂得到净化，以此来获得死后的平安。虽然没有人能够预言有来世，但是至少保证灵魂的平安可以使人在死后不会遭遇危险。

基督教之所以在随后的这么多年一直流传下来，就是因为人类世界总是难免有悲惨与绝望的情况发生。而在“罗马统治下的和平”充分地发挥着作用的时代，罗马人根本不需要基督教的这种信仰。所以，在耶稣死后200多年，认识到基督教魅力的罗马人才一下子增多起来。就连一向坚持多神教的罗马人，都被基督教的魅力所吸引。是因为当时罗马诸神的立场逐渐衰弱，人们感觉到诸神守护自己的力量也在逐渐地消失。而恰好在这个时候基督教的神灵却展现出强大的可靠性。在人类与神灵之间距离很近的古代社会，神灵力量的强弱，对于人类来说是非常重要的问题。

越是积极解决帝国危机的皇帝，对基督教的镇压越是严厉。这是因为他们深知，如果人民失去了对罗马诸神的信仰，那么也就意味着失去了对罗马帝国的信仰。

基督教徒并不想打倒罗马帝国，相反他们想要取代罗马帝国。相比之下，一心只想实现犹太独立的犹太教徒就显得太可怜了。而基督教取代罗马帝国的行动也一直在有条不紊地进行当中。毕竟，罗马帝国正在逐渐呈现出衰弱和疲惫的状态。

最后，让我用因为殉教而被追封为圣人的迦太基主教居普良，写给他不肯加入基督教的朋友德梅特良的信来作为这一卷的结尾吧：

> 你说导致这个世界陷入动荡不安，遭遇众多不幸的原因，是我们基督教徒。因为我们基督教徒不肯祭拜你们的神灵。
>
> 虽然你从来都没有阅读过我们神圣的教典，而且一直生活在远离真理的环境之中，但是有一件事你不得不承认，那就是罗马已经非常衰老了。曾经稳健地伫立在大地之上的双脚，现在也已经衰老到几乎无法支撑其自身庞大的重量。

即便基督教的《圣经》之中没有明确地指明这一点，帝国日益衰亡的现实也已经是尽人皆知的事情。冬天播下的种子却得不到充足的雨露。夏季也没有像从前那样充足的阳光，使小麦无法变成金黄色。春季和煦的阳光成为人们的奢望。秋季也很难见到硕果累累的果树。

石料场已经找不到从前那样优质的大理石。矿脉几近断绝，金银的产量全都大幅减少。水源中涌出的清水也越来越少。农田中看不到农民的身影，海面上难寻过往的商船。军团基地中鲜有士兵出现，法院里也不再有旁听的民众。

不仅如此，朋友间的亲密氛围、艺术上的高深造诣、日常生活中的习惯和秩序，一切的一切都和从前不再一样。

帝国已经十分衰老。你还期盼着这个帝国能够像年轻的时候那样充满活力，拥有同样强大的力量吗？

在临近终结的时候，任何事物都会变得衰弱。就像傍晚的太阳，光线不再那么耀眼，而黎明时的月光也变得十分微弱。

这就是世界的真理，也是神的旨意。一切活着的事物都难逃死亡的命运。成熟后必然会老化，老化后就只有死亡。再强大的国家也有衰弱的一天，再巨大的东西也有缩小的时候。衰弱、缩小，最终消失灭亡。

我们不知道这位叫做德梅特良的朋友在看到这封信之后，是否皈依了基督教，但是写出这封信的居普良坚持着基督教的信念直到死亡。他是否坚信，对于罗马帝国这个已经衰老的国家，如果将其中的血液全都换成基督教这个新鲜血液的话，就一定能够重新获得年轻的活力呢？

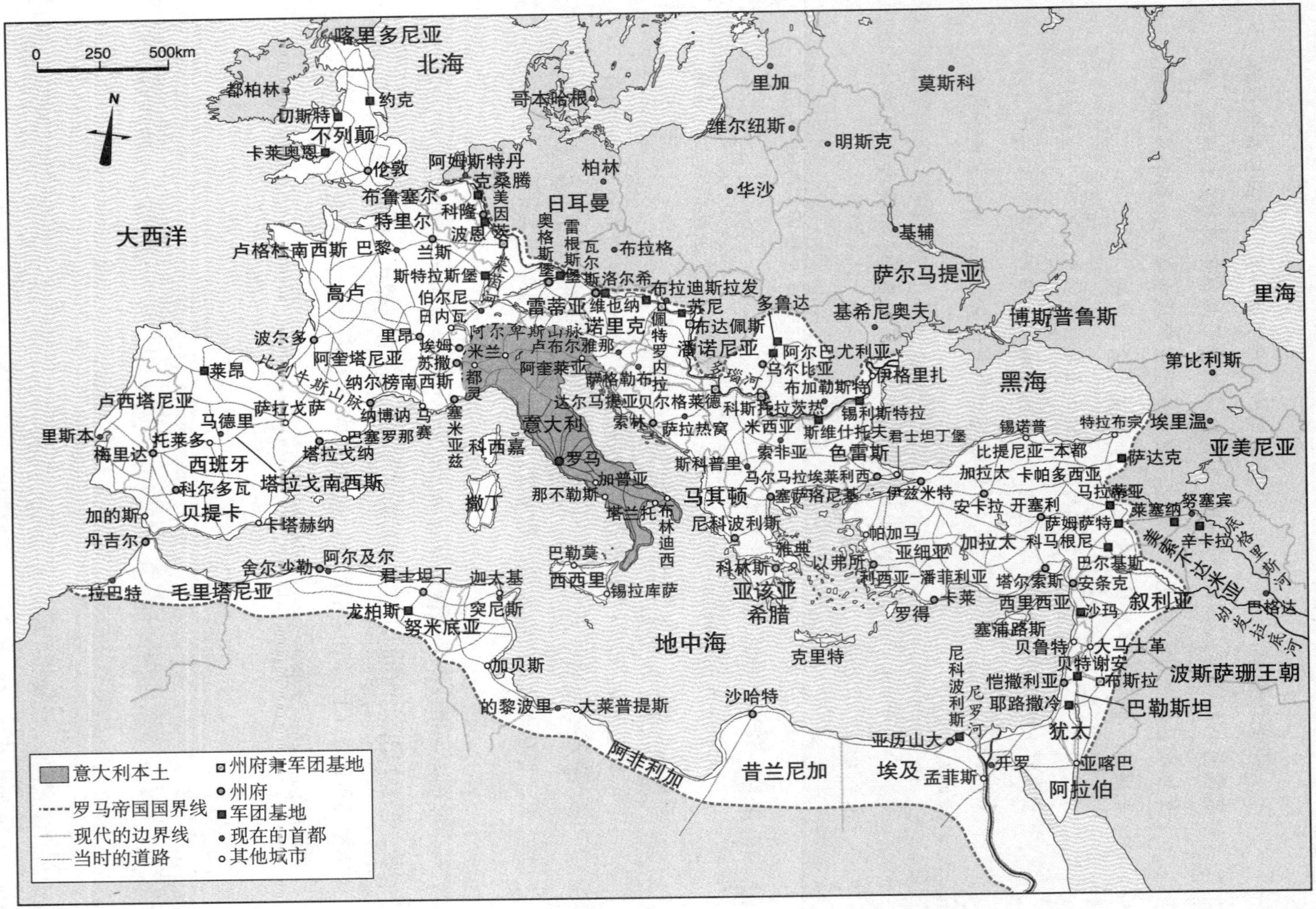

公元3世纪末期的罗马帝国

大事年表

公元	罗马帝国			其他地方
	意大利本土	西方行省	东方行省	
193	3月，皇帝柏提纳克斯被近卫军团杀害，包括塞普提米乌斯·塞维鲁在内的5位皇帝同时出现，随后4年罗马帝国陷入内乱期			（日本）弥生时代
197	2月，塞普提米乌斯·塞维鲁在与亚尔比努斯的对抗中取得胜利，亚尔比努斯自杀，塞维鲁成为5位皇帝之中唯一活下来的人，**成为罗马帝国唯一的皇帝**			
199			塞维鲁远征帕提亚，将美索不达米亚北部列为罗马行省	
202	塞维鲁的长子卡拉卡拉就任执政官			
204	塞维鲁的次子盖塔就任执政官		塞维鲁在故乡莱波蒂斯·玛尼进行大规模的改造工程	（中国）刘备与孙权在赤壁击败曹操（赤壁之战，208）
209	塞维鲁偕妻子与两个儿子远征不列颠			
211		2月，皇帝塞普提米乌斯·塞维鲁在不列颠的约克去世。**卡拉卡拉与盖塔共同继位皇帝**		
212	2月12日，卡拉卡拉在帕拉蒂尼山上的皇宫中将盖塔杀害。卡拉卡拉颁布“安东尼努斯敕令”，赋予行省居民罗马公民权			
213	春，卡拉卡拉前往莱茵河防线。秋，卡拉卡拉返回罗马举行凯旋仪式。被元老院授予“pacator orbis”的称号	卡拉卡拉整顿莱茵河防线与日耳曼长城		
214	春，卡拉卡拉前往帕提亚	卡拉卡拉在东征途中视察多瑙河防线		

（续）

公元	罗马帝国			其他地方
	意大利本土	西方行省	东方行省	
215	卡拉卡拉发行“安东尼银币”		5月，卡拉卡拉抵达叙利亚的首府安条克。卡拉卡拉与帕提亚国王沃洛吉斯五世媾和后前往埃及，在亚历山大港虐杀当地居民数千人。帕提亚发生政变，沃洛吉斯五世的弟弟阿尔达班登上王位。卡拉卡拉再次率领军团向帕提亚进军	（日本）弥生时代
216			帕提亚战役开始。卡拉卡拉提出与帕提亚公主结婚为条件媾和，遭到帕提亚王国的拒绝	
217			4月，罗马军队再次向帕提亚进军。4月8日，在前往卡莱的路上，卡拉卡拉被皇帝警卫队的士兵暗杀，享年29岁。4月11日，**近卫军团长官马克里努斯被军团推举为皇帝**。卡拉卡拉的母亲尤利亚·多姆娜在安条克自杀身亡。罗马军队与帕提亚军队在努塞宾交战，结果不分胜负	
218			马克里努斯与帕提亚媾和，放弃美索不达米亚行省。尤利亚·多姆娜的妹妹尤利亚·梅萨集结位于东方的军团反抗马克里努斯。马克里努斯在逃亡途中于比提尼亚行省被捕处死，享年53岁。6月8日，尤利亚·梅萨的外孙**埃拉伽巴路斯继承皇位**	
219	9月29日，埃拉伽巴路斯带着太阳神的神体进入首都罗马			（中国）曹丕篡东汉建立魏王朝（220）

（续）

公元	罗马帝国			其他地方
	意大利本土	西方行省	东方行省	
221	埃拉伽巴路斯授予弟弟亚历山大恺撒的称号			
222	3月11日，埃拉伽巴路斯在皇宫内被杀，享年18岁。**亚历山大·塞维鲁继承皇位**。尤利亚·梅萨启用乌尔比安担任皇帝的辅佐官			刘备建立蜀汉(221) 孙权建立吴国(222)
224			阿尔达希尔击败帕提亚国王阿尔达班	（日本）弥生时代
226	尤利亚·梅萨去世，皇帝的母亲尤利亚·梅亚执掌大权		阿尔达希尔继承王位，建立波斯萨珊王朝	
227			阿尔达希尔占领泰西封（帕提亚王国灭亡）	
228	乌尔比安被暗杀		波斯入侵卡帕多西亚行省，直逼叙利亚	
232	亚历山大·塞维鲁亲自率军东征			
233			春，罗马军在美索不达米亚地区与波斯军交战，双方不分胜负	
234	亚历山大·塞维鲁向北方进军	亚历山大·塞维鲁在莱茵河沿岸与蛮族没有进行交战便进行媾和		
235		3月，莱茵河防线的罗马军团起义，皇帝亚历山大·塞维鲁被杀，享年26岁。他的母亲尤利亚·梅亚也同时遇害。负责训练新兵的色雷斯人**马克西米努斯·色雷库斯被推举为皇帝**		

（续）

公元	罗马帝国			其他地方
	意大利本土	西方行省	东方行省	
				（日本）弥生时代
238	北非的农场主推举北非行省的戈尔迪安为皇帝。元老院承认这一决定。**戈尔迪安以及他的儿子戈尔迪安二世共同继位皇帝**。戈尔迪安父子遭到驻屯在努米底亚行省的军团攻击，即位后仅仅一个月便被杀。马克西米努斯被罗马附近的守卫军团杀害。元老院议员**普皮恩努斯与巴尔比努斯共同继承皇位**。普皮恩努斯与巴尔比努斯双双被马克西米努斯手下的军团兵杀害。戈尔迪安一世的孙子**戈尔迪安三世继位**	马克西米努斯率领多瑙河防线的军团向罗马进发		
241	提梅吉提乌斯被任命为近卫军团长官。戈尔迪安三世迎娶提梅吉提乌斯的女儿为妻		波斯国王沙普尔一世率军侵入罗马帝国东方，逼近安条克	（日本）倭国女王卑弥呼派遣难升米前往带方郡。魏国授予卑弥呼金印与铜镜（239，《魏志·倭人传》）
242	提梅吉提乌斯率领多瑙河军团与皇帝一同东征。在冬季之前进驻安条克			
243			罗马军队在美索不达米亚北部击败波斯军队，恢复美索不达米亚行省。提梅吉提乌斯在罗马军中死去。副官菲利普升任为近卫军团长官	（日本）倭王派遣使节前往魏国（243）

（续）

公元	罗马帝国			其他地方
	意大利本土	西方行省	东方行省	
244			2月，戈尔迪安三世在军营中被军团兵暗杀，享年19岁。**阿拉伯人菲利普继承皇位**。阿拉伯人菲利普与沙普尔一世媾和，再次放弃美索不达米亚行省。阿拉伯人菲利普在与波斯媾和之后返回罗马	
248	4月11日至13日，罗马举行建国1000周年庆典。阿拉伯人菲利普派遣首都长官德基乌斯前往多瑙河前线	哥特人越过多瑙河入侵罗马帝国境内		（日本）卑弥呼殁。台与继任女王
249	阿拉伯人菲利普从罗马出发讨伐德基乌斯。阿拉伯人菲利普在维罗纳与德基乌斯的军队遭遇，因为自己手下的士兵叛变，他自杀身亡。**德基乌斯继承皇位**	德基乌斯成功阻止了哥特人的入侵，被多瑙河防线的军团推举为皇帝。德基乌斯向罗马进军		
250	德基乌斯要求市民随身携带证明自己不是基督教徒的文书。德基乌斯率军迎击蛮族	夏，哥特人与汪达尔人大举入侵罗马境内，抵达色雷斯行省		
251	罗马爆发疫病，德基乌斯的次子霍斯蒂利安在这场疫病中病死	德基乌斯与长子赫伦尼乌斯双双在与蛮族的战斗中牺牲。远米西亚行省总督**加卢斯被推举为皇帝**。加卢斯与哥特人媾和，返回罗马。远米西亚行省总督埃米利安努斯越过多瑙河进攻哥特人，取得胜利		
252		阿拉曼人越过莱茵河入侵罗马帝国境内。北方的蛮族从黑海经由博斯普鲁斯海峡来到地中海，劫掠了小亚细亚与希腊的诸多城市		

（续）

公元	罗马帝国			其他地方
	意大利本土	西方行省	东方行省	
253	瓦勒良再次面向非基督教徒发放证明文书	埃米利安努斯被米西亚的军团推举为皇帝。同时守卫日耳曼长城的军团司令瓦勒良也宣布继位皇帝。6月，加卢斯在与埃米利安努斯的军队交战时死亡。10月，埃米利安努斯在与瓦勒良的军队交战时死亡。**瓦勒良继承皇位**		
257	瓦勒良颁布临时措施法，禁止基督教徒进行祭祀和集会活动			
258	镇压基督教的第二部临时措施法颁布，规定将没收违反者的财产			
259	瓦勒良率领罗马军队迎击波斯	波斯国王沙普尔一世率领大军入侵罗马帝国，占领安条克		
260	瓦勒良的儿子**共治皇帝加里恩努斯继承皇位**。秋，远日耳曼行省总督波斯图穆斯宣布建立高卢帝国，自封为高卢帝国皇帝	瓦勒良被波斯军队俘虏（死在狱中，去世年不详）。加里恩努斯任命帕尔米拉的贵族奥迪纳图斯为东方担任司令官		
261	罗马帝国遭遇严重的疫病和地震灾害。加里恩努斯颁布将元老院与军队彻底分离的法令			
267			奥迪纳图斯被外甥所杀。他的妻子芝诺比阿取而代之，成为东方的统治者	（中国）魏灭蜀(263)。司马炎（武帝）建立西晋，取代魏（265）

（续）

公元	罗马帝国			其他地方
	意大利本土	西方行省	东方行省	
268	加里恩努斯被武装政变的骑兵队长杀害。武装政变的发动者**克劳狄乌斯继位皇帝**。克劳狄乌斯二世击败侵略意大利北部的哥特人，获得“哥特征服者”的称号			
269		哥特人侵略巴尔干半岛。克劳狄乌斯二世将哥特人击败		
270	元老院指名克劳狄乌斯二世的弟弟昆提卢斯继承皇位。士兵们推举骑兵部队司令官**奥勒良继承皇位**，昆提卢斯自杀。汪达尔人入侵意大利中部，被奥勒良击败	1月，克劳狄乌斯在潘诺尼亚行省因感染疫病去世		
271	奥勒良取消了元老院的货币发行权。奥勒良开始在罗马郊外着手修建奥勒良城墙（公元276年完成）	放弃达契亚行省，转让给哥特人，在多瑙河南岸建立“新达契亚行省”	奥勒良前往帕尔米拉征服“东方”的女王芝诺比阿	
272			罗马军队供献帕尔米拉，俘虏芝诺比阿	
273	奥勒良率军平定高卢帝国	秋，高卢帝国皇帝泰特里库斯臣服于奥勒良		
274	春，奥勒良返回罗马举行了盛大的凯旋仪式			
275	奥勒良开始东征。9月25日，元老院指名**塔西佗继位皇帝**		4月，奥勒良在小亚细亚因为秘书的阴谋而遭到杀害	

（续）

公元	罗马帝国			其他地方
	意大利本土	西方行省	东方行省	
276	塔西佗开始东征。元老院指名塔西佗的弟弟弗洛里安努斯继位皇帝。弗洛里安努斯被身边的警卫士兵杀害	6月，塔西佗在前往叙利亚的途中去世。军队推举东方军团的司令官**普罗布斯继承皇位**。普罗布斯击败入侵小亚细亚的哥特人		
277		普罗布斯击败入侵高卢的蛮族，随后继续与蛮族交战		
278		普罗布斯将蛮族彻底赶出高卢		
279			从东方到埃及都出现了将军叛乱的情况。普罗布斯平定了这些叛乱	
280		普罗布斯花费整整一年时间击败了莱茵河与多瑙河防线的蛮族		（中国）西晋灭吴，中国统一（280）
281	秋，普罗布斯回到罗马举行凯旋仪式			
282	普罗布斯开始东征	普罗布斯在多瑙河沿岸的希尔米乌姆被士兵杀害，享年50岁。近卫军团长官**卡鲁斯被推举为皇帝**	秋，卡鲁斯指名**长子卡里努斯与次子努梅里安为共治皇帝**，带着努梅里安一起向东方进军	
283			春，波斯战役再次展开。罗马帝国成功收复美索不达米亚。夏，卡鲁斯因为落雷意外身亡。努梅里安被暗杀。皇帝警卫队长狄奥克莱斯向罗马进军	
284	卡里努斯被暗杀。**狄奥克莱斯改名为戴克里先，继位皇帝**			

参考文献

一、原始史料

Historia Augusta［由公元4世纪的6位作者合著的《罗马皇帝传》，包括了从哈德良到努梅里安（公元117—284年）这段时间的所有皇帝］

Cassius Dio Cocceianus（卡西乌斯·狄奥）

ΡΩΜΑΙΚΗ ΙΣΤΟΡΙΑ（《罗马史》，建国至229年）

Herodianus（艾罗迪亚鲁斯）

Storia dell'Impero dalla morte di Marco Aurelio（《从马可·奥勒留时代开始的帝国史》，公元180—238年，意大利语翻译）

Caecilius Cyprianus（居普良：迦太基主教，公元257年左右殉教）

Ad Donatum

De habitu virginum

Testimonia ad Quirinum

De lapsis

De catholicae Ecclesiae unitate

Ad Demetrianum

Κέλσος（克理索）

ΑΛΗΘΗΣ ΛΟΓΟΣ（驳基督教）

Ωριγένης（俄利根）

"Κατά Κέλσου 生僻字见原文"（驳克理索）

Lactantius（拉克坦提乌斯：君士坦丁大帝孩子们的家庭教师）

"*De mortibus persecutorum*"

Eusebius（欧瑟比：基督教史学的奠基人，据说就是他为临终的君士坦丁大帝进行洗礼）

Εκκλησιαστική Ιστορία（基督教会史）

Tertullianus（德尔图良）

Apologeticam（护教学）

Iscrizioni funerarie sortilegi e pronostici di Roma antica

Notitia dignitatum

二、后世撰写的历史书、研究专著

AA.VV.（著者多数），*La fine dell'impero romano d'Occidente*, Istituto di Studi Romani, 1978.

ABBOTT, Fr. & JOHNSON, A.Ch., *Municipal administration in the Roman Empire*, Princeton, 1926.

ADCOCK, F.E., *The Roman Art of War under the Republic*, Martin Classical Lectures XIII, Cambridge (Mass.), 1940.

ALFÖLDI, A., *La Grande Crise du monde romain au IIIe siècle*,《L'Antiquite classique》7, 1938; *Daci e Romani in Transilvania*, Budapest,1940; *The Moral Barrier on Rhine and Danube*,《Congress of Roman Frontier Studies (CRFS)》, 1949; *Die Hilfstruppen der römischen Provinz Germania Inferior*,《Epigraphische Studien (ES)》6, 1968.

ALLARD, P., *Storia critica delle persecuzioni*, Firenze, 1924.

AMIT, M., *Les Moyens de communication et la défense de l'empire romain*,《La Parola del Passato》20, 1965.

ANCONA, M., *Claudio il Gotico e gli usurpatori*, Messina, 1901.

APPLEBAUM, S. & GICHON, M., *Israel and her Vicinity in the Roman and Byzantine Periods,* Tel Aviv, 1967.

BACHRACH, P. & BARATZ, M.S., *Two Faces of Power,* 《American Political Science Review (APSR)》 56, 1962; *Decisions and Non-Decisions: An Analytical Framework,* 《APSR》 57, 1963.

BADIAN, E., *Foreign Clientelae (264-70 B.C.)*, Oxford, 1958.

BARADEZ, J.L., *Vue-Aerienne de l'organisation romaine dans le Sud-Algérien, Fossatum Africae,* Paris, 1949; *Organisation militaire romaine de l'Algérie antique et l'evolution du concept défensif de ses frontières,* 《Revue internationale d'histoire militaire》 13, 1953; *L'Enceinte de Tipasa: Base d'opérations des troupes venues de Pannonie sous Antonin Le Pieux,* 《Quintus Congressus Internationalis Limitis Romani Studiosorum (QCILRS)》; *Les Thermes légionnaires de Gemellae,* Corolla Memoriae Erich Swoboda Dedicata, Graz, 1966; *L'Enceinte de Tipasa et ses portes,* Mélanges Piganiol (Chevallier编) II, Paris, 1966; *Compléments inédits au 'Fossatum Africae,'* 《Studien zu den Militärgrenzén Roms (SMR)》 I, Cologne, 1967.

BARTOCCINI, R., *Il Porto di Leptis Magna nella sua vita economica e sociale,* Hommages á Albert Grenier (Renard编) I, Brussels, 1962.

BAYNES, N.H., *The effect of the Edict of Gallienus,* 《Journal of Roman Studies (JRS)》 15, 1925; *The Early Church and Social Life: The First Three Centuries,* London, 1926.

BECKER, A., *Imperatore L. Domitius Aurelianus, restitutor urbis,* Monasterii, 1866.

BELL, R., EDWARD, D.V. & WAGNER, H.R., *Political Power: A Reader in Theory and Research,* New York, 1969.

BERCHEM, D. van, *L'Annone militaire dans l'empire romain au III ème siècle,* 《Mémoires de la société nationale des antiquaires de France》 80, Paris, 1937; *On Some Chapters of the 'Notitia Dignitatum' Relating to the Defense of Gaul and Britain,* 《American Journal of Philology》 76, 1955; *Conquête et organisation par Rome des districts alpines,* 《Revue des études latines (REL)》 11, 1962.

BERSANETTI, G.M., *Gordiano I e II; Gordiano III; Timesteo; Valeriano; Gallieno* 以上全て Enciclopedia Italiana, 1933; *Massimino il Trace,* Roma, 1940.

BETZ A., *Zur Dislokation der Legionen in der Zeit vom Tode des Augustus bis zum Ende der Prinzipatsepoche*, Carnuntina (Swoboda編).

BIRLEY, A.R., *Hadrian's Wall: An Illustrated Guide, Ministry of Public Building and Works*, London, 1963; *Marcus Aurelius*, London, 1966; *Excavations at Carpow*, 《SMR》 I, Cologne, 1967; *Septimius Severus: The African Emperor*, London, 1971.

BIRLEY, E.B., *A Note on the title 'Gemina,'* 《JRS》 18, 1928; *The Brigantian Problem and the First Roman Contact with Scotland*, 1952; *Roman Britain and the Roman Army: Collected Papers*, Kendal, 1953; *Hadrianic Frontier Policy*, Carnuntina (Swoboda編), 1956; *Research on Hadrian's Wall*, Kendal, 1961; *Alae and Cohortes Milliariae*, Corolla Memoriae Erich Swoboda Dedicata, Graz, 1966; *Hadrian's Wall and its Neighbourhood*, 《SMR》 I, Cologne, 1967 ; *Septimius Severus and the Roman Army*, 《ES》 8, 1969; *The Fate of the Ninth Legion, Soldier and Civilian in Roman Yorkshire* (Butler編), Leicester, 1971.

BLAU, P., *Exchange and Power in Social Life*, New York, 1964.

BOWERSOCK, G.W., *Augustus and the Greek World*, Oxford, 1965; *A Report on Arabia Provincia*, 《JRS》 61, 1971.

BRAND, C.E., *Roman Military Law*, Austin, 1968.

BREEZE, D.J., *The Organization of the Legion: The First Cohort and the Equites Legionis*, 《JRS》 59, 1969.

BREEZE, D.J. & DOBSON, B., *Hadrian's Wall: Some Problems*, 《Britannia》 3, 1972.

BREZZI, P., *Cristianesimo e impero Romano*, Roma, 1942.

BRISSON, J-P.編, *Problèmes de la guerre à Rome*, Paris, 1969.

BROGAN, O., *The Roman Limes in Germany*, 《Archaeological Journal (AJ)》 92, 1935.

BROWN, P., *Il mondo tardo antico. Da Marco Aurelio*, Einaudi, 1974.

BRUCE, J.C., *Handbook to the Roman Wall* (Sir I.A. Richmond編), Newcastle, 1966.

BRUSIN, G., *Le Difese della romana Aquileia e la loro cronologia*, Corolla Memoriae Erich Swoboda Dedicata, Graz, 1966.

BURY, J.B., *The Invasion of Europe by the Barbarians*, New York, 1963.

BUTLER, R.M., *The Roman Walls of Le Mans*, 〈JRS〉 48, 1958; *Late Roman Town Walls in Gaul*, 〈AJ〉 116, 1959.

CAGNAT, R., *Les Frontières militaires de l'empire romain*, 〈Journal des savants〉, 1901; *L'Armée romaine d'Afrique et l'occupation militaire de l'Afrique sous les empereurs*, Paris, 1913.

CALDERINI, A., *I Severi: La crisi dell'impero nel III secolo*, Istituto di studi Romani, 1949.

Cambridge Ancient History（J.B.BURY编代表）X, XI, XII, Cambridge, 1934-39.

CARAMELLA, S., *La filosofia di Plotino e il Neoplatonismo*, Catania, 1940.

CARCOPINO, J., *Les étapes de l'impérialisme romain*, Paris, 1961.

CARETTONI, A., *Banchieri ed operazioni bancarie*, Roma, 1938.

CARY, M., *The Geographic Background of Greek and Roman History*, Oxford, 1949.

CASSON, L., *Ships and Seamanship in the Ancient World*, Princeton, 1971.

CAVAIGNAC, E., *Les Effectifs de l'armée d'Auguste*, 〈REL〉 30, 1952.

CECCHELLI, C., *Cristianesimo e Impero*, Roma, 1938.

CHAPOT, V., *La Frontière de l'Euphrate: De Pompée á la conquête arabe*, Paris, 1907.

CHARLESWORTH, M.P., *Trade Routes and the Commerce of the Roman Empire*, Cambridge, 1926; *Five Men: Character Studies from the Roman Empire*, Martin Classical Lectures VI, Cambridge（Mass.）, 1936; *The Lost Province, or the Worth of Britain*, Cardiff, 1949.

CHEESMAN, G.L., *The Auxilia of the Roman Imperial Army*, Hildeshcim, 1971.

CHEVALLIER, R., *Rome et la Germanie au Ier siècle: Problèmes de colonisation*, Brussels, 1961; *Les Voies romaines*, Paris, 1972.

CHILVER, G.E.F., *Cisalpine Gaul: Social and Economic History from 49 B.C. to the Death of Trajan*, Oxford, 1941; *The Army in Politics, A.D.68-70*, 〈JRS〉 47, 1957.

CHRISTENSEN, A., *L'Iran sous les Sassanides*, Copenhagen, 1944.

CHRISTESCU, V., *Istoria militară a Daciei Romane*, Bucarest, 1937.

CICCOTTI, E., *Lineamenti della evoluzione tributaria del mondo antico*, Udine, 1921.

CLEMENTE, G., *La 'Notitia Dignitatum,'* Cagliari, 1968.
COLLINGWOOD, R.G., *The Purpose of the Roman Wall,* 〈Vasculum〉 8, 1920.
CONDURACHI, E., *Neue Probleme und Ergebnisse der Limesforschung in Scythia Minor,* 〈SMR〉 I, Cologne, 1967.
COSTA, G., *Religione e politica nell'impero romano,* Torino, 1923.
COURCELLE, P.P., *Histoire Littéraire des grandes invasions germanigues,* Paris, 1964.
COUSSIN, P., *Les Armes romaines: Essai sur les origins et l'evolution des armes individualles du légionnaire romain,* Paris, 1926.
CREES, J.H.E., *The Reign of the Emperor Probus,* London, 1911.
CRUMP, G.A., *Ammianus and the Late Roman Army,* 〈Historia〉 23, 1973.
CURZON, G.N., Lord Kedleston, *Frontiers,* Romanes Lecture Series, Oxford, 1907.
DAHL, R.A., *Modern Political Analysis,* Englewood Cliffs (N.J.), 1963.
DAICOVICIU, C., *La Transylvanie dans l'antiquité,* Bucharest, 1945; *Dacica,* Hommages à Albert Grenier (Renard編) I, Brussels, 1962.
DAICOVICIU, C. & DAICOVICIU, H., *Columna lui Traian,* Bucharest, 1968.
DAVIES, R.W., *The 'Abortive Invasion' of Britain by Gaius,* 〈Historia〉 15, 1966; *A Note on a Recently Discovered Inscription in Carrawburgh,* Appendix, 〈ES〉 4, 1967; *Joining the Roman Army,* 〈Bonner Jahrbücher (BJ)〉 169, 1969; *The Medici of the Roman Armed Forces,* 〈ES〉 8, 1969; *Cohortes Equitatae,* 〈Historia〉 20, 1971; *The Romans at Burnswark,* 〈Historia〉 21, 1972; *The Daily Life of the Roman Soldier under the Principate,* 〈Aufstieg und Niedergang der Römischen Welt (ANRW)〉 (Temporini編) II-1, 1974.
DEGRASSI, A., *Il Confine nord-orientale dell'Italia romana: Ricerche storico-topografiche,* Dissertationes Bernenses I-6. Bern, 1954.
DEMOUGEOT, É., *La Formation de l'Europe et les invasions barbares: Des origines germaniques à l'avènement de Dioclétien,* Paris, 1969.
DODDS, E.R., *Pagan and Christian in an Age of Anxiety,* Cambridge,1965.
DOISE, J., *Le Commandement de l'armée romaine sous Theodose et les débuts des régnes d'Arcadius et d'Honorius,* 〈Mélanges d'archéologie et d'histoire, École

française de Rome〉61, 1949.
DONINI, A., *Storia del cristianesimo dalle origini a Giustiniano,* Milano, 1975.
DURRY, M., *Les Cohortes Prétoriennes,*〈Bibliothèque des écoles françaises d'Athènes et de Rome (BEFAR)〉146, Paris, 1938.
DYSON, L., *Native Revolts in the Roman Empire,*〈Historia〉20, 1971.
EADIE, J.W., *The Development of Roman Mailed Cavalry,*〈JRS〉57, 1967.
EMMET, D., *Function, Purpose and Powers,* London, 1958.
EUZENNAT, M., *Le Limes de Volubilis,*〈SMR〉I, Cologne, 1967.
FINK, R.O., *Roman Military Records on Papyrus,*〈Philological Monographs of the American Philological Association〉26, Cleveland, 1971.
FINLEY, M.I., *Recensione di 'Manpower Shortage' di A.E.R. Boak,*〈JRS〉48, 1958.
FISHWICK, D., *The Annexation of Mauretania,*〈Historia〉20, 1971.
FITZ J., *A Military History of Pannonia from the Marcomann Wars to the Death of Alexander Severus (180-235)*,〈Acta Archaeologica Academiae Scientiarum Hungaricae (AArchASH)〉14, 1962; *Réorganization militaire au début des guerres marcomannes, Hommages à Marcel Renard* (Bibaw编) I.
FLORESCU, R., *Les Phases de construction du castrum Drobeta (Turnu Severin)*,〈SMR〉I, Cologne, 1967.
FORNI, G., *Il Reclutamento delle legioni da Augusto a Diocleziano,*〈Pubbicazioni della facoltà di filosofia e lettere della Università di Pavia〉5, Milano & Roma, 1953; *Contributo alla storia della Dacia romana,*〈Athenaeum〉36, 1958-59; *Limes,* Dizionario Epigrafico Ⅳ; *Estrazione etnica e sociale dei soldati delle legioni nei primi tre secoli dell'impero,*〈ANRW〉(Temporini编) II-1, 1974.
FRANK, R.I., *Scholae Palatinae: The Palace Guards of the Later Roman Empire,*〈Papers and Monographs of the American Academy in Rome (PMAAR)〉23, Roma, 1969.
FRANK, T., *An Economic History of Rome,* Baltimore, 1927.
FRERE, S.S., *Britannia: A History of Roman Britain,* London, 1967.
FROVA, A., *The Danubian Limes in Bulgaria and Excavations at Oescus,*〈CRFS〉, 1949.
GALDERINI, A., *Le associazioni professionali in Roma antica,* Milano, 1933.

GALLIAZZO, V., *I Ponti Romani*, Treviso, 1994.

GARBSCH, J.G., *Der Spätrömische Donau-Iller Rhein Limes*, Stuttgart, 1970.

GARZETTI, A., *L'Impero da Tiberio agli Antonini, Istituto di studi romani*, 〈Storia di Roma〉 6, Bologna, 1960; *Problemi dell'età traianea: Sommario e testi*, Genova, 1971.

GEWEKE, L.K., & WINSPEAR, A.D., *Augustus and the Reconstruction of Roman Government and Society*, 〈University of Wisconsin Studies in the Social Sciences and Philosophy〉 24, Madison, 1935.

GHIRSHMAN, R., *Les Chionites-Hephtalites*, 〈Mémoires de la délégation archéologique française en Afghanistan〉 13, Cairo, 1948.

GIANNELLI, G., *Trattato di storia romana* (Santo Mazzarino编), Roma, 1953-56.

GIBBON, E., *The History of the Decline and Fall of the Roman Empire*, 1776-88, (*Declino e caduta dell'impero romano*, Mondadori, Milano, 1986)

GICHON, M., *Roman Frontier Cities in the Negev*, 〈QCILRS〉; *The Negev Frontier, In Israel and her Vicinity in the Roman and Byzantine Periods* (Applebaum编); *The Origin of the Limes Palestinae and the Major Phases of its Development*, 〈SMR〉 I, Cologne, 1967.

GIGLI, G., *Forme di reclutamento militare durante il basso impero*, 〈Rendiconti della classe di scienze morali, storiche e filologiche dell'Accademia dei Lincei〉 8, 1947.

GITTI, A., *Ricerche sui rapporti tra i vandali e l'impero romano*, Bari, 1953.

GONELLA, G., *Pace romana e pace cartaginese*, Quaderni di studi romani II-1, Roma, 1947.

GOODCHILD, R.G., *The Limes Tripolitanus II*, 〈JRS〉 40, 1950; *The Roman and Byzantine Limes in Cyrenaica*, 〈JRS〉 43, 1953.

GOODCHILD, R.G. & WARD-PERKINS, J.B., *The Limes Tripolitanus in the Light of Recent Discoveries*, 〈JRS〉 39, 1949.

GORDON, C.D., *The Subsidization of Border Peoples as a Roman Policy of Imperial Defense*, University of Michigan, 1948.

GRAY, W.D., *A Political Ideal of the Emperor Hadrian*, 〈Annual Report of the American Historical Association for the Year 1914〉 1.

GREGG, J.A., *The Decian Persecution*, London & Edinburgh, 1898.

HAMMOND, M., *The Antonine Monarchy*, 〈PMAAR〉 19, Roma, 1959; *The Augustan Principate: In Theory and Practice During the Julio-Claudian Period*, New York, 1968.

HARDY, E.G., *Studies in Roman History*, London, 1909; *Augustus and his Legionnaires*, 〈Classical Quarterly (CQ)〉 14, 1921.

HARKNESS, A., *The Military System of the Romans*, New York, 1887.

HARMAND, J., *L'Armée et le soldat à Rome (de 107 à 50 avant notre ére)*, Paris, 1967; *La Guerre antique, de Sumer à Rome*, Paris, 1973; *Les Origines de l'armée impériale: Un Témoignage sur le réalité du pseudo-principat et sur l'évolution militaire de l'Occident*, 〈ANRW〉 (Temporini編) II-1, 1974.

HARMAND, L., *L'Occident romain: Gaule, Espagne, Bretagne, Afrique du Nord (31 av. J.C. à 235 ap. J.C)*, Paris, 1960.

HARMATTA, J., *Studies in the History of the Sarmatians*, Budapest, 1950.

HATT, J-J., *Histoire de la Gaule romaine (120 avant J.C. 451 après J.C.): Colonisation ou colonialisme*, Paris, 1966.

HAVERFIELD, F., *Some Roman Conceptions of Empire*, 〈Occasional Publications of the Classical Association Cambridge〉 4, 1916頃.

HEALI, P.J., *The Valerian Persecution*, London, 1905.

HOLMES, T. R., *The Architect of the Roman Empire 27 B.C.-A.D.14*, Oxford, 1928-31.

HOLSTI, K.J., *International Politics: A Framework for Analysis*, Englewood Cliffs (N.J.), 1972.

HOMO, L., *Essai sur le règne de l'empereur Aurélien (270-275)*, 〈BEFAR〉 89, Paris, 1904; *Les privileges administratifs du Sénat romain sons l'Empire et leur disparition graduelle au cours du IIIe siècle*, 〈Revue Historique (RH)〉, 1921; *Le Siècle d'or de l'empire romain*, Paris, 1947; *Vespasien l'empereur du bon sens (69-79 ap. J.C.)*, Paris, 1949.

HOPKINS, R.V.N., *The life of Alexander Severus*, Cambridge, 1907.

HOWARD, M.（編）, *The Theory and Practice of War: Essays Presented to Captain B. H. Liddell Hart*, London, 1965.

HUSSEY, J.M., OBOLENSKY, D & RUNCIMAN. S.（共編）, *Proceedings of the XIII International Congress of Byzantine Studies*, Oxford, 1967.

JARRETT, M.G., *The Roman Frontier in Wales*, 《SMR》 I, Cologne, 1967.

JARRETT, M.G. & MANN, J.C., *Britain from Agricola to Gallienus*, 《BJ》 170, 1970; *The Frontiers of the Principate*, 《ANRW》（Temporini編）II-1, 1974.

JONES, A.H.M., *Another interpretation of the Constitutio Antoniniana*, 《JRS》 26, 1936; *A History of Rome through the Fifth Century*（編）, New York, 1970; *Il tramonto del mondo antico*, Laterza, 1972.

JOUVENEL, B. de, *Power: Its Nature and the History of Its Growth*, Boston, 1967.

JULLIAN, C., *Histoire de la Gaule IV*, Paris, 1929.

KALTENBACH, P.E., *Non-Citizen Troops in the Roman Army*, Johns Hopkins University, 1948.

KATZ, S., *The Decline of Rome and the Rise of Mediaeval Europe*, Ithaca, 1955.

KEYES, W.C., *The Rise of the Equites in the Third Century of the Roman Empire*, Princeton, 1935.

LA PENNA, A., *Orazio e l'ideologia del principato*, Torino, 1963.

LAUR-BELART, R., *The Late Limes from Basel to the Lake of Constance*, 《CRFS》, 1949.

LEMOSSE, M., *Le Régime des relationes internationales dans le haut-empire romain*, 《Pubblications de l'Institut de droit romain de l'Université de Paris》 23, Paris, 1967.

LESQUIER, J., *L'Armée romaine d'Ègypte d'Auguste à Dioclètien*, Cairo, 1918.

LEVA, C. & MERTENS, J., *Le Fortin de Braives et le Limes Belgicus*, Mélanges Piganiol（Chevallier編）II, Paris, 1966.

LEVI, M.A.（Canavesi, M.）, *La Politica estera di Roma antica*, 《Manuali di politica internazionale》 34, Milano, 1942.

LEVICK, B.M., *Roman Colonies in Southern Asia Minor*, Oxford, 1967.

LOT, F., *Les Invasions Germaniques: La pénétration mutuelle du monde barbare et du monde romain*, Paris, 1939.

LUTTWAK, E.N., *The Grand Strategy of the Roman Empire*, Johns Hopkins University Press, 1976.

LYKES, P., *A history of Persia*, London, 1921.

MacMULLEN, R., *Soldier and Civilian in the Later Roman Empire*, 〈Harvard Historical Monographs〉 52, Cambridge (Mass.), 1963.

McLEOD, W., *The Range of the Ancient Bow*, 〈Phoenix〉 19, 1965.

MACURDY, Gr.H., *Vassal-Queens and some contemporary women in the Roman Empire*, Johns Hopkins University Press, 1937.

MAGIE, D., *Roman Rule in Asia Minor to the End of the Third Century after Christ*, Princeton, 1950.

MANN, J.C., *A Note on the Numeri*, 〈Hermes〉 82, 1954; *The Raising of New Legions during the Principate*, 〈Hermes〉 91, 1963; *The Role of the Frontier Zone in Army Recruitment*, 〈QCILRS〉.

MANNI, E., *L'Impero di Gallieno: Contributo alla storia del III secolo*, Roma, 1949.

MARIN, A., *Hippagogi*, Dictionnaire des antiquités greques et romaines, Daremberg-Saglio.

MARIN & PEÑA, M., *Instituciones militares romanas*, Enciclopedia Clasica II, Madrid, 1956.

MARQUARDT, J., *De l'Organisation militaire chez les Romains*, Paris, 1891.

MARSDEN, E.W., *Greek and Roman Artillery: Historical Development*, Oxford, 1969.

MARSH, F.B., *The Reign of Tiberius*, London, 1931.

MARUCCHI, O., *Le Catacombe Romane*, Roma, 1933.

MAZZA, M., *Lotte sociali e restaurazione autoritaria nel III secolo d.c*, Laterza, 1973.

MAZZARINO, S., *La fine del mondo antico*, Garzanti, 1959.

Mélanges Marcel Durry, 〈REL〉 47, Paris, 1969.

MERTENS, J., *Oudenburg, camp du Litus Saxonicum en Belgique?* 〈QCILRS〉.

MILLAR, F., *P. Herennius Dexippus: The Greek World and the Third-Century Invasions*, 〈JRS〉 59, 1969.

MILLAR, F., BERCIU, D., FRYE, R.N., KOSSACK, G. & TALBOT, R.T., *The Roman Empire and its Neighbours*, London, 1967.

MINOR, C.E., *Brigand, Insurrectionist and Separatist Movements in the Later Roman Empire*, University of Washington, 1971.

MOMIGLIANO, A., *Contributo alla storia degli studi classici*, Roma, 1955; *Terzo*

Contributo alla storia degli studi classici e del mondo antico, Roma, 1966; *Ricerche sull'organizzazione della Giudea sotto il dominio romano (63 a.C.-70 d.C.)*, Amsterdam, 1967; *Quarto Contributo alla storia degli studi classici e del mondo antico*, Roma, 1969.

MORESCHINI, C., *Cristianesimo e impero*, Sansoni, 1973.

MORGENTHAU, H.J., *Politics Among Nations*, New York, 1962.

MORICCA, U., *Storia della letteratura Latina Cristiana*, Torino, 1923.

MORRIS, J., *The Vallum Again*, 《Transactions of the Cumberland and Westmoreland Antiquarian and Archaeological Society (TCWAAS)》50, 1951.

MOSCOVICH, M.J., *The Role of Hostages in Roman Foreign Policy*, McMaster University, Canada, 1972.

MOSS, J.R., *The Effects of the Policies of Aetius on the History of the Western Empire*, 《Historia》23, 1973.

MUSSET, L., *Les Invasions: Les vagues germaniques*, 《Nouvelle Clio (NC)》12, Paris, 1965.

NOCK, A.D., *The Roman Army and the Roman Religious Year*, 《Harvard Theological Review》45, 1952; *La conversione. Societa e religione nell'mondo antico*, Laterza, 1985.

OATES, D., *Studies in the ancient History of Northern Iraq*, London, 1968.

OELMANN, F., *The Rhine Limes in Late Roman Times*, 《CRFS》, 1949.

OLIVA, P., *Pannonia and the Onset of the Crisis in the Roman Empire*, Prague, 1962.

OMAN, C., *The Decline and Fall of the Denarius in the Third Century A.D.*, 《Numismatic Chronicle》, 1916.

ONDROUCH, V., *Limes Romanus na Slovensku (il limes romano in Slovacchia)*, Bratislava, 1938.

O'NEIL, R.J., *Doctrine and Training in the German Army 1919-1939*, The Theory and Practice of War (Howard编).

OSGOOD, R.E. & TUCKER, R.W., *Force, Order, and Justice*, Baltimore, 1967.

PARKER, H.M.D., *The Roman Legions*, Oxford, 1928; *The Antiqua Legio of Vegetius*, 《CQ》26, 1932.

PARSONS, T., *On the Concept of Political Power*, New York, 1967.

PASCHOUD, F., *Roma aeterna: Études sur le patriotisme romain dans l'occident latin à l'époque des grandes invasions,* 〈Bibliotheca Helvetica Romana〉 7, Roma, 1967.

PAOLI, U.E., *Vita romana. Usi, costumi, istituzioni, tradizioni,* Milano, 1997.

PASSERINI, A., *Gli aumenti del soldo militare da Commodo a Massimino,* 〈Athenaeum〉 24, 1946; *Legio,* Dizionario Epigrafico Ⅳ; *Le Coorti Pretorie,* Roma, 1969. *Linee di storia romana in età imperiale* (Nicola Criniti编), Milano, 1972.

PEKÁRY, Th., *Studien zur römischen Währungs und Finanzgeschichte von 161 bis 235 n. Ch,* 〈Historia〉 8, 1959.

PELHAM, H.F., *Essays,* (F. Haverfield编), Oxford, 1911.

PETERSEN, H.E., *Governorship and Military Command in the Roman Empire,* Harvard University, 1953.

PETRIKOVITS, H. von, *Fortifications in the North-Western Roman Empire from the Third to the Fifth Centuries A.D.,* 〈JRS〉 61, 1971.

PFLAUM, H-C., *Forces et faiblesses de l'armée romaine du Haut-Empire,* Problèmes de la guerre à Rome, Brisson.

PICCOLO, L., *L'ascesa politica di Palmira dalla conquista romana all'epoca di Zenobia,* Rivista di Storia Antica, 1905.

PIGANIOL, A., *La Notion de Limes,* 〈QCILRS〉.

POIDEBARD, A., *La Trace de Rome dans le désert de Syrie: Le limes de Trajan à la conquête arabe, recherches aériennes,* (*1925-1934*), Paris, 1934.

PUECH, H.C., *Storia del cristianesimo,* Laterza, 1983.

PUGLIESE, C., *L'età di Valeriano e Gallieno: Appunti di storia romana,* Pisa, 1950.

RACHET, M., *Rome et les Berbères: Un Problème militaire d'Auguste à Dioclétien,* Collection Latomus CX, Brussels, 1970.

RAMSAY, A.M., *The Speed of the Roman Imperial Post,* 〈JRS〉 15, 1925.

RAPPAPORT, B., *Die Einfälle der Goten in das röm,* Leipzig, 1899.

REGIBUS, L. de., *Problemi d'impero nella storia romana del III secolo,* Torino, 1936; *La Monarchia militare di Gallieno,* Recco, 1939.

RÉMONDON, R., *Problèmes militaires en Egypte et dans l'empire à la fin du IV siècle,* 〈RH〉 213, 1955; *La Crise de l'empire romain de Marc Aurele a Anastase,* 〈NC〉 11, Paris, 1964; *La crisi dell'mondo romano,* Mursia, 1975.

REYNOLDS, P.K.B., *The Vigiles of Ancient Rome,* Oxford, 1930.

RICHMOND, Sir I.A., *The City Wall of Imperial Rome: An Account of its Architec-*

tural Development from Aurelian to Narses, Oxford, 1930; *Trajan's Army on Trajan's Column*, 《Papers of the British School at Rome》 13, 1935; *The Romans in Redesdale*, 《History of Northumberland》 15, 1940; *Hadrian's Wall 1939-1949*, 《JRS》 40, 1950; *A Roman Arterial Signalling System in the Stainmore Pass*, Aspects of Archaeology (Grimes編); *The Roman Frontier Land*, 《History, U.K.》 44, 1959; *Palmyra under the Aegis of Rome*, 《JRS》 53, 1963.

ROBERTI, M., *Le associazioni funerarie cristiane e la proprietà ecclesiastica nei primi tre secoli*, Milano, 1927.

ROBERTSON, A.S., *The Antonine Wall*, 《CRFS》, 1949.

ROBINSON, H.R., *Problems in Reconstructing Roman Armour*, 《BJ》 172, 1972.

ROMANELLI, P., *La Cirenaica Romana 96 A.C.-642 D.C.*, Verbania, 1943.

ROSTOVTZEFF, M., *Storia economica e sociale dell' impero romano*, Firenze, 1933; *Città carovaniere*, Bari, 1934.

ROUGÉ, J., *Les Institutions romaines: De la Rome royale à la Rome chrétienne*, Paris, 1969.

ROWELL, H.T., *The Honesta Missio from the Numeri of the Roman Imperial Army*, 《Yale Classical Studies》 6, 1939.

SADDINGTON, D.B., *Roman Attitudes to the Externae Gentes of the North*, 《Acta Classica, S.A.》 4, 1961; *The Development of Roman Auxiliary Forces from Augustus to Trajan*, 《ANRW》 (Temporini編) II-3, 1975.

SAINT-DENIS, E. de, *Mare Clausum*, 《REL》 25, 1947.

SAITTA, A., *2000 anni di Storia. I Cristiani e barbari. Dall'impero di Roma a Bisanzio*, Laterza, 1978-79.

SALAMA, P., *Occupation de la Maurétanie césarienne occidentale sous les Bas-Empire romain*, Mélanges Piganiol (Chevallier編) III, Paris, 1966.

SALMON, E.T., *The Roman Army and the Disintegration of the Roman Empire*, 《Proceedings and Transactions of the Royal Society of Canada》 III-52, 1958.

SALVIOLI, G., *Il capitalismo antico*, Bari, 1929.

SALWAY, P., *The Frontier People of Roman Britain*, Cambridge, 1965.

SAXER, R., *Untersuchungen zu den vexillationen des römischen Kaiserreichs von Augustus bis Diokletian*, 《ES》 1, Cologne & Graz, 1967.

SCHLEIERMACHER, W., *Der römische Limes in Deutschland*, Berlin, 1967.

SCHÖNBERGER, H., *The Roman Frontier in Germany: An Archaeological Survey,* 〈JRS〉 59, 1969.

SEGRE, A., *Circolazione monetaria e potere d'aquisto della moneta nel mondo antico,* Firenze, 1920.

SHAW, R.C. & SIMPSON, F.G., *The Purpose and Date of the Vallum and its Crossings,* 〈TCWAAS〉 27, 1922; *Geographical Factors in Roman Algeria,* 〈JRS〉 34, 1944; *The Letters of Pliny: A Historical and Social Commentary,* Oxford, 1966; *The Roman Citizenship,* Oxford, 1973.

SIMPSON, G., *The Roman Forts in Wales: A Reassessment,* 〈SMR〉 I, Cologne, 1967; *Britons and the Roman Army: A Study of Wales and the Southern Pennines in the 1st-3rd Centuries,* London, 1964.

SINISCALCO, C., *Il cammino di Cristo nell' impero romano,* Laterza, 1987.

SMITH, R.E., *Service in the Post-Marian Roman Army,* Manchester, 1958; *The Army Reforms of Septimius Severus,* 〈Historia〉 12, 1972.

SOLARI, A., *La Crisi dell'impero romano,* Milano, 1933; *Il Rinnovamento dell'impero romano,* Milano, 1938.

SORDI, M., *Il cristianesimo e Roma,* Cappelli, 1965.

STARR, C.G., Jr., *The Roman Imperial Navy, 31 B.C.-A.D. 324,* 〈Cornell Studies in Classical Philology〉 26, Ithaca, 1941.

STEER, K.A., *The Antonine Wall: A Reconsideration,* 〈SMR〉 I, Cologne, 1967.

STEVENS, C.E., *The British Sections of the Notitia Dignitatum,* 〈AJ〉 97, 1940.

STEVENSON, G.H., *Roman Provincial Administration till the Age of the Severi,* Oxford, 1930.

SWOBODA, E., *Traian und der Pannonische Limes,* Empereurs romains d'Espagne.

SYME, R., *Rhine and Danube Legions under Domitian,* 〈JRS〉 18, 1928; *Some Notes on the Legions under Augustus,* 〈JRS〉 23, 1933; *The Roman Revolution,* Oxford, 1939; *Tacitus,* Oxford, 1958; *The Lower Danube under Trajan,* 〈JRS〉 49, 1959; *Hadrian the Intellectual,* Empereurs romains d'Espagne.

SZILÁGYI, J., *Roman Garrisons Stationed at the Northern Pannonia-Quad Frontier-Sectors of the Empire,* 〈AArchASH〉 2, 1952; *Les Variations des centres de prépondérance militaire dans les provinces frontières de l'émpire romain,* 〈Acta Antiqua Academiae Scientiarum Hungaricae (AAntASH)〉 2, 1953.

TEMPORINI, H.（編）, *Aufstieg und Niedergang der Römischem Welt: Geschichte und Kultur Roms in Spiegel der neueren Forschung*（ANRW）, Berlin & New York, 1974.

THOMPSON, E.A., *A Roman Reformer and Inventor: Being a New Text of the Treatise De Rebus Bellicis with a Translation and Introduction*, Oxford, 1952; *The Settlement of the Barbarians in Southern Gaul*, 〈JRS〉 46, 1956; *The Early Germans*, Oxford, 1965; *The Visigoths in the Time of Ulfila*, Oxford, 1966; *Una cultura barbarica, I Germani*, Laterza, 1976.

THOMPSON, H.A., *Athenian Twilight: A.D. 267-600*, 〈JRS〉 49, 1959.

TORRI, A.P., *Le corporazioni romane*, Roma, 1940.

TOVEY, L-C. H., *Elements of Strategy*, London, 1887.

VANNÉRUS, J., *Le Limes et le fortifications gallo-romaines de Belgique: Enquête toponymique*, Brussels, 1943.

VÁRADY, L., *New Evidences on Some Problems of Late Roman Military Organization*, 〈AAntASH〉 9, 1961; *Additional Notes on the Problem of Late-Roman Dalmatian Cunei*, 〈AAntASH〉 11, 1963.

VEYNE, P., *La società romana*, Laterza, 1995.

VIGNERON, P., *Le Cheval dans l'antiquité gréco-romaine, de guerres médiques aux grandes invasions*, Nancy, 1968.

VITA, A.Di., *Il Limes romano di Tripolitania nella sua concretezza archeologica e nella sua realtà storica*, 〈Libya Antiqua〉 1, 1964.

VOGT, J., *Il declino di Roma*, Saggiatore, 1966.

WADE, D.W., *The Roman Auxiliary Units and Camps in Dacia*, University of North Carolina, 1969.

WALTER, E.V., *Terror and Resistance: A Study of Political Violence*, New York, 1969.

WATERS, K.H., *The Reign of Trajan and its Place in Contemporary Scholarship*, 〈ANRW〉 (Temporini編) II-2, 1975.

WATSON, G.R., *The Pay of the Roman Army: The Auxiliary Forces*, 〈Historia〉 8, 1959; *The Roman Soldier*, London, 1969.

WEBSTER, G., *The Roman Imperial Army of the First and Second Centuries A.D.*,

London, 1969.
WELLS, C.M., *The German Policy of Augustus: An Examination of the Archaeological Evidence*, Oxford, 1972.
WHEELER, R.E.M., *The Roman Frontier in Mesopotamia*, 《CRFS》, 1949; *Rome Beyond the Imperial Frontiers*, London, 1954.
WHITE, L.T.（編）, *The Transformation of the Roman World: Gibbon's Problems after Two Centuries*, Berkeley, 1966.
WILKES, J.J., *A Note on the Mutiny of the Pannonian Legions in A.D. 14*, 《CQ》13-2, 1963; *Dalmatia: History of the Provinces of the Roman Empire*, London, 1969.
WILL, E., *Les Enceintes du bas-empire à Bavay*, 《QCILRS》.

图片版权

铜币、银币图　© Classical Numismatic Group，Pennsylvania

p.018　梵蒂冈美术馆（梵蒂冈）© Archivi Alinari，Firenze

p.036　作者收藏

p.047　大英博物馆（伦敦 / 英国）© Copyright The Trustees of The British Museum

p.056　卡皮托尔博物馆 © Archivi Alinari，Firenze

p.058　同上

p.060　罗马文明博物馆（罗马 / 意大利）© Scala，Firenze

p.065　新潮社摄影部摄

p.069　塞普提米乌斯·塞维鲁：作者收藏。其他 4 个：大英博物馆 © Copyright The Trustees of The British Museum

p.070　卢浮宫美术馆（巴黎 / 法国）© Ruggero Vanni/CORBIS

p.073　© Archivi Alinari，Firenze

p.077　庞培（意大利）© Ancient Art & Architecture Collection

p.080　维也纳美术史美术馆（维也纳 / 奥地利）© Erich Lessing/Pacific Press Service

p.091　大英博物馆 © Copyright The Trustees of The British Museum

p.093　大英博物馆 © Copyright The Trustees of The British Museum

p.098　濑户照画

p.100　乌菲兹美术馆（佛罗伦萨 / 意大利）© Scala，Firenze

p.117　卡皮托尔博物馆（罗马 / 意大利）© Archivi Alinari，Firenze

p.129　同上 p.135　峰村胜子画

p.139 左　卡皮托尔博物馆 © Archivi Alinari，Firenze

p.139 右　阿尔巴尼美术馆（罗马 / 意大利）© Archivi Alinari，Firenze

p.141　罗马国立博物馆：玛西摩宫（罗马 / 意大利）© Archivi Alinari，Firenze

p.145　大英博物馆（伦敦 / 英国）© Copyright The Trustees of The British Museum

p.154　梵蒂冈美术馆（梵蒂冈）© Scala，Firenze

p.159　大英博物馆 © Copyright The Trustees of The British Museum

p.165　卡皮托尔博物馆 © Archivi Alinari，Firenze

p.166　峰村胜子画

p.176　罗马国立博物馆：阿尔滕普斯宫（罗马 / 意大利）© Scala，Firenze

p.178　卢浮宫美术馆（巴黎 / 法国）© photo RMN/H. Lewandowski/distributed by Sekai Bunka Photo

p.184　作者收藏 © Bridgeman Art Library

p.193　濑户照画

p.197　Ugo Monneret de Villard，“L’Arte Iranica，” Verona，1954

p.202　罗马国立博物馆：玛西摩宫（罗马 / 意大利）© Archivi Alinari，Firenze

p.204　大英博物馆（伦敦 / 英国）© Copyright The Trustees of The British Museum

p.209　© K.M. Westermann/CORBIS

pp.216—218　峰村胜子画

p.224　作者收藏

p.229　布莱西亚·罗马博物馆（布莱西亚 / 意大利）© per concessione dei Civici Musei d’Arte e Storia di Brescia

p.235　大英博物馆 © Copyright The Trustees of The British Museum

p.240　作者收藏

p.245　大英博物馆 © Copyright The Trustees of The British Museum

p.247 下　圣保罗大门附近（罗马 / 意大利）© Archivi Alinari，Firenze

p.263　国立东方美术馆（罗马 / 意大利）© Giraudon/Bridgeman Art Library

p.264　罗马文明博物馆（罗马 / 意大利）© Araldo de Luca/CORBIS

p.270　卢浮宫美术馆（巴黎 / 法国）© Lauros/Giraudon/Bridgeman Art Library

p.275　卡皮托尔博物馆（罗马 / 意大利）© Musei Capitolini，Soprintendenza Beni Culturali del Comune di Roma

p.281　大英博物馆 © Copyright The Trustees of The British Museum

p.283　卡皮托尔博物馆 © Archivi Alinari，Firenze

p.285 左　波士顿美术馆（波士顿 / 美国）Photograph © 2003 Museum of Fine Arts, Boston

p.285 右　卡皮托尔博物馆 © Archivi Alinari，Firenze

p.303　圣克莱门特教堂（罗马 / 意大利）© Archivi Alinari，Firenze

地图制作：综合精图研究所（p.014, p.033, p.041, p.049, p.061, p.089, p.118, p.127, p.149, p.173, p.180, p.205, p.212, p.219, p.247 上, p.250, p.258, p.266, p.276, p.312）

图书在版编目（CIP）数据

罗马人的故事 12：迷途帝国 /（日）盐野七生著；朱悦玮译．—北京：中信出版社，2013.4（2016.11重印）
ISBN 978-7-5086-3883-6

I.①罗… II.①盐… ②朱… III.①古罗马－历史 IV.①K126

中国版本图书馆 CIP 数据核字（2013）第 044764 号

罗马人的故事 12：迷途帝国

著　　者：[日] 盐野七生
译　　者：朱悦玮
策划推广：中信出版社（China CITIC Press）
出版发行：中信出版集团股份有限公司
（北京市朝阳区惠新东街甲 4 号富盛大厦 2 座　邮编　100029）
（CITIC Publishing Group）
承 印 者：三河市西华印务有限公司

开　　本：787mm × 1092mm　1/16　　印　　张：21.75　　字　　数：280 千字
版　　次：2013 年 4 月第 1 版　　印　　次：2016 年11月第 20 次印刷
京权图字：01-2010-4513　　广告经营许可证：京朝工商广字第 8087 号
书　　号：ISBN 978-7-5086-3883-6/K · 308
定　　价：42.00 元

服务热线：010-84849555　　服务传真：010-84849000
投稿邮箱：author@citicpub.com